医師法講義

大谷 實

成文堂

はしがき

　本書は，医師法の教科書を目指したものである。医師法は，医師になるための国家試験や医師資格の取得，臨床研修，医師としての業務（医業）及び罰則等について規定する法律であるが，医学部や法学部の学生又は研修医や臨床医の皆さんが，医師法について学習し，調べようとしても，条文の注釈書はあるというものの，医師法についてのまとまった入門書や教科書はほとんどないのが現状である。また，近年，遠隔診療，国の在宅医療の推進，医業の限界，医薬分業といった医師法に関連する医療問題が続出しており，それらの諸問題を理解するためには，医師法の教科書が必要ではないかと考え，本書を著した次第である。

　本書は，医師法の解釈を主眼としているが，医師の職分である診察・治療つまり医療行為の在り方については，ほとんど規定が置かれていないので，医療行為ないし医業について，やや詳しく考察してみた。この点が本書の特色といってよいであろう。

　医師の診察及び治療としての医療行為は，多かれ少なかれ人体に傷害又は負担を生じさせることになるが，それにも関わらず正当なものとして許されるのは，その行為が医療技術的に見て正当なものであり（医術的正当性），また，医学及び医療技術を用いて実施する行為が社会的に許されるもの（医学的適応性）だからである。さらに，行為として正当なものであっても，患者の意思を無視した医療は許されない。

　そこで，本書においては，医療行為を正当化するための要件として，医術的正当性，医学的適応性及び患者の同意を掲げ，医術的正当性に関しては，医療契約，善管注意義務，実験的治療，医療費請求権と保険診療等について，また，医学的適応性に関しては，美容整形手術，不妊手術・性適合手術，人工妊娠中絶，生殖補助医療，クローン技術，移植医療，終末期医療等といった初歩的なものから現代の医療問題に至るまで，一応の解答を試みてみた。

　著者は，刑事法の専門家であるが，諸般の事情から医療問題にも取り組むことになり，医師が「診療に際して採るべき行為の法的基準」を主題として，「医療行為と法」と題する研究書を上梓したのは，昭和 55（1980）年であった。この本は平成 2（1990）年に新版となり，さらに平成 9（1997）年に新版補正第 2 版となった。本書は，それを下敷きにしていることは言うまでもない。

　元号が昭和，平成，令和と 3 代にわたって改まった 40 余年前，病気によって同志社大学学長を任期途中で辞任したが，平成 13（2001）年から平成 29（2017）年の 16 年間にわたって学校法人同志社総長を務めることができ，今回，米寿を祝いながら本書の上梓に辿り着くことができたのは，誠に幸運であり，万感胸に迫るものがある。

　本書は，成文堂社長の阿部成一氏及び編集部の篠崎雄彦氏の誠意あふれるご尽力の賜物である。改めて深く感謝申し上げる。また，私の大学教員時代のゼミ出身で，大阪地方裁判所民事（医事）部総括判事を経て定年退官し，現在は著者が顧問を務める「おおみ法律事務所」（大阪）で弁護士として活躍している比嘉一美氏に，校正の段階でご一読をお願いし，貴重なアドバイスを頂戴した。ご多忙中にもかかわらずご快諾くださり，ご尽力を賜ったことに対し，厚く御礼を申し上げたい。

　　2023（令和 5）年 1 月 15 日

　　　　　　　　　　　　　　　　　　　　　大　谷　　　實

凡　例

磯崎＝高島　　磯埼辰五郎＝高島学司「医事・衛生法」（新版　1979　有斐閣）

内田　　内田貴「民法Ⅱ債権各論」（第3版　2016）

宇津木＝平林　　宇津木伸＝平林勝政「フォーラム医事法学」（増補版　1997　尚学社）

大磯　　大磯魏一郎＝大滝恭弘＝山田奈美恵「医療法学入門」（第2版　2016　医学書院）

大谷　　大谷實「医療行為と法」（新版補正第2版　1997　弘文堂）

加藤編　　加藤良夫編著「実務医事法」（第2版　2014　民事法研究会）

金川　　金川琢雄「実践医事法学」（増補新訂版　2008　金原出版）

川崎　　川崎富夫「錯覚の医事法学」（2021　信山社）

小松　　小松進「医師法」（平野龍一ほか編「注解特別刑法」（第2版　5-11　1992　青林書院）

手嶋　　手嶋豊「医事法入門」（第4版　2015　有斐閣）

野田　　野田寛「医事法（上）」（1984　青林書院）

樋口　　樋口範雄「医療と法を考える」（2007　有斐閣）

樋口・続　　樋口範雄「続・医療と法を考える」（2008　有斐閣）

樋口＝岩田　　樋口範雄＝岩田太編「生命倫理と法」（2007　弘文堂）

平沼　　平沼直人「医師法」（第2版　2022　民事法研究会）

町野　　町野朔「患者の自己決定権と法」（1986　東京大学出版会）

山内　　山内豊徳「医療法・医師法」（歯科医師法）解（1981　医学通信社）

山下　　山下登　加藤良夫編「実務医事法」（第2版　2014　民事法研究会）

米村　　米村滋人「医事法講義」（2016　日本評論社）

民集　　最高裁判所民事判例集

下民集　　下級裁判所民事判例集

刑集　　最高裁判所刑事判例集

下刑集　　下級裁判所刑事判例集

判時　　判例時報

判タ　　判例タイムズ

百選　　医事法判例百選

百選2版・3版　　医事判例百選第2版，第3版

○○条　　医師法○○条

施行令　　医師法施行令

施行規則　　医師法施行規則

目　次

Chapter 3　臨床研修制度

Chapter 4　医業と法規制

Chapter 5　医療行為の正当化要件

Chapter 6　医療行為の医術的正当性

Chapter **7**　医療行為の医学的適応性

Chapter 10　医師法上の罰則

Chapter 1

医師法と医師法学

１ 医師法の意義

　医師法とは，医師の身分・資格，業務及び義務等について定める法律をいう。医師及び医療について定めた法律は数多くあるが，その中で医師法は，最も重要な法律である。医師は，医療の中心的な役割を担う専門家であり，また，例えば，切開手術を見れば分かるように，医療及び保健指導は，それを行う過程で人身上の危険を伴うのが通常であるから，医師は高度な医学的知識及び技能を有していなければならない。そこで，医療を行う者としての適性及び資質の確保並びに適正な業務の遂行等についての法規制が必要となり，諸外国でも医療に関する法規制が行われているが，わが国では1948（昭和23）年に制定された現在の「医師法」がこれに当たる。

> ヒポクラテスの誓い　ヒポクラテス（Hippokrates, BC460頃〜375頃）は，古代ギリシャの医学を集大成した医学者であり，医学の祖と呼ばれている。彼は，医神アポロンに対して，大要，次のような誓いを立てた。「あらゆる能力を尽くして患者に利益となる医療を行い，不利益となる方法を決してとらない。どんなに頼まれても死に導くような薬を与えない。流産に導くような道具を与えない。患者の家を訪れるのは患者の利益となる場合だけであり，また，男と女および自由人と奴隷とを差別しない。他人の生活について秘密を守る」。この誓いは，古今を通じて西洋医学のモラルの最高の指針とされてきた。

Ⅱ 医師法の沿革

　医師法は，1874（明治 7）年に明治政府が医療行政の方針を示すために欧米
の医療制度を参考にして発布した「医制」に始まる。それまでの医療は，漢
方を中心に放任状態で行われていたが，これを改め，西洋医学に基づく近代
的な医療制度を構想して，医療行政，医学教育，医師の資格や業務等につい
て，政府の通達として発布されたものである。しかし，医制の全面実施は諸
般の事情から困難であったため，医制の趣旨を受けて実施されたものとして
は，1875（明治 8）年の医師開業試験に過ぎなかった。その後，1883（明治
16）年に医師免許規則，医術開業試験規則が制定され，近代的な医師制度が
一応確立されたとされる（小松・3 頁）。

　その後，医療制度の整備に伴い，1906（明治 39）年の帝国議会において，
従来の医師の身分・資格・業務等を集大成するとともに，医師会の設立など
の新たな規定を盛り込んだ「医師法」が議員立法として制定された。しか
し，1941（昭和 16）年に第 2 次世界大戦が始まり，医師法に代えて兵力・生
産力を支える人的資源の確保を目的とする「国民医療法」が制定されたが，
1946（昭和 21）年に日本国憲法が制定されると，社会情勢の変化に即応でき
なくなったところから，1948（昭和 23）年に国民医療法は全面改正され，新
たに国の医療制度の根幹となる医師法，歯科医師法及び医療法が制定され
た。ここに現行の医師法が成立したのである。その後改正が繰り返されて現
在に至っている（唄孝一・医事法学への歩み〔1970〕309 頁）。

Ⅲ 現行医師法の概略と特色

1　概　略

　現行の医師法は，全部で 8 章からなり，制定当初は本則 33 か条と条文の
数は少なかつたが，その後しばしば条文の追加及び改正が行われ，現在は本
則が 50 か条に及ぶ法律となっている。

　第1章「総則」は，医師の職分について「医師は，医療及び保健指導を掌ることによって公衆衛生の向上及び増進に寄与し，もって国民の健康な生活を確保するものとする」と規定し，医師は，高度な専門的知識及び技術をもって，憲法の定める国民の健康な生活を確保し，公衆衛生の向上及び増進につとめるべき公的な任務が課されていることを明言する。

　第2章「免許」は，医師の身分は免許によって生ずることを中心として，免許権者，免許の要件等の医師の免許に関する基本的な事項を規定する。すなわち，医師の免許は，医師国家試験に合格し，欠格事由に該当しない者に対して厚生労働大臣が与える。免許は，厚生労働省に備え付けられた「医籍」に登録することによって付与される。

　第3章「試験」は，医師になるための医師国家試験及び医医師国家試験予備試験について，その内容，受験資格，受験の欠格事由等について規定する。医師国家試験は，臨床上必要な医学及び公衆衛生に関して，医師として必要な知識・技能について，毎年少なくとも1回実施すべきこととされている。

　第4章「研修」は，診療に従事しようとする医師について，医師免許取得後，都道府県知事又は厚生労働大臣の指定する病院において，2年以上臨床研修を受けなければならないことを規定している。臨床研修によって，診療に関する知識・技能を実地に練磨すること，医学の進歩に対応して自らの診療能力を開発しうる基礎を養うことなど，医師になってからの資質の向上を図ることを目的とするものである（昭和43年7月16日医発843号の2厚生省医務局長通知）。

　第5章「業務」は，医療行為の中核である業務について医師の医業独占，名称独占及び医療行為に付随する医師の義務について規定している。医師の業務の中核は，診察・治療（診療）であるが，そのための規定は置かれてなく，医師以外の者に対する禁止規定として，無免許医業の禁止（17条）と医師名称使用の禁止ついてのみ規定している。また，医師に対する義務として，①診療義務，②秘密保持義務，③無診察治療の禁止，④診断書等の交付義務，⑤異状死体等の届出義務，⑥処方せん交付義務，⑦療養方法等の指導義務を規定しているにすぎない。医療行為は複雑・微妙であり，診療内容に

規制を加えることは，診療技術の向上に結び付かないという理由からである（小松・10 頁，山内・9 頁）。

　第 6 章「医師試験委員」は，医師国家試験の事務を管掌するための医師試験委員の設置及び試験委員の不正行為禁止について規定している。第 7 章「雑則」は，医師の氏名の公表等の雑則について規定しており，最終の第 8 章「罰則」は，①医師でない者の行為を罰するもの，②医師国家試験事務担当する者の不正行為を罰するもの，③医師の医療行為に付随する行為を罰するものについて規定している。

2　特色

　医師法は，1903（明治 36）年に制定された旧医師法を踏襲した法規であり，上記のようにその内容は，医師に関する行政上の法規制であり，行政法の 1 分野に属する。現行の医師法は，一方で医師に高い水準の資質を求め，他方で医師の業務については法的規制を最小限にとどめ，医師にできるだけ自由にその技能を発揮させようとする点に特色があり（厚生省医務局医師法 100 年史 399 頁），「免許の要件は厳しく，業務の規制は最小限に」という方針が採られている。

Ⅳ　医師法学

1　研究対象

　医師法を研究対象とする学問を医師法学という。法学には，法哲学，法史学，比較法学，法社会学などがあるが，法学の中心を占めるのは法解釈学である。法解釈学は，裁判所などの国の機関が実際に事件に適用すべき法の意味を体系的に明らかにする学問である。医師法学は，実質的には医師の適性，資質の確保及び業務の適正に関する法を対象とする学問であるが，実際上は「医師法」という名称の法律の条文を解釈する学問である。そのためには，医師法に関連する政令，省令，通達，ガイドラインといった当局の見解，さらには判例を検討することが求められる。そして，学問という以上

は，単に知識を得るだけでなく，一定の指導原理に従って，条文相互間の解釈に矛盾がなく，個々別々の部分を体系的に統一するものでなければならない。

> **成文法と不文法**　　文書の形式による法を成文法，制定法又は法規という。成文法の基礎となる法は日本国憲法であり，国会の議決を経て制定された法が法律である。法律を実施するために内閣が制定する法を命令又は政令（医師法施行令），厚生労働省等の各省が制定する法を省令（医師法施行規則）という。不文法とは，文書の形式を採らないで成立した法をいう。裁判所が出した判決のうち先例として法律と同じような効力を持っているもの，特に最高裁判所の判例がこれに当たる。不文法は，判例のほかに慣習法（医療慣行），条理法がある。

2　医師法学の指導原理

　医師法学は，医師法の内容を明らかにする法解釈学であるが，医師法の各条項を解釈するに当たっては，現在の法的価値の根源となっている最高法規としての日本国憲法を指導原理として行わなければならない。日本国憲法13 条は，「すべて国民は，個人として尊重される。生命，自由及び幸福追求に対する国民の権利については，公共の福祉に反しない限り，立法その他の国政の上で最大の尊重を必要とする」と規定し，人間社会における価値の根源は，具体的な生きた人間一人一人の個人にあり，何にも勝って個人を尊重するという個人主義の原理を宣言し，公共の福祉に反しない限り，生命権，自由権及び幸福追求権又は自己決定権を保障している。医師や患者は，一人の個人としての人権が保障されなければならなのであり，医師法を解釈・適用するに際しては，個人の尊重及び幸福追求権を指導原理として展開することが求められる。

　一方，憲法 25 条は，「①すべて国民は，健康で文化的な最低限度の生活を営む権利を有する。②国は，すべての生活部面について，社会福祉，社会保障及び公衆衛生の向上及び増進に努めなければならない」と規定し，国民の生存権を保障している。そして，医師法 1 条は，「医師は，医療及び保健指導を掌ることによって，公衆衛生の向上及び増進に寄与し，もって国民の健康な生活を確保するものとする」と規定し，医師法の目的について「国民の

健康な生活の確保」を明言している。かくして，医師法には，憲法13条の
「個人の尊重」，憲法25条の「健康で文化的な生活を営む権利」及び，医師
法1条の「国民の健康確保」を基本原理として行うことが求められている
（樋口・7頁参照）。

Chapter 2

医師の職分，国家試験及び医師免許付与

Ⅰ 医師の職分

1 医師の意義と任務

　医師法 1 条は，「医師は，医療及び保健指導を掌ることによって，公衆衛生の向上及び増進に寄与し，もって国民の健康な生活を確保するものとする」と規定している。

　医師とは，医師法 17 条の定める業務独占により，一般の人には禁止されている医業を行うことを国家から許されている者をいう。1946（昭和 21）年11 月 3 日に公布され，翌年 5 月 3 日に施行された日本国憲法は，既述のように，その 25 条 1 項において，「すべて国民は，健康で文化的な最低限の生活を営む権利を有する」と規定して，「国民の生存権」を保障し，同条 2 項は，「国は，全ての生活部面について，社会福祉，社会保障及び公衆衛生の工場及び増進につとめなければならない」と規定して，国の責務を明らかにしている。この憲法 25 条を踏まえて，医師法は，医療及び保健指導を医師の職分と定め，医師がこの職分を全うすることによって公衆衛生の向上及び増進に寄与し，もって，国民の健康な生活を確保することをその目的としている。医師には，単なる職業人ではなく，国民の健康な生活を確保することを使命とする公共的性格を与えられているのである（平沼・11 頁，山下・515 頁）

　国民の健康な生活を確保するためには，国は，後述の医師国家試験や免許制度等を設けて，高度の医学的知識及び技術を身につけた者にのみ医師としての免許を与えて，医療及び保健指導を実施させることが必要となる。そこ

で，医師法は，医師国家試験に合格した者にのみ医師免許を与える免許制度
を定め，医師国家試験，医師免許の得喪，医籍，医業，所在地等届出義務，
臨床研修等について規定している。

2　医師の資質の向上

　医師法1条の2は，「国，都道府県，病院又は診療所の管理者，学校教育
法（昭和32年法律第26号）に基づく大学（以下単に「大学」という），医学医術に
関する学術団体，診療に関する学識経験者の団体その他の関係者は，公衆衛
生の向上及び増進を図り，国民の健康な生活を確保するため，医師がその資
質の向上を図ることができるよう，適切な役割分担を行うとともに，相互に
連携を図りながら協力するよう努めなければならない」と規定している。
　上記の条文は，2018（平成30）年の「医療及び医師法の一部改正」によっ
て新たに規定されたものであり，地域間の医師の偏在の解消を通じ，地域に
おける医療提供体制を確保するため，都道府県の医療計画における医師の確
保に関する事項の策定，臨床研修病院の指定権限及び研修医定員の決定権限
の都道府県への移譲等の措置を定めたものであり，医師の資質向上のための
環境づくりを目指すものであって，一定の成果を上げている。

Ⅱ 国家試験

　医師法は，第2章で「免許」について規定し，第3章で「試験」について
規定しているが，医師になるためには，先ず医師国家試験に合格しなければ
ならないから，本書では，先に「医師国家試験」，続いて「免許」について
解説する。

1　医師国家試験

　医師法9条は，「医師国家試験は，臨床上必要な医学及び公衆衛生に関し
て，医師として具有すべき知識及び技能について，これを行う」と規定して
いる。患者の診察及び治療（以下，「診療」とする）について必要な医学及び公

衆衛生に関して，医師として備え持つべき医学知識及び技術について試験を実施するということである。医師国家試験に合格した者には，合格証書が交付される。また，合格証明書の交付を出願することができる（施行規則 18 条）。

2 受験資格

　医師法 11 条は，「医師国家試験は，次の各号のいずれかに該当する者でなければ，これを受けることができない。①大学において，医学の正規の過程を修めて卒業した者，②医師国家試験予備試験に合格した者で，合格した後 1 年以上の診療及び公衆衛生に関する実地修練を経たもの，③外国の医学校を卒業し，又は外国で医師免許を得た者で，厚生労働大臣が前 2 号の掲げると同等以上の学力及び技能を有し，かつ，適当と認定したもの」と規定している。

　したがって，第 1 に，日本国内の大学医学部を卒業した者には，医師国家試験の受験資格が与えられる。受験生の大半は，この医学部卒業生である。防衛医科大学校卒業生にも当然受験資格が与えられる（防衛省設置法 17 条 1 項）。第 2 に，予備試験合格者で，合格した後 1 年以上の診療及び公衆衛生に関する実地修練を経た者にも，受験資格が与えられる。実地修練は，原則として大学医学部・医学部研究所の附属施設である病院等で行われなければならない。第 3 に，外国医学校卒業者・外国医師免許取得者については，厚生労働大臣が，大学医学部卒業者，予備試験合格者で実地修練を経た者と同等以上の学力・技能を有し，かつ，適当と認定したもの，以上の者について受験資格が与えられる。なお，医師法には記載されていないが，試験実施年の 3 月中に大学医学部卒業見込みの者も，厚生労働大臣の告示に基づき受験資格を得ることができる。

医師国家試験予備試験　医師法 12 条は，「医師国家試験予備試験は，外国の医学校を卒業し，又は外国で医師免許を得た者のうち，前条第 3 号に該当しない者であって，厚生労働大臣が適当と認定した者でなければ，これを受けることができない」と規定している。ここで予備試験とは，国家試験の受験資格を得るための試験をいう。司法試験法 5 条にも予備試験が規定されている。医学部を卒業した者と同等の学識を有すると認定

するための国家試験である。なお，予備試験は，外国の医学校を卒業し，又は外国の医師免許を得た者のうち厚生労働大臣が適当と認定した者でなければ受験することはできない。

3　医師国家試験の実施

医師法 10 条 1 項は，「医師国家試験及び医師国家予備試験は，毎年少なくとも 1 回厚生労働大臣がこれを行う」と規定している。また，同条 2 項は，「厚生労働大臣は，医師国家試験又は医師国家予備試験の科目又は実施若しくは合格者の決定方法を定めようとするときは，あらかじめ，医道審議会の意見を聴かなければならない」と規定している。したがって，医師国家試験及び医師国家試験予備試験は，毎年少なくとも 1 回，厚生労働大臣がこれを行うこととされ，毎年 2 月中旬に 2 日間実施されるが，実施日，試験科目，合格者の数を定めようとするときは，後述の医道審議会の意見を聴かなければならない。また，医師国家試験は，臨床上の医学及び公衆衛生に関して，医師が具有すべき知識及び技能について，これを行うこととされている。試験の内容についての規定は上記のみであり，司法試験のように出題科目が法定されている訳ではなく，基礎医学，臨床医学，社会医学などすべての医学関連科目が出題範囲である。科目ごとの試験ではなく，全ての科目を取り混ぜた総合問題形式が採られている。

なお，医師法 16 条は，「この章に規定するものの外，試験の科目，受験手続その他の試験に関して必要な事項及び実地修練に関して必要な事項は，厚生労働省令でこれを定める」と規定している。しかし，医師国家試験の試験科目等については省令で定められるところはなく，厚生労働省医政局医事課の医師国家試験出題基準及びブループリント（医師国家試験設計表）を参考にして問題作成等が行われている（平沼・82 頁）。試験問題は，それぞれの専門分野から選出された「医師国家試験委員」によって出題されるが，4 年に 1 度の「医師国家試験出題基準」（ガイドライ）が出されており，おおむねそこに列挙されている項目・疾患・症候等を基本として出題されている。具体的な出題科目は，2009（平成21）年 3 月にまとめられた医師国家試験改善検討

会報告書を踏まえて実施されており，一般問題250問と臨床実地問題250問が出題され，いずれについても「必修の基本事項」「医学総論」「医学各論」の3分野から構成されている。

> **ブループリント**　「青写真」のことであるが，医師国家試験出題基準等の各項目の出題割合を示した表，すなわち医師国家試験設計表をブループリントと呼んでいる。これによって，出題傾向が分かるとともに，医学に対する社会的関心の参考資料ともなる。

　医師国家試験は，現在，全国各地で毎年2月に実施され，3月に合否が発表されている。2021（令和3）年2月4日に実施された115回医師国家試験は，受験者数9,910人，合格者数は9,058人であり，合格率は91.4パーセントであった。上記のように，試験の科目，受験手続その他試験に関し必要な事項及び実地修練に関して必要な事項は，厚生労働省でこれを定めるとされている（16条）。ちなみに，試験に関して不正の行為があった場合には，当該不正行為に関係のある者ついて，その受験を停止させ，又はその試験を無効とすることができる。その場合，不正行為に関連のあった受験者については，期間を定めて試験を受けることを許さないことができるとされている（15条）。なお，ここで「不正行為」とは，いわゆるカンニングとか，問題の漏洩，試験結果の改ざんなどをいうが，「当該不正行為」に関連のある者には，不正行為をした者のほかに，それに協力した者も含まれる。

> **医道審議会**　医道審議会とは，厚生労働省設置法10条に基づいて設置される審議会であり，厚生労働省令である医道審議会令が定める8つの分科会のよって構成されている。このうち医師の資格に対する行政処分を所管するのは，医道分科会である。医道審議会は，日本医師会会長，日本歯科医師会会長，厚生労働省医務局長，学識経験者などで構成されており，「医師として求められ品位や適格性，事案の重大性，国民に与える影響等を勘案して審議する」とされている。

4　医師国家試験委員

　医師法27条は，「医師国家試験及び医師国家試験予備試験に関する事務をつかさどらせるため，厚生労働省に医師試験員を置く」と規定している。これらの試験に関する事務は，1969（昭和44）年の医師法改正までは，医師試

験研修審議会が担当していたが，この審議会が改組される際に，審議会から分離され，医師試験委員が担当することになったものである。具体的には施行令9条が定めているが，委員の数は145人以内とすること，委員は非常勤とし任期は2年，補欠の委員は前任者の残任期間とすることとされている。

　医師試験の重要事項等の諮問機関としては，医療関係者審議会がある。なお，当然のことながら，医師法30条は，「医師試験委員その他医師国家試験又は医師国家試験予備試験に関する事務をつかさどる者は，その事務の施行に当たって厳正を保持し，不正行為がないようにしなければならない」と規定している。不正行為が行われると，医師の社会的信用が害されるところから，特に厳正保持義務を課すものである。そして，「第30条の規定に違反して故意若しくは重大な過失により事前に試験問題を漏らし，又は故意に不正の採点をした者は，1年以下の懲役又は50万円以下の罰金に処する」(33条)と規定している。

Ⅲ 医師免許の付与

1 医師免許

　医師法2条は，「医師になろうとする者は，医師国家試験に合格し，厚生労働大臣の免許を受けなければならない」と規定している。ここで「免許」とは，特定の事項を行うことを国が許すことをいう。医師免許とは，医療行為を行うことを国が許可することをいい，医師国家試験に合格すれば，原則として医師免許が与えられる。しかし，国家試験に合格しても医師免許を受けられない場合がある。医師国家試験に合格すれば，医師として求められる医学知識を有することの証明にはなるが，医師は，人の生命・身体に直接影響を与える業務に従事するのであるから，知識だけではなく医師として要求される適正に業務を行いうる能力が求められる。そこで，医師国家試験に合格しても，その能力を欠く者は免許を受けられない場合を認める必要がある。要求されている資格を欠くことを欠格といい，欠格の原因となる事柄を欠格事由という。

2　欠格事由

　欠格事由には，絶対的欠格事由と相対的欠格事由とがある。絶対的欠格事由とは，当該の事由に該当すれば免許が与えられる余地がない場合をいい，相対的欠格事由とは，その事由に該当しても免許が与えられる余地がある場合をいう。

⑴　絶対的欠格事由

　医師法 3 条は，「未成年者には，免許を与えない」と規定している。したがって，18 歳未満の者は絶対的欠格事由となる。従前は，成年被後見人，被保佐人も絶対的欠格事由であったが，2019（令和元）年の「成年後見人等の権利の制限に係る適正化を図るための関係法律の整備に関する法律（令和元年法律第 37 号）により，相対的欠格事由として厚生労働省令で定められることになり，未成年者のみが絶対的欠格事由となった。

> **成年被後見人等**　　ここで成年被後見人とは，「精神上の障害により事理を弁識する能力を欠く常況にある者」（民法 7 条）で，家庭裁判所により後見開始の審判を受けた者（民法 8 条）のことであり，また，被保佐人とは，「精神上の障害により事理を弁識する能力が著しく不十分である者」（民法 11 条）であり，家庭裁判所で保佐開始の審判を受けた者（民法 12 条）のことである。両者を絶対的欠格事由とすることは，障害者の権利を不当に制限するという見地から，いずれも相対的欠格事由とされたのである。

　なお，民法の改正により，「年齢 18 歳をもって，成年とする」（民法 4 条）こととなった（平成 30 年法律 59 号）。現状では，18 歳で医師国家試験の受験資格を取得することは不可能であるから現実的な問題とはならないが，理論的には 18 歳，19 歳の者は欠格事由に該当しなくなる。

⑵　相対的欠格事由

　医師法 4 条は，「次の各号のいずれかに該当する者には，免許を与えないことがある。①心身の障害により医師の業務を適正に行うことができない者として厚生労働省令で定めるもの，②麻薬，大麻又はアヘンの中毒者，③罰金以上の刑に処せられた者，④前号に該当する者を除くほか，医事に関し犯罪又は不正の行為のあった者」と規定している。

(ア) **心身の障害がある場合** 医師法4条1号に該当する者とは，「視覚，聴覚，音声機能若しくは言語機能又は精神の機能の障害により医師の業務を適正に行うに当たって必要な認知，判断及び意思疎通を適切に行うことができない者とする」(施行規則1条)とされている。以前は，「目が見えない者，耳が聞こえない者又は口がきけない者」は，絶対的欠格事由とされていたが，障害をもつ者ともたない者とが平等に生活する社会を実現させるというノーマライゼーションの理念を踏まえ，1993(平成5)年の法改正により相対的欠格事由となったのである。なお，医師法施行規則1条の事由に該当する場合であっても，「厚生労働大臣は，医師免許を与えるかどうかを決定するときは，当該者が現在利用している障害を補う手段又は状況を考慮しなければならない」(同1条の2)としており，障害者がその能力を十分に発揮することができるよう配慮を求めている(大磯・22頁参照)。

(イ) **麻薬等の中毒者** 「中毒」とは，薬や化学物質が体の中に取り込まれたことによってその毒性が体に現れていることをいう。医師法3条は「麻薬，大麻又はあへん」の中毒者についてのみ相対的欠格事由としており，アルコール中毒者は含まれていない。

(ウ) **罰金以上の刑に処せられた者** 例えば，「懲役1年，執行猶予2年」の場合，執行猶予がついているのだから刑には処せられていないのではないかという疑問が湧くが，刑事裁判の判決では，「主文 被告人を懲役1年に処する。ただし，この裁判の確定した日から2年間右刑の執行を猶予する」という形式で行われるのであるから，執行猶予がついていても，「刑に処せられた者」に他ならない。なお，交通違反を犯した場合，例えばスピード違反や酒気帯び運転罪等で罰金を科されるような交通反則行為について一定期日までに反則金を納付した者は，これに含まれない。「罰金以上の刑」とは，死刑，懲役，禁錮，罰金をいい，それより軽い拘留，科料(1000円以上1万円未満の財産刑)はこれに含まれない。

①執行猶予の言渡しを取り消されることなくその猶予期間を経過したときは，刑の言渡しは効力を失うから(刑法27条)，「刑に処せられた者」には該当しないことになる。②禁錮以上の刑の執行を終わり，又はその執行の免除

を得た者が罰金以上の刑に処せられないで10年を経過したときは，刑の言渡しは効力を失うから（刑法34条の2第1項），その者も「刑に処せられた者」には当たらなくなる。さらに，③罰金以上の刑の執行を終わり，又はその免除を得た者が罰金以上の刑に処せられないで5年を経過したときも刑の言渡しは効力を失うから（同項後段），その者は「刑に処せられた者」には当たらない。

　(エ)　**医事に関し犯罪又は不正の行為があった者**　　医事とは，診察・治療や薬の処方など医学に関する事柄をいい，これに関し犯罪があった者については，罰金以上の刑に処せられ，その効力を失った後でも，相対的欠格事由となる（医道審議会医同分科会「医師及び歯科医師に対する行政処分の考え方について」基本的な考え方⑤平成31年1月30日最終改正）。また，医事に関する不正の行為については，医師法上の義務違反，診療報酬の不正請求，医療過誤などが問題となる。医療過誤を繰り返す医師，いわゆる医療過誤リピーターは処分の対象となっている。

3　医　籍

　医師法5条は，「厚生労働省に医籍を備え，登録年月日，第7条第1項の規定による処分に関する事項その他医師免許に関する事項を登録する」と規定している。

(1)　医籍への登録

　医師国家試験に合格し，欠格事由の存しない者に対し，厚生労働大臣によって「免許」が与えられる。医師免許を受けようとする者は，申請書に厚生労働省令で定める書類を添付し，住所地の都道府県知事を経由して，これを厚生労働大臣に提出しなければならない（→次頁図参照）。医師免許は，医師国家試験に合格した者の申請により，「医籍」に登録することによってその効力が生じる。医籍とは，医師免許を得たことを公証するための厚生労働省の帳簿（公簿）をいう。その帳簿に記載することを「登録」という。

(2)　登録事項

　医籍には，以下に掲げる事項を登録する。①登録番号・登録年月日，②本

(図) 医師免許申請書

厚生労働省記入欄	登録番号	
	登録年月日	

収　入　印　紙　欄
(収入印紙は消印しないで下さい)

医　師　免　許　申　請　書

受験地コード

平成令和	年	月施工第	回医師国家試験合格	受験地		受験番号

1～5の有無について**必ず**該当するどちらかを○で囲むこと。
1．成年被後見人又は被保佐人の該当の有無。
　　有・無
2．罰金以上の刑に処せられたことの有無。(有の場合、その罪、刑及び刑の確定年月日)
　　有・無 _____
3．医事に関し犯罪又は不正の行為を行ったことの有無。(有の場合、違反の事実及び年月日)
　　有・無 _____
4．出願後の本籍又は氏名の変更の有無。(有の場合、出願時の本籍又は氏名)
　　有・無 _____
5．旧姓併記の希望の有無。
　　有・無
　　上記により、医師免許を申請します。
　　　___ 年 ___ 月 ___ 日

本　籍 (国籍)	都道府県	
住　所	〒　　　都道府県	
電　話	(　　)	

ふ り が な	(氏)	(名)		性別	男
氏　名	(旧姓)				女
通　称　名					

生 年 月 日	昭和平成令和西暦	年	月	日

厚生労働大臣　殿

厚 生 労 働 省 の 受 付 印	都 道 府 県 の 受 付 印	保 健 所 の 受 付 印
	都道府県コード	

籍地都道府県名・氏名・生年月日・性別，③医師国家試験合格の年月，④医師法 7 条 1 項の規定による処分に関する事項，⑤同 7 条の 2 第 2 項に規定する再教育研修を修了した旨，⑥同 16 条の 6 第 1 項に規定する臨床研修を終了した旨，⑦医療法 5 条の 2 第 1 項の認定を受けた旨，⑧その他厚生労働大臣の定める事項などである。登録事項に変更を生じたときは，30 日以内に医籍の訂正を申請しなければならない（施行令 5 条）。

(3) 登録事項の変更・抹消

医師は，本籍地都道府県名（日本の国籍を有しない者については，その国籍）・氏名・生年月日・性別に変更を生じたときは，30 日以内に医籍の訂正を申請しなければならない（施行令 5 条 1 項）。医籍の訂正の申請をするには，申請書に申請の事由を証明する書類を添え，住所地の都道府県知事を経由して，これを厚生労働大臣に提出しなければならない（同 5 条 2 項）。また，登録の抹消をするには，住所地の都道府県知事を経由して，抹消申請書を厚生労働大臣に提出しなければならない（同 6 条 1 項）。なお，医師が死亡又は失踪宣告を受けた場合は，戸籍法による届出義務者（同居の親族など）は，30 日以内に医籍の登録抹消の申請をしなければならない（同 6 条 2 項）。

4 医師免許の付与・医師免許証・医師の届出義務

医師法 6 条は，「①免許は，医師国家試験に合格した者の申請により，医籍に登録することによって行う。②厚生労働大臣は，免許を与えたときは，医師免許証を交付する。③医師は，厚生労働省令で定める 2 年ごとの年の 12 月 31 日現在における氏名，住所（医業に従事する者については，更にその場所）その他厚生労働省令で定める事項を，当該年の翌年 1 月 15 日までに，その住所地の都道府県知事を経由して厚生労働大臣に届けなければならない」と規定している。

(1) 医師免許の付与

医師免許を受けようとする者は，申請書に厚生労働省の定める書類（医師国家試験の合格証書の写し・戸籍謄本又は住民票の写しなど）を添付し，住所地の都道府県知事を経由して，これを厚生労働大臣に提出しなければならない。厚

生労働大臣は，免許を与えたときは，医師免許証を交付する（6条2項）。なお，医師免許は医籍に登録することによって効力が生ずるので，医師の身分は，医籍に登録した日から発生する。したがって，医師免許証は医籍に登録したことを証明する文書にすぎない（平林・204頁，野田・27頁）。例えば，紛失などで医師免許証を所持していなくても，適法に医療行為を行うことができる。運転免許証のように診療を行う際に医師免許証を携帯する必要はないのである（野田・82頁）。反対に，免許証を所持していても，免許の取り消しなどで医籍から抹消されている場合に医業を行えば，無免許医業罪として処罰される（31条1項1号）。

(2) 免許証の書換え

医師は，免許証の記載事項に変更が生じたときは，免許証の書換えを申請することができる。その場合には，申請書に免許証を添付し，住所地の都道府県知事を経由して厚生労働大臣に提出しなければならない（施行令8条）。

(3) 免許証の再交付

医師は，免許証を亡失し，又はき損したときは，免許証の再交付を申請することができる。「亡失」とはなくしてしまうことをいい，「き損」とは壊すこと又は傷つけることをいう。免許証を汚してしまい使えなくしてしまった場合も，もちろん「き損」に含まれる。この場合にも住所地の都道府県知事を経由して，申請書を厚生労働大臣に提出しなければならない。なお，再交付を受けた後，亡失した免許証を発見したときは，5日以内に厚生労働大臣に返納しなければあらない（同9条）。

(4) 免許証の返納

医師は，医籍登録の抹消を申請するときは，住所地の都道府県知事を経由して厚生労働大臣に返納しなければならない。医師が死亡し，又は失踪の宣告を受けたときは，戸籍法上の届義務者は30日以内に医籍の登録の抹消を申請しなければならない。なお，医師は，免許の取消し処分を受けたときは，厚生労働大臣に免許証を返納しなければならない（同9条2項）。

(5) 届出義務

医師は，2年ごとの年の12月31日現在の氏名，住所，（医業に従事する者に

ついてはさらにその場所），その他厚生労働省令で定める事項を，当該年の翌年1月15日までに，その住所地の都道府県知事を通じて厚生労働省に届け出なければならない（6条3項）。届出を怠った場合は，罰金50万円に処せられる（33条の3第1号）。

　現行の医師免許制度においては2年ごとの届出が義務化されているのみで，いわゆる更新制度は取られていないから，いったん取得した免許は，懲戒処分等の行政処分で取り消されない限り，生涯有効である。現行の医師法が更新制を採らなかったことについては批判もあったが，先進諸国においても更新制を採っている国はなく，また，弁護士資格も更新されないところから，現在，更新制度の採用を積極的に推進する動きはない。しかし，医学及び医療技術の進展が著しい現代において，また，医療事故を繰り返す医師（いわゆる「医療事故リピーター」）が問題になっているところから，免許取得後の研修を義務付ける方策が求められるであろう（手嶋・45頁，山下・509頁）。

専門医制度　わが国では，医師の免許は1種類だけであり，法律上一般医，専門医の区別はない。病院や診療所には，内科，外科，精神科，神経科，呼吸器科といった34の診療科目名を表示できるところから（医療法6条の6第1項），患者は一応その担当医の専門ないし得意とする診療科目を知ることができる。一方，医師は自ら専攻した診療科目だけでなく，それ以外の科目を表示して広告することもできるのである。なお，医療法上広告が可能な医師等の専門性に関する資格としては55ある。個々の診療所や病院に目を向けてみると，内科と並んで皮膚科や性病科が診療科目として表示されている例は稀ではない。このような診療科目の「自由標榜制度」の欠陥は，患者側からすると医療技術を信頼し安心して受診できない点にある。また，医師側からすると，得意とするものでない診療科目でも標榜できるので，診療の学習・研鑽を怠ってしまうおそれがある。

　そこで，表示した診療科目については，適切な教育を受け，十分な知識と経験を持ち，患者から信頼される診療を提供できる医師を養成する制度が必要となる。本来ならば研修制度の充実によって改善すべきあろうが，専門領域の明確化と医学・医術の進歩に即した医師の養成を目指して，1963（昭和38）年に日本麻酔学会が麻酔指導医を学会認定医としたのを嚆矢として，近年では，約100という多くの学会による認定が展開され，それぞれの学会独自の研修方法で専門医の認定を行ってきた。名称としては，専門医のほかに登録医，認定医，指導医などがある。

　しかし，研修内容や認定方法のばらつきが著しかったことが反省され，統一的な研修

内容や認定方法を目指して，2014（平成26）年に「一般社団法人日本専門医機構」が創設されたのである。指導医による専攻医に対する3年間の研修後に，第三者機関としての日本専門医機構が認定プログラムの評価による専門医の認定を行うことになり，2018（平成30）年度から専攻医が募集され，指導医による研修が行われている。そして，2021年秋には，学会ではなく日本の社会制度として認定した初めての専門医が誕生した。専門医を目指す「専攻医」の2022年度の採用は，9519名であったとされる。専門医制度については，医療制度や医学教育制度，医学研究体制，大学院教育との関係が問題となるところから，今後，慎重な検討が必要であるとされているが，専門医制度は，患者の利益と医師の医術の向上をもたらすものであり，日本専門医機構による新しい認定制度の適切な運用が期待される。

(6)　免許を与えない場合の措置

　医師法6条の2は，「厚生労働大臣は，医師免許を申請した者について，第4条第1号に掲げる者に該当すると認め，同条の規定により免許を与えないこととするときは，あらかじめ，当該申請者にその旨を通知し，その求めがあったときは，厚生労働大臣の指定する職員にその意見を聴取させなければならない」と規定している。

(ア)　本条の趣旨

　本条は，相対的欠格事由があることを理由に免許を与えない場合，対象者の権利を保護するための制度である。ノーマライゼーションの理念に即して制定された2001（平成13）年の「障害者等に係る欠格事由の適正化等を図るための医師法等の1部を改正する法律」によって，障害者に免許を与えるかどうかを決定する際の手続規定を整備するために追加されたものである。

(イ)　意見の聴取

　上記の法改正に基づき，平成13年7月13日医政発第754号「障害者に係る欠格事由の適正化を図るための医師等の一部を改正するための医師法の一部を改正する法律の施行について」と題する医政局・医薬局長通知が出された。それによると，「意見の聴取は，厚生労働省担当者及び厚生労働省で選任した非常勤の専門家によるとすること。専門家については，①当該資格に係る専門家，②申請者の有する障害に精通した専門家，③当該資格の養成，教育に係る専門家の中から指定すること」とされており，本条の趣旨に即し

た適切な通知である。なお，同通知においては，意見聴取手続きについても適切な指示がなされている。

5　免許取消し等，再免許

医師法 7 条 1 項は，「医師が第 4 条各号のいずれかに該当し，又は医師としての品位を損するような行為のあったときは，厚生労働大臣は，次に掲げる処分をすることができる。①戒告。② 3 年以内の医業の停止。③免許の取消し」と規定している。

(1)　行政処分

医師が，医師法 4 条の規定する相対的欠格事由に該当するとき，又は「医師としての品位を損するような行為のあったとき」は，厚生労働大臣は，裁量によって，「免許取消し」，若しくは 3 年以内の期間を定めて「医業の停止」を命ずることができるか，又は「戒告」に処することができる（7 条 1 項）。ここで「医師としての品位を損するような行為」とは，例えば，不当に高額の診療報酬を請求すること，患者の貧富の差によって極端に診療内容を異にすること，診療義務違反（➡ 161 頁）を繰り返すことなどがあげられる（東京地判平成 18 年 2 月 24 日判タ 1251 号 166 頁，野田・31 頁，山内豊徳・医療法・医師法解説（1981）345 頁，山下・510 頁）。厚生労働大臣は，行政処分を命ずるに当たっては，あらかじめ医道審議会の意見を聴き（7 条 3 項），処分の対象となった行為の種類，性質，違法性の程度，動機，目的，当該医師の性格，処分歴など諸般の事情を考慮して，合理的な裁量によって行わなければならない。

医業停止処分の判例　最判昭 63 年 7 月 1 日判時 1342 号 68 頁は，胎児が母体外で生命を保続できるまでに成長しているのに人工妊娠中絶を求める女性に対し，これを断念させて出産させた新生児を，内容虚偽の出生証明書を発行してその養育を希望する者にあっせんする実子あっせんを行い，医師法違反等により罰金 20 万円の刑に処せられたことを理由として，医師法 7 条 2 項により 6 か月の医業停止処分を行った事案につき，「医師法 7 条 1 項（現 2 項）によれば，医師が『罰金以上の刑に処せられた者』（同法 4 条 2 号〔現 3 号〕）に該当するときは，被上告人厚生大臣〔現厚生労働大臣〕は，その免許を取り消し，又は一定の期間を定めて医業の停止を命ずることができる旨定められているが，この規定は，医師が同法 4 条 2 号の規定に該当することから，医師としての

品位を欠き人格的に適格性を有しないものと認められる場合には医師の資格を剥奪し，そうまでいえないにしても，医師としての品位を損ない，あるいは医師の職業倫理に違背したものと認められる場合には一定期間医業の停止を命じて反省を促すべきものとし，これによって医業等の業務が適正に行われることを期するものと解される。したがって，医師が同号の規定に該当する場合に，免許を取消し，又は医業の停止を命ずるかどうか，医業の停止を命ずるとしてその期間をどの程度にするかということは，当該刑事罰の対象となった行為の種類，性質，違法性の程度，動機，目的，影響のほか，当該医師の性格，処分歴，反省の程度等，諸般の事情を考慮して，同法7条2項の規定の趣旨に照らし判断すべきものであるところ，その判断は，同法25条の規定の趣旨に基づき設置された医道審議会の意見を聴く前提のもとで，医師免許の免許権者である厚生大臣の合理的な裁量にゆだねられているものと解するのが相当である。それゆえ，厚生大臣がその裁量権の行使としてした医業の停止を命ずる処分は，それが社会観念上著しく妥当を欠いて裁量権を付与した目的を逸脱し，これを濫用したと認められる場合でない限り，その裁量権の範囲内にあるものとして，違法とならないというべきである」と判示した（小幡純子・百選13頁）。このほか，罰金以上の刑に処せられたことを理由に医業停止処分を命じられたものとして，東京地判平成18年2月24日判時1950号49頁がある。抗がん剤を過剰に投与し死亡させて業務上過失致死罪（刑法211条）に問われ，禁錮2年執行猶予3年に処せられた医師に対して，3年6月の医業停止処分とした事案について，裁量権を逸脱したものではないとしている。

(2)　処分の手続

　厚生労働大臣は，免許の取消し又は医業の停止又は戒告の処分を行う場合には，あらかじめ医道審議会の意見を聴かなければならない（7条3項）。さらに，それらの不利益処分を受ける者に対する，免許取消しの場合は，厚生労働大臣の「聴聞」若しくは都道府県知事の指名する職員による「意見の聴取」が，また医業の停止処分を行う場合には，厚生労働大臣による「弁明の機会の付与」（7条12項）又は都道府県知事若しくは医道審議会委員による「弁明の聴取」がなされなければならない（7条5項・11項・13項）。これらの手続きは，行政処分の恣意を防ぎ，その客観的妥当性を確保するためである。また，当該処分を受ける者にとって行政処分は重大な権利侵害となりうるところから，本人に対して十分に弁明の機会を与え，本人に有利な事情を斟酌したうえで決定がなされるために設けられたものである（平林・205頁，山下・510頁。なお，行政処分の現状とあり方については，厚生労働省「医師等の行政処

分の在り方等に関する検討会」報告書［平成 17 年 12 月］及び樋口・61 頁参照）。なお，厚生労働省は，2022（令和 4）年 7 月 22 日，医道審議会の答申に基づき，刑事罰が確定した医師 11 人，歯科医師 6 人の行政処分を発表した。医師の免許取消しは 11 人，また，2 か月の業務停止は 2 人，戒告は 3 人であった。

> **医師として品位を損するような行為**　　医師法違反や窃盗，詐欺等の破廉恥犯，不当に高額の報酬を請求する行為，患者の貧富によって極端に診療内容を異にする行為，診療義務違反を繰返す行為などがありうる。東京地判平成 18 年 2 月 24 日判タ 1251 号 166 頁は，「医師として通常求められる行為を行わず，あるいは医師として通常行わざるべき行為」を行った場合」は，「医事に関し不正な行為」があり，「医師として品位を損するような行為」に当たるとした。

(3)　再免許

　医師法 7 条 2 項は，行政処分を受けた日から起算して 5 年を経過した者について，「その者がその取消しの理由となった事項に該当しなくなったときその他その後の事情により再び免許を与えるのが適当であると認められるに至ったときは，再免許を与えることができる」と規定している。この規定により，再び免許を与えるのが適当と認められるに至ったときは，本人の申請により，厚生労働大臣は，あらかじめ医道審議会の意見を聴いて，職権で再免許を与えることができる。ただし，罰金以上の刑に処せられた者及び「医事に関し犯罪又は不正の行為のあった者」並びに「医師としての品位を損するような行為のある者」として免許取消処分を受けた者については，処分の日から 5 年を経過する必要がある。

　厚生労働大臣は，医師免許を取り消された者が，再免許を申請したときは，指定する職員に意見を聴取させ，「再び免許を与えるのが適当と認めるときは」職権で再免許を与えることができる。

(4)　再免許研修

　医師法 7 条の 2 は，厚生労働大臣は，再免許を受けようとする者に対し，医師としての倫理の保持又は医師として具有すべき知識及び技能に関し研修として厚生労働省令で定めるもの（以下「再教育研修」という）を受けるよう命ずることができると規定している。

⑺ **意　義**　再教育研修とは，行政処分を受けた医師に対して行う医師としての倫理の保持又は医師として備えるべき知識・技術に関する研修をいう。医師としての倫理の保持に関する研修を「倫理研修」という。また，医師として具有すべき知識及び技能に関する研修を「技能研修」という。

⑴ **個別研究計画書**　倫理研修又は技術研修に係る厚生労働大臣の再教育研修命令を受けた者は，当該研修を開始しようとする日の 30 日前に，①氏名，生年月日，②個別研修の内容，③実施期間，④助言指導者等を記載した個別研修計画書を作成し，これを厚生労働大臣に提出しなければならない。

⑼ **個別研修修了者**　個別研修に係る再教育研修命令を受けた者は，個別研修を修了したときは，速やかに個別研修修了書を作成し，これを厚生労働大臣に提出しなければならない。厚生労働大臣は，申請により再教育研修を修了した旨を医籍に登録し，再教育研修登録証を交付する (7 条の 2 第 3 項)。

Chapter 3

臨床研修制度

① 実地修練制度（インターン制度）

　1946（昭和21）年，マッカーサー元帥の連合軍総司令部（GHQ）指導の下，欧米先進諸国の医師に匹敵する高い水準の医師を養成する目的で，実地修練（インターン）制度がわが国に導入された。医師免許を受けるためには，大学医学部卒業（又は医師国家試験予備試験合格）後，大学病院又はインターン指定病院及び指定の保健所において，各診療科と公衆衛生の臨床実地修練を順次行うことが医師国家試験のための要件とされた。実地修練を経た者でなければ，医師国家試験の受験資格が与えられなかったのである。

　しかし，このインターン制度に対しては，①インターン生の身分が不明確で，診察・治療行為についての権利と責任があいまいであること，②実地修練施設や指導体制が整っていないため指導の効果が上がっていないこと，③インターン生に対する経済的保障がなく，単に労働の提供を強制するに過ぎないといった問題点が指摘されるようになり，こうした動向が契機となって東京大学を中心とする学生運動が展開されたことから，1968（昭和43）年の医師法改正によって，インターン制度は廃止され，これに代えて「臨床研修制度」が導入されたのである（詳細については，大谷・12頁。なお，唄・前掲書309頁，山下・511頁参照）。

Ⅱ 臨床研修制度の創設

1 背 景

1968（昭和 43）年の医師法改正によって，大学医部卒業生は直ちに医師国家試験を受験できるようになったが，免許を取得した医師に対して，医師の資質の向上を図るために医師法 16 条の 2 以下が追加され，インターン制度の代わりに臨床研修制度が新設されたのである。「医師は，免許を受けた後も，2 年以上大学医学部若しくは大学付置の研究所の付属施設である病院又は厚生労働大臣の指定する病院において，臨床研修を行うように努めるものとする」とされ，卒後臨床研修が努力義務として課されることになった。

しかし，臨床研修制度においては，①多くの研修医は，生活のためにアルバイトをせざるを得ないといったように，研修医に対する「経済的処遇」が不十分であったこと，②「研修機関は出身大学やその関連の病院が中心であり，また，各専門の診療科に偏った研修が行なわれていたために成果が十分に上がっていないこと，③臨床研修は努力義務であるために，研修を受けていない医師が誕生することなどから，2000（平成 12）年には卒後臨床研修を必修とする改正が行なわれて，2004（平成 16）年に現在の臨床研修制度が誕生したのである。

2 臨床研修制度

医師法 16 条の 2 は，「①診療に従事しようとする医師は，2 年以上，都道府県知事の指定する病院又は外国の病院で厚生労働大臣の指定するものにおいて，臨床研修を受けなければならない。②前項の規定による指定は，臨床研修を行おうとする病院の開設者の申請により行う。③厚生労働大臣又は都道府県知事は，前項の申請に係る病院が，次に掲げる基準を満たすと認めるときでなければ，第 1 項の規定による指定をしてはならない。ⅰ臨床研修を行うために必要な診療科を置いていること。ⅱ臨床研修の実施に関し必要な施設及び設備を有していること，ⅲ臨床研修の内容が，適切な診療科での研

修の実施により，基本的な診療能力を身に付けることができるものであること。⒤前3号に掲げるもののほか，臨床研修の実施に関する厚生労働省令で定める基準に適合するものであること」と規定している。

(1) 基本理念

医師法16条の2は，診療に従事しようとする医師は，2年以上，都道府県知事の指定する病院又は外国の病院で厚生労働大臣の指定する病院で臨床研修を受けなければならないと定めて，臨床研修を必修化し，診療に従事する医師は，2年以上臨床研修を受けることが義務付けられた。また，「臨床研修を受けている医師は，臨床の研修に専念し，その資格の向上を図るように努めなければならない」（16条の5）とされた。その基本理念は，「医師としての基盤形成の時期に，プライマリ・ケアの理解を深め，患者を全人的に見ることができる基本的な診療能力習得すること，また，将来専門とする分野にかかわらず，医学及び医療の果たすべき社会的役割を認識しつつ，一般的な診療において頻繁に関わる疾病に適切に対応できるよう，基本的な診察能力を身に付けること」（平成14年厚労省令158号）に置かれている。

それまでの臨床研修制度は大部分が大学病院で行われ，研修指導医は大学病院の専門医・認定医などが当たっていた。したがって，大学病院では紹介患者多く，プライマリ・ケアの初診症例の確保が困難であり，専門医・認定医だけでは十分な指導が困難であるという指摘がなされていた。この困難を回避するために，新しい研修制度では，プライマリ・ケアにおける標準的プログラムが指定され，これにより基本的診療能力の向上が図られている。

かくして，現行の臨床研修制度においては，インターン制度及び従来の臨床研修制度の問題点を解消するため，①「研修医の身分の確立」，②「医師としての人格の涵養」，③「全人的・総合的な基本的診断能力の習得」，④「研修指導体制及び研修施設の充実」，さらには，⑤「研修医に対して研修に専念するための経済的処遇」（前掲厚生省令158号参照）が目標として掲げられ，今日に至っている（山下・514頁参照）。

病院指定の要件　　臨床研修病院の指定を受けるための要件，研修医の募集の方法等については，「医師法第16条の2第1項に規定する臨床研修に関する省令」において，詳

細に規定されている。また，臨床研修プログラム及び研修指導体制，研修に必要な施設及び設備等については，「医師法第16条の2第1項に規定する臨床研修に関する省令の施行について」（平成15年6月1日医政発）に定められている。

(2) 指定病院での研修

臨床研修は，研修にふさわしい整備された施設で行わなければ効果が上がらないから，原則として都道府県知事の指定する病院で行うこと，指定の要件として，①病院開設者の申請に基づくこと，②臨床研修に必要な診療科を置いていること，③臨床研修の実施に必要な施設及び設備を有していること，④臨床研修の内容，適切な診療科での研修の実施によって，基本的な診療能力を身に付けることができること，以上の4つが定められた（16条の2第2項，第3項）。そして，厚生労働大臣又は都道府県知事は，臨床研修を行うについて不適当であると認めるときは，あらかじめ医道審議会の意見を聴いて，指定を取り消すことができるとされた（16条の2第4項）。なお，厚生労働大臣は，臨床研修の効果を上げるために，都道府県ごとの研修医及び研修病院の定員を定めることになっている（16条の3）。そして，都道府県知事は，厚生労働大臣の決定の範囲内で各定員を決定する。参考までに国の募集定員の現状について紹介すると，臨床研修医募集における都道府県別の募集定員上限は11,287人であり，研修希望者は，令和2年10,288人，令和3年10,085人，令和4年10,052人となっている。

(3) 研修義務

診療に従事しようとする医師は，2年以上，医学を履修する課程を置く大学に付属する病院又は厚生労働大臣の指定する病院において。臨床研修を受けなければならない（16条の2第1項）とされており，免許取得後，診療を行う医師は2年間の臨床研修義務が課されている。改正前の「臨床研修を行うように努めるものとする」という努力義務規定とは異なり，「研修を受けなければならない」として研修義務が課されている。ただし，当該の義務違反には罰則規定がないので処罰されることはないが，その態様によっては，「医師としての品位を損するような行為」として，医師法7条の定める行政

処分を受ける可能性がある。

　問題は，研修医のいわゆる「アルバイト診療」にある。所定の研修を受けている以上，研修義務には違反していないから法的制裁の対象にはならないともいえるが，研修指定病院において兼業禁止が明記されているような場合には，同病院の懲戒処分を受けることになるであろう。また，アルバイト診療の態様によっては，上記の行政処分を受ける可能性がある（大磯・25頁）。なお，既述のように，「臨床研修を受けている医師は，臨床研修に専念し，その資質の向上を図るように努めなければならない」（16条の5）とされているが，こちらの方は努力義務規定であり，義務に違反しても制裁の対象とはならない。

(4)　臨床研修医の労働者性

　臨床研修医が患者の診療により過労死した場合，どのように扱われるであろうか。1998（平成10）年に関西医科大学で当時26歳の研修医が過労死した事件について，最判平成17年6月3日（民集59巻5号938頁）は，「この臨床研修は，医師の資質の向上を図ることを目的とするものであり，教育的な側面を有しているが，そのプログラムに従い臨床研修指導医の指導の下に，研修医が医療行為等に従事することを予定している。そして，研修医がこのようにして医療行為等に従事する場合には，これらの行為等は病院の開設者のための労務の遂行という側面を不可避的に有することとなるのであり，病院の開設者の指揮監督下にこれを行ったと評価することができることとなるから，上記研修医は労働基準法9条所定の労働者にあたるとものというべきである」と判示した。臨床研修医の労働者性が法的に認められたのである（大磯・26頁参照）。

(5)　医籍への登録

　厚生労働大臣は，臨床研修を修了した者について，本人の申請により，臨床研修を修了した旨を医籍に登録し，併せて臨床研修修了登録書証を交付しなければならない（16条の6）。臨床研修したことを公的に証明するためである。なお，登録を受けようとする者及び臨床研修終了登録証書の書換交付又は再交付を受けようとする者は，手数料を納めなければならない（16条の7）。

3　その他の研修

　医療に関する最新の知識及び技術に関する研修の必要性に配慮し，医師法
16条の9は，臨床研修制度以外の研修について，都道府県知事，病院又は
診療所の管理者，大学，医学医術に関する学術団体，診療に関する学識経験
者の団体その他の関係者は，医療提供体制の確保に与える影響に配慮して医
療の研鑽が行なわれるよう，適切な役割分担を行うとともに，相互に連携を
図りながら協力するよう努めなければならないと定めている。また，研修は
医療供給体制に影響を与えるところから，医学医術に関する学術団体等は，
医師の研修に関する計画を定め又は変更しようとするときは，厚生労働大臣
の意見を聴かなければならない（16条の10第1項）。そして，厚生労働大臣
は，研修の実施等について意見を述べるときは，関係都道府県知事の意見を
聴かなければならないとされている。さらに，厚生労働大臣は，医師が長時
間にわたる労働により健康を損うことなく，医療に関する最新の知見及び技
能に関する研修を受ける機会を確保できるようにするために，特に必要があ
る認めるときは，医道審議会の意見を聴いて，研修の実施について医学医術
の学術団体等に必要な措置の実施を要請することができる（16条の11）。

Chapter 4

医業と法規制

① 医業の意義

1　総　説

　医師法 17 条は、「医師でなければ医業をなしてはならない」と規定し、医師以外の者の医業を禁止して、医師に医業を独占させている。これを医師の業務独占又は医業独占という。また、同法 18 条は、「医師でなければ、医師又はこれに紛らわしい名称を用いてはならない」としている。これを医師の名称独占という。そして、前者に違反する行為を無免許医業罪とし、3 年以下の懲役もしくは 100 万円以下の罰金に処し、又はこれを併科することとしている（33 条の 3 第 1 号）。また、後者に違反する行為については、50 万円以下の罰金に処することとしている（31 条 2 項）。ここで「医業」とは、反復継続の意思を以て医行為を行うことをいうと解されているが、「医行為」とは何か、また、「業とする」とは、いかなる意味かを明らかにする必要がある。

　医業独占と職業選択の自由　「医業は公衆衛生に直接関係し国民の健康な生活を確保するものであるから、法は医師の免許につき絶対的、相対的欠格事由を定めた上国家試験に合格し厚生大臣の免許を要する等厳重な規定を設けているのであって、医師でなければ医業をなしてはならないのである。従って、法が医師でない者が医業をなすことを禁止するのは公共の福祉のために必要とするのであって、職業選択の自由を不当に制限したものとは認められないから、これを憲法 22 条違反ということはできない（東京高判昭和 36 年 12 月 13 日下刑集 3 巻 11 = 12 号 1016 頁。平沼・104 頁参照）。

2 医行為（医療行為）

「医行為」という用語は医師法にはなく，医師法 17 条の「医業」に由来するものと解されている。医業とは「医行為を業として行う」ことを意味するとされ，その具体的な内容は，医学の進歩に伴い変化するので，定義規定を置くことは困難であり，また，妥当でないと解されてきた。

判例は，「医業とは，反復継続の意思を以て医行為を行うことをいう」（大判大正 5 年 2 月 5 日刑録 22 巻 109 頁）とし，また，「医行為とは汎く医師が人の疾病を診察治療する行為を指称するもの」と定義し（大判昭和 2 年 11 月 14 日刑集 6 巻 453 頁），さらに，戦後の最判昭和 30 年 5 月 24 日 9 巻 7 号 1093 頁は，「医行為とは，医師が行うのでなければ人体に危害を生じさせ，又は危害を生じさせるおそれのある行為」と判示したのである。

医師法は，医師国家試験や免許制度を設けて，高度な医学的知識及び技能を有する医師により医療及び保健指導が実施されることを予定するとともに，無資格者の医業を禁止し，無資格者が医業を行った場合には，上記のように 3 年以下の懲役若しくは 100 万円以下の罰金に処し，又はこれを併科することにしている。このような医師法の規定に照らしてみると，医師法 17 条の規定は，医師の職分である医療及び保健指導を，医師でない無資格者が行うことによって生ずる人体又は保健衛生上の危険を防止するための規定であると考えられる。そうすると，医行為とは，医療及び保健指導に属する行為のうち，「医師の医学的判断及び技術をもって行うのでなければ，保健衛生上危害を生ずるおそれのある行為」と定義するのが相当である（最判昭和 30 年 5 月 24 日刑集 9 巻 7 号 1093 頁，最判昭和 56 年 11 月 17 日判タ 459 号 55 頁，最決令和 2 年 9 月 16 日刑集 74 巻 6 号 581 頁。佐伯仁志・百選 3 版 4 頁，大谷實「医療行為法序説」同志社法学 73 巻 7 号 11 頁）。ここで「医療及び保健指導に当たる行為」の性質のことを「医療行為性」という。したがって，医療行為性を有しない行為（後述の「タトゥー施術行為」）は，医師が行わなければ人体への危険を有する行為であっても，医療行為とはならない。

なお，医行為を医療行為と呼称する文献が多い。しかし，両者は同義であり，判例（前掲最判昭和 30 年 5 月 24 日など）や医療行政において「医行為」が

用いられているので（厚生労働省平成17年通知〔医政発0726005号〕若干躊躇を覚えるが，医療法や医療機関といった形で医療という語が広く使われるようになっており，筆者も古くから「医療行為」（大谷・5頁）としてきたので，以下においては，「医療行為」で統一することとする。

3　医療行為の具体例

　過去の判例や行政上の解釈において，問診・打診，レントゲン照射，医薬品の塗布，内服薬の塗布，コンタクトレンズの着脱，血液・便・尿等の検査，検査結果に基づく病名の診断，眼底検査などが医療行為とされてきた。また，近年では，植毛治療を行うクリニックにおいて，医師が不在の間に医師資格のない者が麻酔薬注射，毛髪刺入による植毛を行った事案に関して，医学的根拠のない施術を行い高額の施術費用の請求をした事案（札幌地判平成16年10月29日判タ1199号296頁），医師資格のない者が，レーザー脱毛器を用いて脱毛施術を行った事案（東京地判平成14年10月30日判時1816号164頁）などが無免許で医療行為を業として行ったとして，無免許医業罪で処罰されている。

　タトゥー施術行為　　被告人は，医師でないのにタトゥーショップで4回にわたり針を取り付けた施術用具を用いて皮膚に色素を注入する行為を行い，もって医業をなしたとして，医師法17条の無免許医業罪に問われた。第1審は，同罪の成立を認め，罰金15万円の略式命令に処したのに対し，2審は，「入れ墨（タトゥー）」の施術は保健衛生上危険性のある行為であっても，医療及び保健指導に属する行為とは言えないとして破棄自判し，被告人を無罪とした。検察側は上告。最高裁判所（前掲令和2年9月16日）は，「医行為とは，医療及び保健指導に属する行為のうち，社会通念上医師が行うのでなければ保健衛生上危害を生ずるおそれある行為をいう」と判示し，2審判決を支持したのである。この判旨については解釈が分かれているが（川崎友巳「医師でない彫り師によるタトゥー施術と医師法17条にいう『医業』の意義」同志社法学426号155頁），ある行為が医療行為といえるためには，①その行為が医療及び保健指導といえるもので（医療関連性を有する行為），②医師が行うのでなければ保健衛生上危険のある行為であることを要するとし，本件行為は①に当たらないとした最高裁の新しい判例と解すべきである。この判決によって，美容整形における入れ墨等の施行者は医師法違反にならいが，美容外科に当たるアートメイク，豊胸・バスト・乳首等の手術を医師以外の者が行

えば，無免許医業罪となるであろう（➡ 104 頁）。なお，平成 13 年 11 月 8 日政医発
105 号厚生労働省医政局医事課通知は，「入れ墨」を医行為としている。

4 医療行為の判断基準

　問題は，「保健衛生上危害の生ずるおそれのある行為」における「おそれ」
の判断基準にある。学説上は，医師法 17 条には業務規制の側面と行為規制
の側面があり，両面を考慮しながら個別的に判断すべきであるとする有力な
見解がある（米村・44 頁）。無資格医業者の取締りの観点と行為の人体への危
険性の観点を踏まえて医療行為の範囲を確定すべきであると主張するのであ
る。

　しかし，現行の医師法は，国民の健康な生活，人体の安全の確保を医師の
職分とするのであるから，保健衛生上の危険性を基準として医療行為の範囲
を確定すべきである。ただし，その危険性は社会通念上の危険，一般の人か
ら見て「危険だ」と感じられる程度のもので足りる。ここでの「危険」は，
人体に対する抽象的危険を意味するのであり，当該の診療方法で保健衛生上
の危害が現実に発生するかどうかは問うべきではない。したがって，無資格
者に当該の診療について実質的に医学の知識及び技量があったとしても，無
資格者の医療行為は無免許医業罪を構成するのである。また，それ自体は危
険を含まないが，結果として危険を伴う場合にも医療行為に当たる。断食道
場入寮希望者に対し，入寮の目的，入寮当時の症状や病気を尋ねる行為を
「問診」とみなし，「医療行為」に当たるとして無免許医業罪の成立を認めた
判例（最判昭和 48 年 9 月 27 日刑集 27 巻 8 号 1403 頁）があるが，この判例は上記
の見解に立ち，問診それ自体は危険ではないが，誤った問診に基づいた断食
療法が行われた場合に生じうる危険を考慮して，問診それ自体も「医行為」
に当たると解したのである。具体的な危険が発生することを要するという見
解（高山佳奈子「医行為に対する刑事規制」法学論叢 164 巻に 6 号 383 頁，加藤久雄・新
訂医事法入門〔2005〕75 頁）もあるが，それでは「国民の健康な生活，人体の
安全の確保」を達成できないであろう（山下・517 頁，大谷・22 頁）。

医師の医業類似行為　医師が，あん摩，はり，きゅうの業務を行うことは医業類似行為に当たるか。昭和25年2月1日医収62号は，「医師は疾病の診察，治療等医行為のすべてを業としてなし得るのであり，特にその行為の内容，方法等について法律上の制限は存在しない。あん摩，はり，きゅう，柔道整復師等営業法1条においても，医師は，あん摩術はり術きゅう及び柔道整復術による疾病治療行為をそれらの免許を要せずして業としてなし得る旨を規定しているが，これは当然のことを規定したにすぎない」と回答している。

　もっとも，「医師が行うのでなければ保健衛生上危害を生じるおそれ」の判断は，医療技術の進歩，一般社会の医学知識の向上，行政における在宅医療の推進などによって，大きく変わりつつある。従来医療行為に該当するとされてきた血圧測定，体温測定，軽微な擦り傷，やけど等の処置については，厚生労働省の通知によって，医行為とはされなくなった（平成17年医政発0726005号）。

5　絶対的医療行為・相対的医療行為

　医療行為の中で，医師が常に自ら行わなければならない高度に危険な行為については，医師以外の者の実施が禁止されている。このような行為を絶対的医療行為という。例えば，外科手術や局所麻酔などは絶対的医療行為の典型であるが，通常医師が行っている治療行為は，医師のみが実施すべきものとされている。したがって，その行為を看護師が行えば医師法違反となり，無免許医業罪として処罰される。

　これに対し，危険性がそれほど大きくなく，看護師等の他の医療従事者が医師の指示に従って安全に行うことができる医療行為を相対的医療行為という。例えば，看護師は医師の指示のもとに静脈注射を行うことができる。静脈注射は，保健師助産師看護師法5条に規定する診療の補助行為の範疇として取扱うのとされた（平成14年9月30日医政発0930002号）。救急救命士の救命行為も相対的医療行為に当たる。

医療従事者・医療類似行為者　医療従事者とは，医療に従事する者をいい，医師・歯科医師，看護師，助産師，臨床検査技師，救命士，薬剤師等が含まれており，医師法，歯科医師法，薬剤師法，保健師助産師看護師法，臨床検査技師等に関する法律など約

20 の法律によって，それぞれ国家試験を経て免許により資格が与えられる。本書では，医師法を中心に解説するので，医師法以外の法律で定められている医療関係者については，原則として除外する。一方，医療類似行為者とは，傷病の治療又は保健の目的で高熱器械・器具その他の物を使用・応用し，又は四肢若しくは精神作用を利用して行われる各種の施術で，西洋医学で診療等に当たらない療法をいう。あん摩，マッサージ，指圧，針，きゅう，柔道整復のように法律で公認されている場合及び「その他の医業類似行為」に分かれるが，これらについても本書では扱わない。

6　患者・家族による医療行為

　在宅医療の拡大や医療技術の進歩に伴い，患者本人又は家族が実施しても「おそれ」が認められない事案が増えてきた。医師や専門等の教育・指導・訓練があれば，「おそれ」が認められない場合，相対的医療行為に準じて医療行為から除外する実務が定着しつつある。その嚆矢となったものが，本人又は家族が自宅等で行うインスリン注射である。厚生労働省は，「充分な患者及び家族教育を行った上で，適切な指導及び管理の下に行われたインスリンの患者又は家族による注射は，医師法 17 条に違反しないとしたのである（昭和 56 年 5 月 1 日医事 38 号）。

　その後，国の在宅医療の推進方針に伴って，在宅酸素療法のボンベ交換及び流量設定，人工呼吸器患者等の痰の吸引，胃瘻を通じた栄養剤の注入，在宅での点滴薬の交換，輸液ポンプの操作等については，患者本人や家族・介護従事者が在宅医療として実施しているのが現状である。いわゆる AED（自動体外式徐細動器）を一般市民が合法的に使用できるようにもなっている（平成 16 年 7 月 1 日医政発 0701001 号）。こうした動向については，その正当化根拠についての疑問も聞かれるが（米村・43 頁），正当化根拠は，医師の教育・訓練・指導等によって保健衛生上の危険性が解消されるか否かの点に求められるであろう。相対的医療行為を含めて，是非の基準は医師等の教育・訓練・指導による「安全性の確保」又は危険性の解消にあることを強調したい（なお，樋口範雄『医行為』概念の再検討）樋口範雄＝岩田太編・生命倫理と法 II〔2007〕14 頁）。

厚生労働省医局長通知　　原則として医療行為に当たらない事例。①水銀体温計・電子体温計により腋下で体温を計測すること及び耳式電子体温計により外耳道で体温測定す

ること，②自動血圧測定器による血圧の測定，③新生児以外の者であって，入院治療の必要がない者に対して，動脈血酸素飽和度を測定するためにパルスオキシメータを装着すること，④軽微な切り傷，擦り傷，やけど等について，専門的な判断や技術を必要としない処置をすること，⑤患者の状態が3条件を充たしていることを医師，歯科医師，または看護職員が確認し，これらの免許を有しない者による医薬品の使用の介助ができることを本人又は家族に伝えている場合に，事前の本人又は家族の具体的な依頼に基づき，医師の処方を受け，あらかじめ薬袋等により患者ごとに区分し授与された医薬品について，医師又は歯科医師の処方及び薬剤師の服薬指導の上，看護職員の保健指導・助言を遵守した医薬品の使用を介助すること。具体的には，皮膚への軟膏の塗布，皮膚への湿布の貼付，一包化された内用薬の内服，肛門からの座薬挿入又は鼻腔粘膜への薬剤噴霧を介助すること。以下略（平成17年7月26日医政発第0726005号）。

　上記のように，在宅患者の痰の吸引等については家族に委ねられているが，ホームヘルパー等の介護従事者に行わせるのはどうか。厚生労働省は，これを重く見て検討したが，結局，介護従事者の痰の吸引を認めることにしたのである（平成15年7月17日医政発0717001号）。その後，2011（平成23）年に社会福祉士及び介護福祉士法が改正されて，同法2条2項によって，本来の業務のほかに「喀痰吸引その他の者が日常生活を営むのに必要な行為であって，医師の指示の下に行われるもの」が追加され，一定の教育・訓練と事業者の認定を条件として，介護福祉士による痰の吸引や胃瘻からの栄養の補給が実施可能となっている（米村・42頁参照）。

Ⅲ　「業」とすること

1　反復継続の意思

　単なる医療行為は，法の規制対象とはならない。医師法17条は，「医師でなければ，医業をなしてはならない」と規定しており，医師でない者が「業」として医療行為を行うことを禁止し，処罰するのである。また，医師の医学的判断及び技術をもって行うのでなければ，人体に危害を及ぼす行為であっても，医療及び保健指導に関係のないものであるときは，医療行為とはならない。「医業」とは，業として医療行為を行うことをいう。問題は，「業」と

は，いかなる態様の行為をいうかである。

　判例上は，「営業説」，「生活資料取得行為説」さらに「営業目的説」などがあったが，「医業」とは，反復継続の意思をもって医療行為を行うことをいうとする「反復継続意思説」（大判大正5年2月5日刑録22輯2号109頁，最判昭和28年11月20日刑集7巻1号2249頁）が支配的となっている。この説は，法令用語一般に従うものであるが，これによると，医療行為を反復継続して行う意思が認められれば，一回限りの行為であっても「業」に当たり，その行為から何らかの報酬を得ることも必要としない。ボランティアとして治療行為を行っていた場合でも，繰り返し行う意思であるときは医業に当たるのである。しかし，例えば，医師免許取消し処分を受けた元医師が，友人に頼まれて一回限りの外科手術を行っても無免許医業罪は成立しない。これに対し，医療器具や医薬品を多数所持し，服装や言動がいかにも医師であるかのように振舞っているなどの客観的事情があれば，反復継続の意思があると認定される（東京高判昭和42年3月10日高時報18巻3号8頁）。

医業の意義と判例　　上記のように，医師法17条及び31条は，医師の医業独占を定め，医師以外の者が医業を営むことを禁止し，処罰する。厚生労働省は，「医業とは，当該行為を行うに当たり，医師の医学的判断及び技術をもってするのでなければ人体に危害が及ぶおそれのある行為（医行為）を，反復継続の意思を以て行うことである」と定義している。そして，かつての厚生省は，コンタクトレンズ使用のための検眼，装用の指導は「医行為」であるとしていた。しかし，医師でも看護師でもないXは，コンタクトレンズ販売店を経営する眼科医Yの従業員として，Yの不在中に複数の者に対し，コンタクトレンズの着脱と処方等を行った。Xは無免許医業罪で起訴され，Yも共謀共同正犯として起訴された。第1審判決は，「医行為」とは，医師が行うのでなければ，保健衛生上危害を生ずるおそれのある行為である」と判示した上で，①コンタクトレンズの処方は，これを誤れば保健衛生上危害を生ずるおそれのある行為に当たるというべきであり，②検眼，コンタクトレンズの着脱は，それ自体保健衛生上危害を生ずるおそれのある行為とは直ちに言い難いが，コンタクトレンズの着脱は，コンタクトレンズの処方の一部をなす行為というべきであり，いずれの行為も医行為に当たるとして無免許医業罪の成立を認め，Xに懲役5月，執行猶予2年，Yに懲役8月，執行猶予2年の各有罪判決を言い渡した。Yは控訴したが，第2審裁判所は控訴を棄却した。Yはさらにレンズの着脱には人体への危険がなく，検眼はメガネ店や運転免許試験場でも医師以外の者がこれを行っていると主張して上告したが，最決平成9年9月30日（刑集51巻8

号 671 頁）は，「コンタクトレンズの処方のために行われる検眼及びテスト用コンタクトレンズの着脱は，いわゆる医師法 17 条にいう『医業』の内容となる医行為に当たるとした原審判決の判断は正当である」と判示して，上告を棄却したのである。この判決には，賛成する立場（佐伯仁志・百選 5 頁など），反対する立場（高山佳奈子・百選 2 版 5 頁など）があったが，賛成する立場が妥当である。

2　臨床実習生の場合

2017（平成 29）年，一般社団法人日本医学教育評価機構（JACME）による医学教育の分野別評価が始まり，臨床実習がさらに充実することが期待される中（平沼・111 頁参照），診療参加型臨床実習を具体化するものとして，臨床実習制度が導入された。すなわち，2021（令和 3）年の医師法改正により，17 条の 2 が追加され，「大学において医学を専攻する学生であって，当該学生が臨床実習を開始する前に習得すべき知識及び技能を具有しているかどうかを評価するために大学が共用する試験として厚生労働省令で定めるものに合格した者は，当該大学が行う臨床実習において，医師の指導監督の下に，医師として具有すべき知識及び技能の習得のために医業をすることができる」と定められたのである（令和 3 年法律 49 号。令和 7 年施行）。これによって，①侵襲性のそれほど高くない一定の行為に限られること，②医学部教育の一環として一定の要件を充たす指導医によるきめ細かな指導・監視のもとに医療行為を行わせること，③臨床実習を行わせるに当たって事前に医学生の評価を行うこと，④医学生である旨の明確な紹介および患者の同意を得て実施することなどを要件とする臨床実習が可能となった。

3　臨床実習生の秘密保持義務

臨床実習制度の導入に伴い，実習生による医療行為の守秘義務が問題となり，医師法 17 条の 3 が追加され，臨床実習生として医業に従事する者は，正当な理由がある場合を除き，その業務上知り得た人の秘密を漏らしてはならないとされ，医学生でなくなった後も同様とされた（➡ 209 頁参照）。

Ⅲ 名称独占

　医師法 18 条は，「医師でなければ，医師又はこれに紛らわしい名称を用い
てはならない」と規定している。この規定は，「医師」の名称を医師に独占
させるための規定である。したがって，医師でない看護師等の医療補助者が
「医師」と称して医業行ったときは，名称独占に違反した者として，50 万円
以下の罰金に処せられる（33 条の 3 第 1 号）。「これに紛らわしい名称」とは，
「鍼灸医，はり医，接骨医」といように，社会通念上，医師として人の疾病
を治療するような印象を与える名称をいう。「用いる」とは，名称を使用す
るという意味であり，名刺に「医師」と印刷するような場合をいう。

Chapter 5

医療行為の正当化要件

① 総　説

　医業として行われる医療行為は，医療及び保健指導に関するもので，医師が医学的判断及び技術をもって行うのでなければ人体に危害を及ぼすおそれのある行為すなわち医療侵襲行為であるから，単に医師が行えば正当化されるというものではない。医師の診療行為を正当化するためには，医学及び医療技術に則した正当なものであるということが必要である。これを医療技術の正当性または医術的正当性という。

　それでは，医術的正当性を有する行為であれば，すべて医業として正当とすべきであろうか。一般の診療は，疾病の治療・軽減，予防のために医療技術を適用して行われており，医療技術を適用する必要があるということを「医学的適応性」という。医療技術を正しく適用しなければ正当な医療とはならないから，医学的適応性を医療侵襲の正当化要件とする必要があることは言うまでもない。通常の診療で医学的適応性が問題になることは少ないが，しかし，医学及び医療技術の進歩に伴って，美容整形，臓器移植，終末期医療等で，医療技術の適用としての医学的適応性が大きな問題となっている。

　医術的に正当であり，医学的適応性を有する医療行為であっても，その行為は，人体に危害を及ぼすおそれのある侵襲行為であるから，行為の相手方の同意なしに無理に実施することは，自己決定権を侵害する診療として許されるものではない。もっとも，相手方の同意は，黙示でもよいが，医療行為

には相手方の同意が不可欠である（手嶋・41頁，町野・94頁）。

　なお，医学的適応性は，医療行為が行われるべきか否かの問題であり，一方，医術的正当性は，どのような方法で医療行為を行うかの問題であるから，医学的適応性を先に論ずるべきであるとする見解が有力であるが，一般の診療においては，医学的に認められた正当な方法であることが重要なので，本書では先に医術的正当性を検討することにした。

　かくして，侵襲行為としての医療行為が正当化されるためには，医術的正当性，医学的適応性及び患者の同意の３つの要件が必要となる。侵襲行為は，医師法第５章の「業務」の中核的要素であるのにかかわらず，医師法の解釈として十分検討がなされてこなかったように思われる。以下において，やや詳しく論ずる所以である。

Ⅱ　医術的正当性

　当該の治療行為が，医学上一般に承認されているものであること，言い換えると医学的に認められている方法で医療は行われなければならないということを医術的正当性という。この要件を充たさない限り医療行為として正当化されることはない。医療行為の方法の相当性（手嶋・43頁），医学的正当性とする見解もあるが，医療技術として正当なものという意味で，医術的正当性（米村・169頁）として論ずることにしたい。何を以て一般に承認されている医療行為といえるか，また，治療方法としては確立してない実験的治療は，正当といえるかといった問題があり，これはchapter 6で検討する。

Ⅲ　医学的適応性

　医学的判断・技術を適用することが，疾病の治療，軽減，疾病の予防にとって必要かつ相当であり，社会一般の人からみて許されるということを医学的適応性という。通常の形で行われる患者に対する医師の医療行為については，医学的適応性は問題にならない。しかし，例えば，生体からの臓器移

植について，ドナー（臓器を提供する者。➡128頁）から臓器を摘出する医師の
行為は，いかなる根拠で許されるであろうか。学説では，ドナーがそれに同
意しているから許されるというように被害者の同意の法理で許されるとする
見解が有力である。それならば，医師でない者が臓器摘出の手術をしてもよ
いことになるが，それでよいのであろうか。医学的判断・技術の適用として
正当に行われるが，その行為が直ちに医療行為として許容されるものではな
い。その行為がレシピエント（移植を受ける者。➡128頁）の治療にとって必要
であり，当のドナーから臓器を摘出する行為は社会一般の人々から見て許容
できる，言い換えれば社会的相当性を有するものでなければならないのであ
る。そのためには，国会で議決されることが最も適切であり，「臓器の移植
に関する法律」は，臓器摘出の医学的適応性を認めるための法律でもある。
しかし，そこまでしなくても，社会一般の人が許容するような場合，例え
ば，体外受精に要する卵子の採取は，社会的相当性を有するものとして医学
的適応性を認めて差し支えないであろう。医学的適応性が問題となる場合と
して，美容整形手術，不妊手術，性転換手術，人工妊娠中絶，人工授精，体
外受精などがあるが，それぞれ解決するのに難しい問題を含んでいるので，
chapter 7 において検討することとしたい。

Ⅳ　患者の同意

　医師の医学的判断と技術をもって行わなければ人体に危険を及ぼすおそれ
のある行為は，もともと医療侵襲として人体に危害をおよぼす危険な行為で
あるから，医師が無理やり患者に治療を加えることは，憲法の個人尊重の原
理，幸福追求権に基づく自己決定権の侵害として許されるものではない。か
くして，医師は，患者に十分な情報を与え，その同意を得て初めて診療を加
えることが許されるのである。いわゆるインフォームド・コンセントは，今
や医療の基本原則となっている（大谷・72頁）。したがって，同意を無視して
行った医療行為は，専断的治療行為として，傷害罪又は強要罪の刑事責任を
問われ，また，民事責任として損害賠償責任が問われることになる。なお，

強制的医療行為が法律上認められている場合，精神科医療における措置入院，医療保護入院，感染症予防上の強制医療措置いついては，本人の同意は必要とされない。患者の同意については，chapter 8 において検討する。

Chapter 6

医療行為の医術的正当性

１ 総 説

　医業における医療行為（診察・治療行為）は，医師が医学的判断及び技術
もってするのでなければ，保健衛生上（人身に）危害を生じさせるおそれの
ある行為を内容とするから，医療行為を行う場合には，人身に危害を生じさ
せないように，医学的に認められた方法で正当に行われなければならない。
医療行為は医学的に認められた正当な方法で行われなければならないという
ことを医術的正当性という。医療行為の方法の相当性とする説もあるが，医
師の診療行為は，後述の医学的適応性と並んで，医学的に認められた正当な
方法で行われなければ，医療行為とは認められないのである。

　医療行為の医術的正当性を確保するためには，例えば，道路交通法や労働
安全衛生法といった安全を確保するための行政法規を用意すべきであろう。
しかし，医療行為については，例えば，医師法24条の２の規定に基づく厚
生労働大臣の指示としての「輸血療法の適正化に関するガイドライン」（平
成元年健政発第502号）「輸血に関し医師または歯科医師の準拠すべき基準」（昭
和27年厚生省告示138号），「人を対象とする医学系研究に関する倫理指針」（平
成26年文部科学省・厚生労働省告示３号），「終末期医療の決定プロセスに関する
ガイドライン」（平成27年医政発0325第２号）といった行政当局の指示・告示
又はガイドラインが存在しているくらいで，診療に関する法律上の規制は行
わず，医師が自らの判断で医術的正当性を確保すべきであるとするのが現行
法上の建前である（樋口・続85頁参照）。

EBM（evidence-based medicine 根拠に基づく医療） 医術的正当性に関連して，EBM（科学的根拠に基づく医療）の動向が注目される。科学的根拠に基づく医療とは，「良心的に，明確に，分別をもって，最新最良の医学的知見を用いた医療」をいい，エビデンスに基づく医療ともいう。アメリカを中心に世界的に展開されている医療改革運動であり，わが国でもこうした考え方に基づき，科学的根拠のある医療を普及させるため，各専門医学会では，疾患類型ごとに証明の程度に応じた複数の診断法・治療法を表示し，実施する場合の注意点等を記載したガイドラインが策定されつつある。

Ⅱ 医術的正当性と医療契約

1 意 義

　医術的正当性の確保に関連して，現行の法律では4つの制度が認められている。その1は，医師は医療契約上の義務として，医術的正当性を害する行為によって患者に損害を与えた場合は，債務不履行として医師に対し損害賠償を命ずる制度である（民法415条）。その2は，故意又は過失によって医術的正当性を害する行為をして患者に損害を与えた場合には，不法行為として医師に対し損害賠償を命ずる制度である（民法709条）。その3は，医師が業務上の注意義務に違反して医術的正当性を害する行為をした場合には，業務上過失致死傷罪として，5年以下の懲役・禁錮又は100万円以下の罰金に処する制度である（刑法211条）。その4は，医師が医術的正当性を害する行為をした場合には，医道審議会（分科会。→11頁）によって，医師免許の取消し等を定める制度である（厚生労働省設置法7条1項，3項）。いずれの制度も，医師に制裁ないし不利益処分を加えることによって，医術的正当性又は正当な医療を確保する機能を有するものである。

2 医療契約

(1) 契約の当事者

　上記の1から考える。契約は，普通，行為能力（意思能力）のある者の申込みと，相手方の承諾によって成立する。医療契約を準委任契約と考える立場では（→50頁），医療契約の当事者が個人の開業医である場合は，当事者

は患者本人と医師であるが，病院等の医療機関の場合には，患者の診療の委託を受けるのは病院の開設者となる（東京地判昭和 50 年 1 月 20 日判時 764 号 19 頁）。この場合，担当医師は法律上契約の単なる履行補助者にすぎないので，診療の実態に合わないとする見解がある。また，委任契約では要件とならない患者の同意は，診療契約には含まれないことから（内田。300 頁），受任者は法律上病院の開設者にあるとしても，委任事務としての医療は，当該担当医が主体的に判断して行わざるを得ず，担当医としては，自らの判断で「刻刻と変化する患者の病状に応じ善良な管理者注意をもって，医学上の技術基準に従い適正と見られる措置を取る必要がある」（中野貞一郎。過失の推認（増補版　1987）89 頁）。ただし，契約の効果としての治療費請求等は，病院の開設者等に発生することになる。こうして，準委任契約としての医療契約は，患者が事務の委託としての診療を申込み，受任者としての医師等がこれを承諾したことによって成立する。

(2)　救急医療

　患者が意識不明，幼児，精神障害者といった意思無能力の場合，契約の主体つまり委任者を誰にするかが問題となる。例えば，路上で倒れて意識不明となっている男性Xを，通行人の Y が救急車を呼んでXを甲病院に緊急入院させた場合，学説は，① Y は第三者Xのために甲病院と契約を結んだことになり，Y は甲病院に診療を求める権利があるとする第三者のためにする契約と解する説，②診療契約を代理するものと解する説などが主張されてきたが（唄・前掲書 351 頁），いずれも，代理者でない Y を代理と擬制するもので，妥当でないと思われる。むしろ，事務管理とするほうが実態に即していると考える。

　事務管理とは，「義務なく他人のために事務の管理を始めた者は，その事務の性質に従い，最も本人の利益に適合する方法によって，その事務の管理をしなければならない」（民法 697 条）というものである。上記の甲病院は，Xを法律上救助する義務はないのに甲病院に入院させたのであり，義務なく他人のために診療という事務の管理を開始したのだから，事務管理に当たり，甲病院は最も本人の利益になる入院措置を講じたわけである。なお，事

務管理者は，「本人の意思を知っているときは，又はこれを推知することが
できるときは，その意思に従って事務を管理しなければならない」（同条2
項）。

⑶　事務管理と自殺者

　本人の意思に関連して，自殺未遂者に対する救急医療が問題となる。本人
が医療を拒否しているのに救急医療を実施することは，事務管理規定に反す
ることになるが，パターナリズムの観点から，自殺意思に基づく診療拒否は
法律上無効であり，通常の事務管理として扱えば足りる。なお，緊急事務管
理，すなわち「管理者は，本人の身体，名誉又は財産に対する急迫の危害を
免れさせるために事務管理をしたときは，悪意又は故意又は重大な過失があ
るのでなければ，それによって生じた損害を賠償する責任を負わない」（民
法698条）とされている。

⑷　契約の意義

　契約とは，複数の者の合意によって当事者間に法律上の権利義務を発生さ
せる制度であって，合意のうち法的な拘束力を持つことを期待して行われる
もののことをいうと定義されている（内田・11頁）。典型的な売買契約につ
いていうと，ある品物を購入したい甲が，その品物を持っている乙に売ってほ
しいと頼み，乙はこれを承諾した場合，甲の申込という意思表示と乙の承諾
という意思表示が合致（合意に達）し，売買契約（民法555条）が成立すること
になる。特に契約書を取り交わす必要はない。売買契約が成立すると，甲に
は，合意した代金を乙に支払う義務（債務）が生ずるとともに，品物を自分
に渡させる権利（債権）が発生する。他方，乙には，代金を支払わせる権利
（債権），品物を甲に引き渡す義務（債務）が発生することになる。各自の義務
を果たさなかったときは，最終的には裁判所に訴え出て，義務を実行しても
らうのである。

　医師と患者の関係も，患者の診療の申込に対する医師の承諾という契約関
係とみることができる。医は仁術といわれた時代には，患者と医師の関係を
権利義務関係とは見なかったが，憲法13条の個人主義が定着するに従っ
て，患者の意思ないし自己決定が尊重されるようになり，医師と患者の関係

を権利義務関係と解する見解が有力となった。裁判所もこの考え方を認め，医師は医師法によって診療義務を課されてはいるが（➡160頁），個々の患者については，患者の診療の申込に対する医師の承諾（引受け）という法律関係が成立するとされている。

(5) 医師と患者の関係

そこで，医師と患者の間の法律関係について考えてみると，患者は，普通，医師に診療を依頼するのだが，これを法律的にいうと，患者は診療をしてほしいと医師に診察の申込をし，医師はそれを引き受けると承諾したことになり，両者の意思表示が合致し，医療契約（診療契約）が成立する。そこで医師には，診察・治療という医療行為を実施する義務—債務が生じるとともに，治療費を患者に請求するという権利—債権が発生する。これに対応して患者には，医師に診療を求める権利が生ずるとともに，治療費を支払う義務が発生する。そして，医師が十分な治療をしない場合，また，患者が治療費を支払わない場合，いずれも債務不履行として，最終的には，裁判所に訴えて損害を賠償してもらうのである。

ところで，医療契約においては，患者は医師に病気を治してほしいから診療を申し込むのだが，しかし，現代医学を駆使して最善の手段を尽くしても，患者の個体の特性にばらつきがあったり，病因が確定できなかったり，さらには難病などがあるために完治できない場合がありうる。したがって，確実に予測できない疾病について，治癒又は完治を約束するということは，ほとんどの場合，医師にとって無謀というほかはない。医師が医療を引き受ける場合，疾病の治癒を確定的に約束するわけではなく，完治するように医学及び医療技術に基づいて適切に治療することを約束するに過ぎないのである。したがって，医療契約に基づく医師の債務は，建築の請負契約のように，内容が確定されている結果の達成を実現する義務（結果債務）ではなく，「債権者たる患者によって希望された疾病の治癒等の結果に向かって，入念な治療をなし適切な診療行為を実施する」ことを内容とする「手段債務」と解するのが相当である（中野貞一郎・過失の推認〔増補版 1987〕188頁）。

上記のような医療契約の特質のために，医療契約については，無名契約

説，事実行為説，準委任説など，多くの学説が主張されてきた（大谷・54頁，村山淳子「医療契約論」西南大学法学論集38巻2号68頁）。しかし医療契約は，診療行為という仕事（事務）を相手方に「委ねる」又は「任せる」ことを内容とする点で，委任契約とよく似ている。

　民法は委任契約を，「当事者の一方が法律行為をすることを相手方に委託し，相手方がこれを承諾することによって，その効力を生ずる」（民法643条）と規定している。他方，法律行為でない事務の委託は，準委任と呼ばれ，委任の規定が準用される（民法656条）。委任とは，例えば弁護士に訴訟という法律行為を任せることをいうが，患者が医師に診療を任せるのは，治療という法律行為ではない仕事（事務）を任せるので委任には当たらない。しかし，他人に仕事を任せるという点では委任に等しいので，法律上は委任に準ずるものとして扱うべきであるという理由から，筆者は，従前から準委任契約説を採ってきたが（大谷・54頁），学説や判例を調べてみると，今日では，準委任契約説が多数説といってよい。

> **医療契約の当事者をめぐる問題**　　医療契約は，基本的には，患者の申込みと医師の承諾として，医師と患者を当事者として成立する契約であるが，契約の当事者を誰にするかについては，2つの問題がある。その1は，病院や診療所等の医療機関で診療に従事する医師の場合は，医療機関の開設者が当事者になるとする見解が有力である。しかし，既述のように，医療契約に伴う義務は診療に当たっている医師が負うべきであるから，その医師を当事者と考える。その2は，社会保険診療においては，医師は保健医療の枠内で医療を給付する義務があるところから，契約の当事者は保険者ではないかといった学説があるが，医療契約は国民皆保険の制度下で，医師と患者は自由な選択に基づいて合意に達しているのであるから，保険外（自由）診療と同じように考えれば足りる。

(6)　医療契約の内容

　医療契約は，患者の診療の申込みに対する医師の承諾によって成立する。病院または診療所の受付で健康保険（被保険者）証を提示して診療の申込みをし，診察室に入って医師の問診が始まった段階で契約関係が発生する。ところで，患者の病変は，固定しているわけではなく，通常，進行するものであり，「病的過程と医療行為とは，拮抗・競争関係にたつ」（唄・前掲書81頁）といわれているように，診療の内容は，医療の過程で変更を余儀なくされ

る。さらに，診断も，あらゆる病変を一挙に発見することは不可能であって，治療の経過の下で，刻々と変わらざるを得ないのである。「医療契約というのは，一回の診療から次の診療までが一つの契約だ」（渡辺治夫「医師患者関係を考える」法律時報 47 巻 10 号 15 頁）とさえいわれている。しかし，医療行為の特質に照らしてみると，診療を求めた段階で，患者は，包括的に病気の回復を目的として診療の給付を求めたものと解し，医師がこれに応ずることによって継続的な関係が成立したとみるべきである。医療契約の成立は，患者の診療申込みに対し，医師がこれに応じた時点で成立し，それ以後，医療契約が消滅するまで，医師はこの債務を負担することになる。したがって，診察を開始した段階でとどまり，その後，治療を拒否すれば債務不履行の責任を問われることになるのである。

3 医療契約の効力

医療契約の効力としては，①受任者である医師の善管注意義務，②患者の診療報酬の支払義務，③医師の説明義務と患者の同意がある，

(1) 善管注意義務

(ア) 意 義　医療契約上の義務としては，何よりも民法の準委任契約上の受任者の義務として，契約で定められた委任事務を処理することである。受任事務である医療行為をどのように処理すべきかついて，民法は重要な原則を定めている。すなわち，「受任者は，委任の本旨に従い善良な管理者の注意をもって，委任事務を処理する義務を負う」（民法 644 条）と規定している。この規定にいう義務，これを委任契約における善管注意義務という。そして，本書では，医療契約は準委任契約と解するのであるから，民法 644 条の規定に基づき，受任者たる医師は，善良な管理者の注意をもって，言い換えると善良な医師としての注意をもって医療を行う「義務を負う」ということになる。つまり，医師は，診療当時に臨床上求められている最善の注意を尽くして診療に当たる義務を課される。ここで「善良な管理者の注意」とは，受託者が事務等の管理を行う場合には，当該職業又は地位にある者として通常要求される程度の注意義務を払うこと」とされている。準委任契約

は，当事者間の信頼関係を基礎とする契約であり，善管注意義務の内容も，当事者間の知識・手腕の格差，委任者の受任者に対する信頼の程度などに応じて判断される（内田・291 頁）。かくして，医療契約は，医療行為の医術的正当性を確保することに寄与するのである。

　民法上の善管注意義務は，「受任者と同様の職業・地位にある者に対して一般に期待される注意義務」であるとされている。しかし，善管注意義務は，医療においては，患者は自己の生命・健康に係る事務＝医療を委ね，医師に対して高い水準の信頼をもって契約しているのだから，契約で定められた「委託の本旨」すなわち「危険防止のために実験上必要な最善の注意義務」（後掲最判昭和 36 年 2 月 16 日）を尽くすことを要し，この注意義務に反して適切な診療を行わないで患者に損害を与えたときは不法行為となり，その損害を賠償しなければならないのである（民法 415 条。河上正二「診療契約と医療過誤」磯村他「民法トライヤル教室〔1999〕365 頁）。

東大輸血梅毒事件　　この事件の判決（最判昭和 36 年 2 月 16 日民集 15 巻 2 号 244 頁）は，その後の医療事件を処理する上で，極めて重要なものとなったので，参考までに要約しておきたい。X 女は子宮筋腫の治療のために東大病院に入院し，A 医師により職業的売血者 B から採取した血液を輸血されたが，B は梅毒に感染していたために X は梅毒に感染し，歩行障害・視力減退の後遺症を発症し，夫と離婚するに至った。そこで X は，A の使用者である国に対して損害賠償を求めた。B は採血される前に売春婦に接して梅毒に感染していた。A 医師が梅毒感染を知り得る唯一の方法は採血の際の問診であったところ，A は当時の医療慣行に従い，「身体は大丈夫か」と尋ねただけであった。これに対して最高裁判所は，「いやしくも人の生命及び健康を管理すべき業務（医業）に従事する者は，その業務の性質に照らし，危険防止のために実験上必要とされる最善の注意義務を要求されるのはやむを得ないところといわざるを得ない」と述べ，A 医師が「懇ろに同人に対し，真実の答述をなさしめるように誘導し，具体的かつ詳細な問診をなせば，同人の血液に梅毒感染の危険あることを推知しうべき結果が得られなかったとは断言し得ない」と説示して，医師の注意義務違反を認めたのである。この判決で最高裁判所は，注意義務の判断基準として，医療における注意義務の判断基準を導入したのである（浦川道太郎・百選 170 頁，米村滋夫・百選 2 版 98 頁）。

　(イ)　**医療水準**　　上記のように，医師は，診療の実施に当たって，臨床上要求される最善の注意を尽くして診療に当たる義務を課されるが，医師は，

通常の診療においても常に臨床において求められる最善の注意を尽くすべきであり，それを怠れば注意義務違反となるから，特に「最善の注意義務」を問題にする必要はなく，いわゆる標準医療を実施すれば足りる。問題となるのは，新規の療法や技術上困難な診療において，「最善の注意義務」を尽くしたか否か及びその基準にある。

　この問題について，診療当時の医学の水準を基準にして注意義務の上限とすべきであるとする考え方が検討されたが，最高裁判所は，最善の注意義務の基準となるべきものは，「診療当時のいわゆる臨床医学の実践における医療水準」が基準になると判示した（最判昭和57年3月30日判時1039号66頁）。「医療水準」の意義及び機能については異論もあるが（加藤編・110頁，川崎・79頁），未熟児網膜症事件判決において，医療水準の判断に際しては，「医療機関の性格，所在地域の医療環境の特性等」諸般の事情を考慮すべきであるとしたこと（最判平成7年6月9日民集49巻6号1499頁）を踏まえ，「医療水準」は，全ての医療機関について一様ではなく，新しい医学上の知見が当該医療機関と同程度の医療機関に相当程度普及しており，当該医療機関がその知見を持つと期待できる場合，その知見は当該医療機関にとっての医療水準であるとまとめることができる。こうして医師は，新規の診療や難しい治療に当たっては，診療当時の医療水準に基づき，最善の注意を尽くして診療に当たる義務がある。

> **未熟児網膜症**　　未熟児網膜症とは，極小未熟児の新生児の救命のために，保育器で一定濃度の酸素投与を受けた際に網膜に障害を生じて失明するという病気である。1965年頃に酸素療法の普及とともに発症数が増加したことから，光凝固法という療法が研究開発され，その後，1974年に診断と治療の統一的基準の開発を目的として，当時の厚生省に研究班が組織された。そして，1975年3月に研究班の報告書「未熟児網膜症の診断並びに治療基準に関する研究報告」が発表され，それが医療水準を示すものとされ，その後先端医療機関において次々と実施されるようになった。しかし，治療法としての有効性につき疑問を提起する見解もあった。そうした状況下で，光凝固法を実施しなかった医師について注意義務違反の有無が争われたのである。

　こうして，医師は，医療水準から判断して最善の注意をもって診療に当たる義務を課される。医療水準は，唯一・絶対的な一律のものと解される余地

もあるが，患者は相手方となる医師ないし医療機関の診療条件を踏まえて医療契約を結ぶのであるから，医師としての最善の注意義務は，医療契約時の当該医療機関や医療環境等具体的な事情を考慮して判断されるべきことは当然である。上記の最高裁判例は，「ある新規の治療法の存在を前提にして検査・診断・治療等に当たることが診療契約に基づき医療機関に要求される医療水準であるかどうかを決するについては，当該医療機関の性格，所在地域の医療環境の特性等の諸般事情を考慮すべきである」と述べて，医療水準はすべての医療機関に共通する絶対的なものと解すべきでなく，個々の医療機関の特性に応じて相対的に判断すべきであるとして，医療水準の判断枠組みを提示したのである。

　㈡　**医療水準を超えた診療**　　上記の最高裁判例は，新規の治療法について判示したものであるが，この問題に関連して，特定の医師が医療水準を超える技能を有している場合の当該医師の善管注意義務が論じられている（河上正二「診療契約と医療事故」磯村ほか編・民法トライアル教室（1999）358 頁）。この点について最高裁判所は，「医師は，患者との特別な合意がない限り医療水準を超えた医療契約を前提とした緻密で真摯かつ誠実な医療を尽くすべき注意義務までを負うものではない」（最判平成 4 年 6 月 8 日判時 1450 号 70 頁）と判示したところから議論を呼んだが，そもそも医療水準とは，担当する医師の知識及び技能を含めた医療機関等の諸般の事情を考慮した上で，医師の最善の注意義務を導くためのものであるから，担当の医師の卓越した知識・技能も，医療水準を判断するための一つの要素に他ならない。その意味で，医療水準を医療機関単位で理解すべきであるとする理解は，妥当とは思われない。

　医療水準は，当該の具体的な臨床現場における最善の注意義務を導くためのものであるから，「平均的医師が現に実施している医療慣行とは必ずしも一致するものではなく，医師が医療慣行に従ったからといって，医療水準における注意義務に従ったとは直ちにいうことはできない」（最判平成 8 年 1 月 23 日民集 50 巻 1 号 1 頁。小谷昌子・百選 102 頁）。例えば，麻酔薬を使用する医師は，一般にその能書に記載された 2 分間隔での血圧測定を実施する注意義務があったというべきであり，仮に当時の一般開業医がこれに記載された注意

事項を守らず，血圧の測定は 5 分間隔で行うのを常識とし，そのように実践していたとしても，それは平均的医師が現に行っている当時の医療慣行であるというにすぎず，これに従った医療行為を行ったというだけで，医療機関に要請される医療水準に基づいた注意義務を尽くしたということはできないのである。

　ところで，準委任契約として患者が医師に委託するのは，既述のように，医療技術上正当な診療を行うことであり，病気を完治させることではない。治療効果には不確実性が伴うものであって，患者が死亡したからといって契約に違反したことにはならない。医師は，「治療責任」は負うが，「治癒責任」は負わなくてもよい訳である（中野・前掲書 89 頁）。医療契約上肝心なことは，結果の良し悪しではなくして，医療技術上正当な診療を行っていたかどうかなのである。

> **医療過誤と債務不履行・不法行為**　　患者が死亡するなどの不幸な結果―悪しき結果については，債務不履行による損害賠償請求事件として争われるはずであるが，現実の訴訟では，後述（➡ 92 頁）の過失による不法行為として争われる場合が多い。これは，民事裁判での立証上の問題に由来すると思われるが，医療行為の問題としては，先ずは悪しき結果を契約違反として捉え，次に故意または過失に因る不法行為を論ずべきである。

⑵　医療費請求権

　医師は，医療契約に基づいて，適正な診療を実施する債務を負うことになるが，これに対し医師は，当然，患者に対して契約に見合った診療報酬又は医療費請求権を取得することになる。しかし，各種の社会保障制度によって，医師は患者から診療費を全額請求する権利つまり債権は取得しない。言うまでもなく，1961（昭和 36）年に導入された国民皆保険制度の下では，概念図で紹介しているように（➡ 57 頁），サラリーマンなどが加入する健康保険法，船員保険法，各種共済組合法の適用を受ける職域保険，地域住民が適用を受ける地域保険等で診療費の大半が現金で支給される仕組みになっており，保険医が健康保険法の適用受ける患者について初診料及び診療費の 3 割ないし 1 割を求めるに過ぎない。そのため，医療契約は一般の契約とは異なる無名契約であるとする説が有力となっているが，医療契約上の債権は，そ

れぞれの保険者によって金銭が支給されるのであるから，保険医としては債権に見合う診療報酬を取得できるので，契約上の問題は生じない。ただ，医師としては，保健医療に則った医業を営む上で，保健医療制度を十分理解しておく必要がある（川崎・264頁）。

医療保険制度の概要　医師にとって医療保険制度の理解は極めて重要なので，その概要を述べておきたい。

医療保険とは，疾病，負傷もしくは死亡又は出産に関して，保険を運営する保険者が被保険者に1割から3割の医療費負担で診療等の医療サービスを給付することによって，国民が医療費等で困窮に陥ることを防止するための社会保障制度である。これを保健医療制度といい，健康保険法，国民健康保険法に基づくものである。

保健医療制度には，大きく分けて被用者を対象とする健康保険と，一般国民を対象とする国民健康保険とがある。前者を職域保険，後者を地域保険ともいう。保険者とは，健康保険事業の運営主体をいい，①職域保険の保険者は，全国健康保険協会又は各事業の健康保険組合である。また，②国民健康保険の保険者は，各都道府県市町村である。①の保険料の財源は，雇用主(使用者)および国庫からの補助金，②の財源は，一世帯当たりの保険料及び国庫からの補助金である。

医療保険の種類としては，事業所等の従業員を対象とする被用者保険，一般国民を対象とする地域保険及び75歳以上の高齢者すべてを対象とする後期高齢者医療保険がある。どの制度においても強制加入である。被保険者である患者は，病院・診療所を自分の意思で自由に選ぶことができるが，厚生労働大臣の指定を受けた保健医療機関の保険医による診療でないと，医療保険の適用は受けられない。

保健医療機関及び保険医は，診療の内容を具体的かつ詳細に定めている厚生労働大臣の「療養担当規則」に従って，診療を実施しなければならない。これに従わないときは，保健医療機関の指定が取り消される。保健医療機関は，医療保険加入者すなわち被保険者の診療を行った場合は，窓口で患者からの1部負担金（診療報酬の1〜3割。図参照）を受け取るとともに，1か月間の診療をまとめて診療報酬明細書に記入し，審査支払機関に対し，点数によって診療報酬の請求を行う。診療報酬の明細書には，診療行為別の頻度と点数を書き込む。点数は単価が10円とされている。

保健医療機関においても，保険外（自由）診療を行うことができる。この場合は，診療費はもちろん全額患者負担となる。また，保険診療と保険外（自由）診療を併せて受ける混合診療は，原則として禁止されているが，例外的に認められる場合は，その診療については保険外併用診療費が支払われる。

保険診療の概念図

被保険者（患者）

③診療サービス
（療養の給付）

①保険料（掛金）の
支払い

④一部負担金
の支払い

②被保険者
証の交付

保険医療機関等
（病院，診療所，調剤薬局等）

医療保険者

⑤診療報酬
の請求

⑥審査済の請
求書送付

⑧診療報酬の支払い
（公定価格）

⑦請求金額
の支払い

審査支払機関
（社会保険診療報酬支払基金
国民健康保険団体連合会）

医療保険制度の概要

		被保険者	保険者	受診の際の 自己負担	財源
職域保険（被用者保険）	健康保険	一般被用者等	全国健康保険協会	3割ただし，未就学児2割 70歳以上の者2割 （現役並み所得者は3割）	保険料（本人・使用者） 国庫負担・補助（給付費の16.4％）
			各健康保険組合		保険料 （本人・使用者）
	船員保険	船員	全国健康保険協会		
	国家公務員共済組合	国家公務員	各省庁等共済組合		
	地方公務員共済組合	地方公務員	各地方公務員共済組合		
	私立学校教職員共済	私立学校教職員	私立学校振興・共済事業団		
地域保険	国民健康保険	一般国民（農業従事者・自営業者等）	各都道府県 各市町村		保険料（一世帯当たり） 国庫負担・補助（給付費の41％）

		各国民健康保険組合		保険料（一世帯当たり）国庫負担・補助
	被用者保健の退職者	各市町村		保険料（一世帯当たり）
後期高齢者医療制度	75歳以上の者および65〜74歳で一定の障害の状態にあり広域連合の認定を受けた者	後期高齢者医療広域連合	1割（現役並み所得者は3割）	保険料〈約10％〉支払金〈約40％〉公費　〈約50％〉

国民衛生の動向 Vol. 68　No.9

(3)　説明と同意

　医療行為における診療の具体的内容は多岐に互っており，①問診，視診，触診，打聴診，血液反応検査，尿検査等の検体検査，X線単純写真，・CT・MRI等の画像診断，心電図・超音波等の生理検査などによる診断過程を経て，②投薬，内視鏡治療，カテーテル治療，外科手術等の治療を実施し，③予後としてのリハビリテーションなどが行われている。

　医師は患者と準委任契約としての医療（診療）行為契約を結んで診療を行うのであるが（→50頁），上記の医療行為は，多かれ少なかれ医療侵襲として人体にとって危険な行為である。したがって，憲法13条の幸福追求権に基づく自己決定権を基礎として，患者の同意がない診療は専断的医療行為として違法となるのであり，医療契約が成立しているからといって，それだけで診療が許されるものではない。患者が納得して診療を受けられるように説明する必要があるのではないか。人体に有害な行為ではあるが，それによって病気がよくなるという利益と，その行為に伴う健康への危険とを示し，診療に関する十分な情報を提供して患者の主体的な判断を促す手続きとして，医師に説明義務を課し，患者の同意を得て診療を実施する。このようにして，受任者としての医師は，医療行為に関して説明義務を負うと考える（→43頁）。そして，近年では，説明義務には，①治療行為のための説明義務，

②悪しき不幸な結果についての説明義務, ③自己決定のための説明義務の3つの類型があるとされている (内田・301頁)。

　㋐　**医療行為と説明義務**　　医療行為は, 病気の治療及び予防のために行われるのであるが, その過程で人身上の危険を伴うところから, 患者が納得のいくように, 治療の内容, 薬の飲み方, 療養の仕方等を説明する必要がある。また, 医師法23条は,「医師は, 診療をしたときは, 本人又はその保護者に対し, 療養の方法その他保健の向上に必要な事項の指導をしなければならない」と規定している。この説明義務の要否及び範囲は, 医師の治療上の裁量権によって制約され, 選択可能な未確立の療法と医師の説明義務 (千葉華月・百選2版68頁), 分娩方法に関する説明義務 (峯川浩子・百選2版70頁) などが問題になったが, 特に, 病名の告知が注目された。

病名の告知義務　　最判平成7年4月25日民集49巻4号1163頁は, 医師が胆のう癌の疑いを患者に告げなかったために適切な治療の機会を逸したと主張した事件につき, 患者が初診でその性格等も不明であり, 当時は癌について別の病名を告げるのが一般的であったこと, 患者が医師との間で同意していた入院を一方的に取りやめたことなどの事実関係の下では, 癌の疑いを告げなかったことは診療契約上の債務不履行には当たらないとした (樋口範雄・百選2版64頁)。これに対し, 最判平成14年9月24日判タ1106号87頁は, 末期癌患者本人には告知することが適当でなくても, 患者家族には告知義務があるとしている (橋口賢一・百選104頁)。

　㋑　**悪しき結果と説明義務**　　患者本人はもちろんのこと, その保護者や家族も, 疾病の改善を目的として医療を受けているのだから, 例えば, 完治すると思っていたのに病状が悪化し, あるいは死亡してしまったような場合, 何が原因でそのような不幸な事態が生じたかを本人や家族に説明すべきではないか (児玉安司・百選2版76頁)。しかるに担当の医師は, あいまいな回答を繰り返し誠実に説明しようとしない, あるいは誤った説明をするのは, 説明義務に反し, 医療契約に違反する債務不履行であるという見解がある。

　筆者は, かつて, このような場合は民法645条の受任者による報告義務を類推適用して, 説明義務違反として債務不履行の責任を認めるべきであると提言したが (大谷・104頁), このような場合を想定して, 民法645条を根拠にカルテ閲覧請求権を認めようとする有力な学説がある。すなわち, 645条

は，カルテや検査結果についての書類の閲覧・謄写を求める実体法上の請求
権の根拠になるとするのであるが（新堂幸司・新民事訴訟法〔第6版 2018〕415
頁），645条を「類推」適用するという意味ならば賛成である。

診療録の開示　　事実は，以下の通り。Aは，平成14年10月31日に甲病院に救急搬
送されて肺炎等と診断され，その翌日にYの開設する乙病院に転院して治療を受けた
が，同年11月6日に肺炎により死亡した。Aの兄Xは，Aが死亡した後乙病院を訪
ね，事務長Yらに対し，A死亡時の対応や治療に対しクレームをつけたので，Yは診
療経過や死因を説明したがXは納得せず，診療録の開示を求めた。しかし，Yはこれに
応じなかった。そこでXはYらに対し，平成17年に不法行為又は債務不履行により
6490万円を求める訴訟を提起した。その後，平成18年にXはYに対し，診療録の提出
を求める文書提出命令を申立てたが，平成15年に診療録を紛失し，Yが現に診療録を
所持しているとは認められないことを理由に文書提出命令の申立ては却下された。そこ
でXは，平成19年に当の乙病院院長及び事務長らを相手方として，診療録提出の文書
提出命令を申し立てたところ，診療録の提出を命ずる決定がなされたが，元院長は診療
録を所持していないとして診療録の開示に応じなかった。Xは，平成20年にYらに対
して診療録の証拠隠滅行為により真実を知る権利を侵害されたとして，不法行為に基づ
く700万円の損害賠償請求訴訟を提起したというものである（一部省略）。これに対し
東京地裁平成22年1月28日判決（判タ1328号167頁）は，「患者の生命や健康は，患
者本人のみならず家族にとっても極めて重要な保護法益であると考えることができ，ま
た，医療機関には診療契約（準委任契約）に基づいて患者本人又は家族に診療内容を報
告すべき義務があるから，医療行為を経た後に悪しき結果を生じた場合には，患者本人
又はその家族はその原因の究明を試みることについても法的な利益を有していると解さ
れるところ，診療録や看護記録は，医療行為を記録した最も重要な資料であるから，医
療機関が診療録や看護記録の適切な管理を怠ったために患者又は家族による悪しき結果
の原因を究明するための手段が制約され，これによって患者又はその家族が精神的に苦
痛を被った場合には，医療機関の対応いかんによって，患者又はその家族の法的利益を
侵害したものとして，不法行為は成立する余地がある」と判示して，病院は，「Xに対
して本件診療記録の開示に関して法的措置を執るよう促していたにもかかわらず本件記
録が所在不明となったことを理由にこれを本件訴訟に提出せず，このためにXは，病院
の医療行為の適否について意見を求めた知り合いの医師らに本件記録を示すことができ
なかった」と認められるから，Yは「故意または過失によりXの本件記録の開示受ける
不法行為上の法的利益を侵害した」として，Yに対し50万円の支払いを命じた（我妻
学・百選2版48頁）。

　㈦　**自己決定と説明義務**　　医療行為を行う際に，患者の自己決定権を保
護するために行われるべき説明である。甲女は「エホバの証人」の信者で
あって，いかなる場合にも輸血を受けることは拒否するという固い意思を有
していたところ，輸血しないで手術を受けられる東京大学医科学研究所附属
病院に入院した。その病院は，「エホバの証人」の信者である場合は，でき
る限り輸血を拒否することを尊重して輸血しないことにするが，輸血以外に
救命手段がない事態に陥ったときは，患者及び家族の諾否にかかわらず輸血
する方針を採っていた。甲は，入院後，X医師らに輸血を受けることはでき
ない旨を伝えたが，腫瘍を摘出する手術をしたところ，Xは輸血しない限り
甲を救うことは困難と判断して輸血をしたという事案につき，最判平成12
年2月29日民集54巻2号582頁は，「X医師らは，本件手術に至るまでの
約1か月の間に手術の際に輸血を必要とする事態が生ずる可能性があること
を認識したにもかかわらず，甲に対して医科研が採用していた右方針を説明
せず，同人及び被上告人ら（甲の親族）に対して輸血する可能性があること
を告げないまま本件手術を施行し，右方針に従って輸血をしたのである。そ
うすると，本件においては，Xらは，右説明を怠ったことにより，甲の輸血
を伴う可能性があった本件手術を受けるか否かについての意思決定する権利
を奪った言わざるを得ず，この点において，同人の人格権を侵害した」と判
示したのである（石橋秀起・百選3版70頁参照）。この判決は，いわゆるイン
フォームド・コンセントの法理を最高裁判所として初めて明言したものとし
て記憶すべきであるが，その翌年に出た最判平成13年11月27日民集55巻
6号1154頁は，乳がん手術の際に，療法として未確立でも患者が関心を示
した乳房温存療法について説明をしなかった場合，患者が適切な情報を基に
自由な判断をする機会が奪われたとして，説明義務違反を認めたものである
（畑中綾子・百選3版64頁）。
　　自己決定のための説明義務については，ほかに，保存的治療が存在する場
合の説明義務を認めた最判平成18年10月27日判時1951号59頁（林誠司・
百選3版74頁参照）やチーム医療における説明義務について判示した最判平
成20年4月24日（民集62巻5号1178頁，北山修悟・百選3版138頁）などがある。

Ⅲ　善管注意義務違反の諸類型

　医療行為上の注意義務としては，善管注意義務及び医療過誤上の注意義務
（→ 91 頁）の区別が問題となるが，医師が採るべき注意義務の内容としては，
実質上両者は異ならないので，本節では，善管注意義務の一環として過失に
おける注意義務をも併せて検討する。

1　診察上の注意義務違反

　疾病の治癒を目的とする医療行為は，まず，診断に始まる。医師が治療を
開始するためには，その前提として患者の医学的な状態を把握し，実施すべ
き治療の内容を判断する必要がある。この判断を診断という（植木哲「医師の
注意義務」法律時報 45 巻 7 号 207 頁）。具体的には，医師は疾患の有無，分類，
重症度等につき判断を行う必要があるとともに，基礎疾患や注射及び投薬等
の診療経過中の副作用・副反応さらには合併症の兆候なども確認することが
要請される。臨床上の症状を客観的に認識する方法としては，診察，検査，
その他の情報収集などがある（野田寛「我が国における医師の診療過誤訴訟（民事）
の実態とその問題点」法学論叢 77 巻 3 号 113 頁）。

　診断の出発は診察である。診察とは，病因や病状を判断するために患者の
心身を調べる行為をいう。診察には，問診，視診，触診，打診，聴診といっ
た一般的な診察方法のほかに，器具等を用いた特殊な診察方法などがある
が，医師は，正しい診断を得るために，診察の段階から善管注意義務が課さ
れる。「診察は，問診に始まり，問診に終わる」とさえいわれているよう
に，問診は診察の中核となる方法として重要な医療行為である（松倉・前掲判
タ 334 号 83 頁，大谷・153 頁）。

　問診とは，診断の手がかりを得るために，患者の病状，現病歴，既往歴，
体質，現在の病気の経過・状況を本人に尋ねて回答を得ることをいう。問診
の基本的事項としては，患者の主訴ないし推定される疾患についての関連事
項を掲げることができる。これらの事項については，問診は不可欠であるか

ら問診義務が課され，問診を経ずに診断すれば善管注意義務違反となる。特殊事情に関する質問としては，特に医療侵襲による事故に関連する事項が不可欠である。「①過去の病気の有無（アレルギー性疾患，心臓病，高血圧症，肝疾患，腎疾患など），②過去の薬剤使用及びその過敏症の有無（注射〔ピリン系剤，ペニシリン剤，予防接種〕，経口薬（ピリン系剤，ペニシリン剤）など，③家族における遺伝・体質疾患の有無など（がん，脳血管障害，糖尿病，心疾患，突然死など）が質問すべき事項とされる（最判昭和51年9月30日民集30巻8号816頁，札幌高判平成6年12月6日判時1526号61頁，東京地判平成13年3月28日判タ1168号141頁など）。

　医師は，上記の基本的事項について，患者側に分かりやすく適切に尋ねる必要があるが，患者やその家族が常に質問に素直に答えてくれるとは限らない。問診に応えてくれない不答述や虚偽の答述も頭に入れて尋ねなければならないのである。どういう尋ね方をすれば本当のことを言ってくれるかは難しい問題であるが，例えば，問診による以外に発見できない特異体質について，「今まで注射を受けたとき，あるいは薬を飲んだときなどに，気分が悪くなり意識が薄れたり倒れたりしたことがありましたか」と尋ねたのに対し，そのような異常体験を持っていた患者が「ない」と答えたので，その回答を信じて治療したが結果的に誤診となった場合，問診としては適切であったとした裁判例がある（神戸地姫路支判昭和43年9月30日下級刑集10巻9号948頁，京都地舞鶴支判昭和49年11月13判タ319号302頁など）。問診による以外に医師は知ることができない患者の既往歴，特異体質，その他の経験は，一応，患者が正しく答述するという前提で問診してよいということになる。

　ここで，患者側の答述が問題となった裁判例を掲げておこう。①レントゲンの照射線の総量に関して，前に別の病院でレントゲン照射を受けていたかどうかについて患者に尋ねなかったのは医師の不注意であり，その事実を告知しなかった患者については，「素人として照射量が過大になると，本件のごとき重大な結果を招くとは全く予期しなかった」患者側には不注意はないとした事例（東京地判昭和39年5月29日判時379号18頁），②患者が，その母及び妹がストマイ難聴になった事実があるのに，医師がストマイ注射をする

際，患者がその事実には触れないで，単にその安全性について尋ねたので，医師は，患者が不安に思って尋ねたと思い，心配ないと答えただけで，患者の不安の理由を尋ねずに 29 本のストレプトマイシンを注射し，患者が回復不能の難聴になったのは問診不十分であるとして注意義務違反が認められた事例（札幌高判昭和 47 年 1 月 28 日判時 659 号 68 頁。東京地判昭和 60 年 10 月 29 判時 1213 号 98 頁）などが参考になる。

　問診の方法については，既述の輸血梅毒事件で最高裁判所が一般的な注意事項を明らかにしている（➡ 52 頁）。本件は，職業給血者についての問診の不適切が問われたものであるから，患者に対する問診の事例とは異なるが，裁判所が「医師が相当の問診をすれば結果の発生を予見できた」としているので，敢えてここで紹介すると，医師は，職業的給血者であるⅩに「身体は大丈夫か」と尋ねたのに対し「大丈夫です」と答述したので，採血してⅩに輸血したところ B は梅毒に感染していたため，Ⅹは梅毒に罹患して歩行困難等の後遺症が残ったという事件について，最高裁判所は，医師が「懇ろに，B に対し真実の答述をなさしめるように誘導し，具体的かつ詳細な問診をなせば，同人の血液に梅毒感染の危険あることを推知し得べき結果を得られなかったとは断言し得ない」とし，「いやしくも人の生命及び健康を監理すべき業務（医業）に従事する者は，その業務の性質に照らし，危険防止のための実験上必要とされる最善の注意義務を要請されることはやむを得ないところといわざるを得ない」（前掲最判昭和 36 年 2 月 16 日）と判示したのである。この判旨には賛否両論があったが（浦川道太郎「東大輸血梅毒事件」百選 179 頁），医師は B が職業的給血者であることを知っていたのであるから，梅毒感染の可能性についてさらに詳細な問診をすべきであり，その旨を説く本判決は妥当であったが，「実験上必要とされる最善の注意義務」という形容は不要であったと思われる。

　このように，問診は，病変の実態を把握するうえで貴重な手段であるから，可能な限り問診技術を開発・駆使して，必要な答述が得られるように努めるべきであり，通り一遍の問診やいわゆる問診票による問診だけでは善管注意義務を尽くしたとはいえない。慣行として問診票を利用し，あるいは問

診を一部省略している場合に，医療慣行であることを理由として注意義務を
尽くしていたと主張されることがあるが，慣行であることを理由として免責
されるわけではなく，患者の主訴ないし推認しうる関連疾患の重大性，侵襲
の危険度，副作用等の相関関係を踏まえ，問診義務の限界を考えるべきであ
る。なお，緊急診療時の問診が一部ないし全部省略されていても許されるの
は，問診が不能の場合もあるが，多くは治療実施の緊急性のためである（問
診に係る参考例として，最判昭和 51 年 9 月 30 日民集 30 巻 8 号 816 頁，札幌高判平成 6
年 12 月 6 日判時 1526 号 61 頁，東京地判平成 13 年 3 月 28 日判タ 1168 号 141 頁）。

　問診票は，医師の面接による問診以前に補助者ないし医師によって記入さ
れ，また，予防接種では被接種者自身によって直接記入される場合もある。
いずれにせよ，問診表は，問診の補助手段に過ぎないのであるから，これに
基づいて医師が直接面接して補足・訂正する必要があることは無論である。
なお，補助者との関係では，患者の申出を補助者が失念した事件について医
療開設者の責任を認めた判決（東京地判昭和 47 年 3 月 7 日判タ 278 号 311 頁）が
あり，補助者による問診表の誤記についても同様の問題が生ずるであろう。

2　検　査

　適正な診断を行うために必要な検査は，必ず実施しなければならない。具
体的には，血液検査，細菌学検査，生理学的検査（心電図・呼吸機能検査・超音
波検査等）など多種多様のものがある。また，検査は，術前検査，術中検査
及び術後検査に分かれるが，必要な時期に必要な検査を行う義務があり，不
適切な検査のために診断を誤ることによって治療上の悪影響が生ずれば注意
義務違反となるから（東京高判昭和 58 年 3 月 15 日判時 1072 号 105 頁），検査も慎
重に行う必要があることは無論である。なお，検査機関に検査を委託した場
合において，検査ミスがあれば検査機関の不法行為が問題となるが，それを
不注意で予見できなかった場合は，医師も注意義務違反となる（札幌高判昭和
60 年 2 月 27 日判タ 555 号 279 頁）。レントゲン検査で被爆すれば，医療過誤とな
ることはもちろんである（名古屋高判昭和 56 年 10 月 29 日判時 1040 号 61 頁）。な
お，検査についても説明と同意が必要となる。

3　診　断

　医師は各種の診察および検査等を経て，病的症状を医学的に解明し，総合
して診断を行う。「診断とは，病気の実態を認識し，その上に立って，治療
手段を判断し，その過程での病気の予後判断を行うこと」（植木・前掲論文 207
頁）と定義されている。診断上の誤り，すなわち不適正な診断が誤診であ
る。誤診は当該医師の判断が，客観的な疾患の実態と合致していなかったこ
とに他ならないが（藤木英雄・刑法各論〔1972〕193 頁），生体の複雑さ，変化の
動態性のために，適正な診断を確定するのはかなり困難である。しかし，い
ずれにせよ誤診は治療処置選択の誤りに直結するから，医師としては，医療
水準に即して，診察及び検査等を踏まえて慎重に診断を行う必要がある。風
邪や虫垂炎などのように，症状から容易に診断できる病気の場合はともか
く，初診段階での診断は，患者の訴え，症状，検査成績などを総合して医師
の経験や勘に頼らざるを得ないところから（野田寛「わが国における医師の診療
過誤訴訟の実態とその問題点」法学論叢 77 巻 3 号 113 頁），的確な診断はかなり困難
であり，誤診は必ずしも医師の不注意が原因とはいえない場合が多いことも
事実である。裁判例の中には，事後的に見ると明らかに診断の結果と疾病の
実態とに離齬があっても，注意義務違反を認めなかった事案が散見されるの
はそのためである（東京高判昭和 51 年 10 月 31 日医療民集 75 頁，福島地会津若松支
判昭和 46 年 7 月 7 日判時 636 号 34 頁など）。

　ちなみに，医療過誤訴訟として誤診について争われた事件は極めて稀であ
り，また，原告の勝訴率 20 パーセント弱であるという数字もある（植木・前
掲 207 頁）。このように，診断は性質上不確定的なものであるから，専門家と
しての医師として一般に期待される医療技術，いわゆる医療水準から判断し
て，疾病の実態が認識できないときは誤診とはならない（誤診とされた裁判例
としては，広島高判平成 4 月 3 日 26 日判タ 786 号 221 頁〔アスピリン喘息の看過〕，大阪
地判平成 15 年 12 月 18 判タ 1183 号 265 頁〔悪性リンパ腫を看過〕などが参考になる）。

　上記のように，誤診を避けることは難しいが，しかし，誤診に気づかず治
療を開始すれば，病気は良くならないばかりか，却って悪くなってしまう。
したがって医師としては，常に「誤診のおそれ」を自覚して，診断後も臨床

経過や検査所見等に十分な注意を払う経過観察義務を負い、「仮に的確な診断を下したと思っても、再確認をして速やかに誤判にきづく」注意義務がある（那覇地判平成 8 年 7 月 2 日判時 1612 号 109 頁、前掲福島会津若松支判昭和 46 年 7 月 7 日）。また、ある症状を確認して治療を開始したが、なお、他の病因の存在について疑いを持つのが医学常識であるときは、新たな検査等の診察方法を用いる注意義務があり、患者が来診しないために診断が実施できないときは、来診を勧めるなど適切な方法を講ずる注意義務ある（大阪高判昭和 37 年 2 月 2 日医療民集 68 頁）。さらに、自ら誤診の疑いを確認できないと判断したときは、他の能力ある医師に遅滞なくその旨を報告して、その指示又は直接診療を求めて適正な治療を実施するか、他に手術に必要な人的・物的施設の完備する病院に移らしめるなど、臨機応変の処置を採るべき診療上の注意義務がある（神戸地判昭和 30 年 7 月 19 日下民集 6 巻 7 号 1519 頁）。

4　転医勧奨義務（転医義務）

　転医勧奨義務また転医義務とは、医師が自ら診断できず、又は医療水準を充たす診療ができないと判断した場合に、患者に他の適切な医療機関での受診を勧める注意義務をいう（最判平成 9 年 2 月 25 日民集 51 巻 2 号 502 頁、最判平成 15 年 11 月 11 日民集 57 巻 10 号 1466 頁、最判平成 17 年 12 月 8 日判時 1923 号 26 頁）。転送義務ともいう。①自己の臨床経験ないし設備では疾病の改善が困難である場合、②搬送可能な場所に適切な医療機関があること、③転医により疾病の改善が可能であることを要件として、転医勧奨義務が生ずると解すべきである。なお、一般に転医勧奨義務は転医義務又は転送義務とも称されているが（米村・123 頁）、患者本人が納得して初めて転送が可能なのであるから、患者に転医を勧め、患者がこれに同意することが必要であり、転医勧奨義務と称するのが正しいと考える。なお、転医勧奨義務には、確定診断前の場合及び確定診断後の場合がある。前者は、例えば、病名が特定できなくても、「急性脳症等を含む何らかの重大で緊急性のある病気である可能性が高」く、自らは治療できないと判断した場合であり（前掲最判平成 15 年 11 月 11 日。橋口賢一・百選 2 版 104 頁））、後者は、例えば、急性脳疾患であると診断した

が，直ちに手術等を実施する条件が整っていないと判断したが，転医を躊躇
していたために死亡させてしまったような場合である。

　以上，診断上の善管注意義務について検討してみたが，その要点は，「現
代の医学の知識及び技術を駆使して，可及的速やかに患者の疾病の原因ない
し病名を的確に診断したうえ，適宜の治療を採るべき義務」（旭川地判昭和45
年11月25日下級民集21巻11 ～ 12号1451頁）にあり，診断の正当性は，医療水
準に則り，その義務を遂行することによって確保されるということである。

高度な医療機関への転送勧奨義務　　小学生のXは，昭和63年9月29日，頭痛と前頚
部痛を訴えて医師である被告Yの開設するA医院で受診したところ，リンパ腺炎と診
断され抗生物質を処方された。その後改善が見られないばかりか発熱したため，Yは薬
の一部を2倍にする処方をした。Xは発熱し，むかつきを覚えたため，総合病院Bを
休日救急受診して薬を処方されたが，その後も容態は改善されなかったことから，再度
A病院で同年10月30日，午前及び午後の2回にわたりYの診療を受けて点滴中，X
の言動に不安を覚えたXの母親は，Yの診察を求めたところ，Yは，Xの熱が下がり嘔
吐も治まったので，一旦帰宅させたものの，今後改善が見られなければ入院の必要があ
ると判断した。帰宅後Xは，嘔吐を継続し翌朝は呼びかけにも応じなくなったので，Y
は緊急入院の必要性を認め，前日作成しておいた紹介状をXの母親に手渡し，総合病院
Cに向かわせた。直ちに検査等が実施され，その結果，甲はライ症候群を含む急性脳症
を強く疑われ，平成元年2月20日，原因不明の急性脳症と診断された。Xは，身体障
害者1級と認定され，常時介護を要する状態にある。そこで，Xの母親らは，Yに対し
て，YがXを適時に総合病院に転院すべき義務を怠ったため，Xに重い障害が残ったと
主張して，不法行為に基づき9051万円の損害賠償を求めた。
　以上の事実について，1審及び原審は，嘔吐がいったん収まっていたことを考慮し
て，急性脳症の症状を疑ってXを総合病院に転送する義務はなかったとして，請求を棄
却したのである。最高裁平成15年11月11日民集57巻10号1466頁は，上記の事実に
ついて，「Yは，初診から5日目の……本件診療を開始する時点で，初診時の診断に基
づく投薬により何らの症状の改善はみられず，同日午前中から点滴による輸液を実施し
たにもかかわらず，前日の夜からXの嘔吐の症状が全く治まらないこと等から，それま
での自らの診断に基づく上記治療が適切なものでなかったことを認識することが可能で
あったものとみるべきあり，さらに，Yは，Xの容態から見て上記治療が適切なもので
ないことを認識することが可能であったのに，本件診療開始後も，午前と同様の点滴
を，常時その容態を監視できない2階の処置室で実施したものであるが，その点滴中に
も，Xの嘔吐の症状が治まらず，また，Xに軽度の意識障害等を疑わせる言動があり，
これに不安を覚えたXの母親がYに診察を求めたことなどからすると，Yとしては，

その時点で，Xが，その病名は特定できないまでも，A医院では検査及び治療の面で適切に対処することができない，急性脳症等を含む何らかの重大で緊急性のある病気にかかっている可能性が高いことを認識することができたものとみるべきである」「この重大で緊急性のある病気のうちには，その予後が一般に重篤で極めて不良であって，予後の良否が早期治療に左右される急性脳症等が含まれること等にかんがみると，Yは上記の事実関係の下においては，本件診療中，点滴の開始をしたものの，Xの嘔吐の症状が治まらず，Xに軽度の意識障害等を疑わせる言動があり，これに不安を覚えた母親から診察を求められた時点で直ちにXを診断した上で，Xの上記一連の症状からうかがわれる急性脳症等を含む重大な緊急性ある病気に対しても適切に対処し得る高度な医療機器による精密検査及び入院加療等が可能な医療機関へXを転送し，適切な治療を受けさせる義務があったものというべきであり，Yにはこれを怠った過失があるといわざるを得ない」として，原審の判断には，転送義務の存否，相当程度の可能性の存否に関する法令の解釈適用を誤った違法があるため破棄を免れず，原審に差し戻すことにすると判示した（橋口賢一・百選2版104頁）。

5　健康診断

　健康診断とは，診察及び各種の検査によって健康状態を評価することで，健康の維持や疾病の予防・早期発見に役立てるものである。健診，健康診査とも呼ばれる。特定の疾患の発見を目的としたものは，「検診」と呼ばれる。例えば「がん検診」というように具体的に呼称される。

　健康診断は，疾病の治療を目的とするものではなく，単に個人の活動の指針を医学的判断に求めるのがその目的であり，その当時における健康状態を認識する行為である。これに付随して健康指導を行うのが通常であろうが，保健指導とは区別される。健康診断に関連する法律問題としては，以下のものがある。

　その1は，健康診断も医療行為である以上，医師が医療水準に基づいて適切な診断を行い，客観的に健康の実態を把握しなければならないということである。問診及び検査についても，原則として既述の治療上の診断について述べたことが妥当する（➡66頁）。したがって，誤診によって個人的な活動を不当に制限し，受診者に損害を加えれば，事情によっては損害賠償の責任が生ずるであろう。

その2は，健康診断だけを依頼された場合には，治療の申し出がない限り，特定の疾患が発見されても当該医師に治療義務はないということである。健康診断書には，単に認識した健康状態だけを記載すべきであり，特定の疾患が認められた場合の治療の要否，疾病が認められない場合には各種検査による異常なしの所見を記載すれば足り，特定の活動の可否についての判断義務はない。しかし，例えばマラソンの可否を問われた場合には，医師の判断を示す必要はあるが，無用の紛争を避けるためには，所見のみを示し，出走するかどうかは本人の判断にゆだねるべきであろう。仮に医学上の合理的判断に基づいて診断当時の健康状態から「マラソン可」としても，直ちに法律上の問題が生ずるわけではない。その健康診断を基にマラソンに参加し，心臓発作等の事故が発生しても，診断時に事故を予見することは不可能であったといえるからである。これに反し，例えば心臓の状態が異常で医学常識上マラソンに耐えられないのに「マラソン可」と診断した場合には，当然，注意義務に違反したことになる。

その3は，多数の対象者の定期健康診断に関しては，注意義務の水準が低下してもやむを得ないとする裁判例（東京高判平成 10 年 2 月 26 日判タ 1016 号 192 頁）は，妥当でないということである。医師は，多数の定期健康診断対象者の胸部における X 線写真の読影を短時間で行わなければならないという理由からであるが，それでは健康診断の趣旨が没却されることになるであろう（大谷・164 頁。なお，米村・119 頁）。

6 生命保険診査医の診断

健康診断と似て非なるものに生命保険医の診断がある。生命保険診査医とは，被保険者となる者の健康状態，その他危険測定に関係ある事項について診査し，保険者（会社）の生命保険契約上の資料を提供する者をいう（大森忠夫「生命保険契約の諸問題」〔1958〕184 頁）。

診査医には，生命保険者専属医と嘱託医とがあり，前者は民法上の委任，後者は準委任の契約に立脚してその業務を行うものであるが，いずれも既述の善管注意義務を負う。診査医の診断は，健康診断と同様に治療を目的とす

るものではないから，善管注意義務は被保険者に対するものではなく保険者に対するものであり，いわゆる医師と患者の関係は成立しない（野田・前掲「医療上の注意義務」序説 226 頁）。診査医が被保険者となる者の審査に当たって，保険の約款上の疾患等の重要な事実を認識しなかったときは，保険者は，被保険者の審査に当たって被保険者に対する保険契約解除等の利益を失う。そこで，診査医に善管注意義務違反があるときは，保険者は診査医に対し損害賠償請求権を取得するのである。

　診査医の法的地位については，保険者との関係（対内関係）及び被保険者との関係（対外関係）に分かれて複雑な法律関係が生ずるが，問題の要点は，診査医の診断上の注意義務の程度にある。判例・通説は，普通一般の開業医の注意義務で足りるとしているが，保険診査としての診断の特質ないし診断上の制約（対象者の目的は保険契約であり，そのため病気を隠し又は問診に真面目に答えない）のために，通常の診断より注意義務は低いと考えられる（大河内寅四郎「判例における審査過失概念の推移」生命保険経営 21 巻 2 号 26 頁）。社医と嘱託医との間に注意義務の程度の差が生ずるのは，保険会社との関係の差異からしてやむを得ないと考えるべきであろう。

7　治　療

　診断が確定すると療法が選択される。診断に時間がかかり確定しない間，何もしないで患者を放置してよいかが問題となるが，医療契約が成立している以上，推測しうる病気に対する応急の手当てをする善管注意義務があると解すべきである。逆に，応急手当としての治療がなされず，それが原因となって手遅れなどの結果が生じたときは，注意義務違反となる（稲垣・前掲判タ 294 号 10 頁）。ただし，病名の推測が臨床医学上不可能なときは，治療義務は生じない。また，行われた治療が，臨床医学上の合理性を有している限り，後に不適切な治療であることが判明しても，契約違反とはならないと考える。ただし，治療上の説明と同意は必要である。逆に，その場合に応急の手当てがなされないで手遅れとなった場合には，債務不履行として医師の責任問題が生ずるであろう。しかし，推測が不可能で手の施しようがなかった

場合には，医師に善管注意義務を認めることは困難だと思われる。なお，誤診ではあったが，結果として療法が適正であった場合（川上武「医療過誤の技術的研究」法律時報43・6・11頁），理論的には違法な行為であったとする見解もあるが，適切な治療が行われている以上，債務は履行されているのであり，契約違反とはならない。

　医師は，問診・聴打診や検査などの診察行為を終了した以上，可及的速やかに療法を選択し，病名を確定して的確な医療措置すなわち治療を行う義務がある。医師は，既述の通り，医療水準に基づいて真摯かつ誠実な医療を実施すべき最善の注意義務があるのだから，医師がこの義務に違反して粗雑・杜撰な治療をしたときは，債務の不完全履行として民事上の責任が生ずる（名古屋高判昭和61年12月26日判時1234号45頁）。

　例えば，患者がビタミン剤の皮下注射を受けた後に悪寒を覚えたので医師に来診を求めたところ，医師はこれに応じないで放置した場合には，「かかる症状が注射の結果，往々にして惹起しうることに鑑み，その後において速やかに検診を行って診断の確立を期し，時宜に応じた医療措置を講ずべき義務」がある（札幌地判昭和27年11月25日下級民集3巻12号1646頁集3・1）。

　さらに，ガスエソ菌による右足切断後70時間も患者を放置し，その後の回診に当たってガスエソの疑いを持ったが，病院の取扱いとして健康保険によるペニシリンの使用が制限されているので約3時間後に10万単位のペニシリンを注射したにすぎず，その結果，再切断を余儀なくされたときは，「右回診に当たってガスエソの疑いをもったのであるから，その際は，ガスエソの特性に鑑み，速やかに菌の検索のみならずガス発生の有無について患者から申出があると否とにかかわらずレントゲン検診を行って，診断の確立を期し，時宜に応じた医療措置を講ずべき注意義務がある」（京都地舞鶴支判昭和26年3月23日下民集2巻3号41頁）。

　医師は，患者の病状に十分注意して観察したうえで，治療の内容および程度については，診療当時の医療水準に基づき（➡52頁），その効果と副作用，快癒の可能性及び患者への危険性とを考慮して，最善の療法を選択しなければならない（前掲最判昭和44年2月6日）。例えば，水虫治療の対処療法として

癌が発生する程度のレントゲン照射を行うことは，治療効果とその侵す危険度との均衡を失していることになる。同様に，赤あざ（海綿状血管腫）を治療するために放射線障害の後遺症を残す虞のあるラジウム放射線を照射することは，適切な療法の選択ではなく，もし，この療法によるときは細心の注意を払って後遺症の防止に努める義務がある（大阪高判昭和 42 年 4 月 28 日下級民集 18 巻 3 = 4 号 476 頁），

　しかし，それを放置すると生命に係るなど，より重大な治療上の利益を失うと判断されるときは，躊躇せずに療法を決めて実施すべきである。受傷によって手首の大部分が離断し，骨と軟部組織が挫滅している患者の右手首の切断手術をするに際し，一応救急処置を講じ関係者の十分なる納得を得てから切断するのが好ましいといえる場合でも，回復の見込みが皆無である以上は時宜を得た措置であるといえる（大阪地判昭和 38 年 3 月 26 日医療民集 840 頁）。また，混合腫瘍の摘出手術につき，それを放置すると生命に係る悪性のものである以上，顔面神経の一部に損傷を加え顔面神経麻痺の障害を惹起するおそれがあっても，手術は断行されるべきである（金沢地判昭 37 年 7 月 12 日医療民集 805 頁）。そしてこの考量は，極端な場合には，生命対生命についても妥当する（➡ 75 頁）。

　同一疾患に対する療法は，必ずしも唯一でないことは周知のとおりであり，医師の間でも療法ないし加療の程度について微妙な見解の相違があること，そして法的な次元でもこれを考慮すべきことは無論である。したがって，他の療法を選択した方が安全であり，よりよい結果が期待できたのではないかとの患者側の訴えをしばしば聞かされるが，その療法が臨床医学上医師の裁量に属するときは，患者側の主張は認められない。しばしば，診療の裁量性が論じられるけれども，その裁量が医療水準から判断して適切かどうかが重要となるのであって（唄・前掲書 308 頁），いくつかの選択肢の中から，どれを選んでもよいといった，いわば患者側の恣意性を肯定するものではない。

　こうして，療法の選択に当たっては，既述の利益衡量を踏まえて，医師は，医療水準に基づきいくつかの可能な療法を考慮し，臨床医学上，その療法の選択が合理性を有しているという判断に立脚して選択することが求めら

れる。したがって，捨て去られた選択肢が臨床医学上唯一のものであるとき
は，注意義務に違反する。しかし，治療を選択する時点で，当該の療法が臨
床医学上最善のものであったときは，治療の結果が不良であっても，医療技
術上正当な選択として注意義務違反とすべきではない（前掲大阪高判昭和 42 年
1 月 24 日，東京高判昭和 35 年 10 月 31 日医療民集 75 頁）。

　医師の善管注意義務に関連して，上記のように医師の裁量が問題となる。
裁量が問題となるのは，療法の選択肢が複数ある場合に，その優劣の判断は
医師の専権事項であるから，当該の療法が医師の裁量の範囲に属する場合に
は，その診療について善管注意義務違反は認められないという趣旨からで
あった。そこで，善管注意義務違反を認定するに当たり，当該の療法が裁量
の範囲に属するかどうかを争点とする民事紛争が相次いだが，「治療時にお
ける我が国の医学の水準が，まず医療の基準として重要性を帯び，その水準
の枠内において医師の処置の自由を肯定し，それが濫用にわたると認められ
る場合に，はじめて医師の責任を問うこととするのが当然の帰結でなければ
ならない」（稲垣・前掲論文 1212 頁）と考える。したがって，裁量の範囲を問
題とし，その範囲を注意義務の限界として機能させるのは，妥当でないよう
に思われる。

　医師の裁量も，結局は患者にとって最善の方法といえるかどうかによって
限定されるのであるから，当該の診療が善管注意義務に従った診療行為の実
施であるかどうか，言い換えれば，善管注意義務違反の問題に帰着する（東
京高判昭和 60・4・22 判時 1159 号 86 頁）。

8　未確立の療法・新療法

　医療水準に達していない治療行為について，医師に実施すべき義務はなく
（最判平成 4 年 6 月 8 日判時 1450 号 70 頁），それを実施している医療機関に患者
を転医させる義務も生じない（手嶋・221 頁。最判昭和 63 年 3 月 31 日判時 1296 号
46 頁）。治療法の選択との関連で，未確立の療法又は新療法が問題となるの
は，臨床医学上，有効性・妥当性について争いがある療法を選択する場合，
性質上は人体実験となるからである。しかし，これを敢えて選択して悪い結

果が生じた場合でも，結果が悪かったという理由だけで注意義務違反とすべきではないという見解がある（加藤一郎「心臓移植手術をめぐる問題点」ジュリスト 407 号 65 頁）。

　未確立の療法については，二つの類型が考えられる。一つは，実験目的を主眼とした場合の新療法の選択であり，この類型については，人体実験として人権上許されるものでないことについては，改めて検討する（→88 頁）。もう一つは，他に適当な療法がない場合に，自己の開発した療法又は新療法を選択して実施した場合である。医療水準に達していない診療は認められないのが原則であり（東京地判昭和 47 年 5 月 19 日刑裁月報 4 巻 5 号 1007 頁），他に採るべき方法がない場合の補充として，疾病の重篤度，患者側に対する説明と承諾を要件として正当化すべきであり，その限りで未確立の療法等は是認されるであろう。

9　許された危険

　診療における許された危険とは，例えば，その手術は危険であるが，緊急状態にあり，その手術をしないと患者の回復は望めないといった場合，医療侵襲による危険と，それによる疾病の回復可能性とを利益衡量し，その危険を冒しても治療する方が患者の利益になると判断される場合は，その危険行為は許されるとする趣旨である。多くは，救急医療の場面で問題となるが，利益衡量は，結局，医療水準に基づく最善の方法と認められるか否かに帰着する。したがって，利益衡量が臨床医学上の合理性を有する限り，危険が現実となっても当該の診療の選択は許され，適法行為となる（東京高判昭和 35 年 10 月 31 日医療民集 75 頁）。

　しかし，実際に行われた診療が侵襲として危険な行為であることが明らかである以上，患者の自己決定権が重視されるべきことは当然であり，説明を尽くして患者側の同意を得る必要がある。もっとも，許された危険が問題となる事案の多くは救急医療の現場であり，患者の同意を得ることが困難な場合であろうから，その場合には事務管理によって処理されることになる（前掲広島高判昭和 53 年 4 月 13 日）。

10 健康保険の不適用

　医療保険制度は，健康保険法，国民健康保険法などにより，保険者が保険給付を行う社会保障制度（→ 56 頁）であり，給付の中心は医療費軽減のために行われる給付であり，この医療費負担は，健康保険証を提示することで，一定割合（1 割又は 3 割）の自己負担で，診察や治療，投薬などのサービスを受けられる制度である。医療機関を受診すると，かかった医療費の原則 1 〜3 割の自己負担金として窓口で支払うことになっている。

　医師が健康保険法による「治療指針」に従った結果として悪結果が生じた場合について，患者は，医師に生命・身体を託して診療を委任しているのだから，健康保険による制限以上の診療を必要とするときは，その旨を患者に告げて，自由診療を選択する意思を確認すべきであり，一方的に保険の適用内の療法を選択してはならないとした判例がある（京都地舞鶴支判昭和 26 年 3月 23 日下民集 2 巻 3 号 414 頁）。例えば，光免疫療法は，標準治療に次ぐ有効な治療法であるが，現在は，難治性再発頭頚部癌のみが保険適用となっており，それ以外の癌については自由診療となっているところ，頭部癌について患者に保険外で受診する意思を確かめる義務がある。なお，患者が保険診療を希望した場合は，その診療の内容が結果として標準医療を下回る場合であっても正当なものとなる。結核性の疾患について，医師が一方的に健康保険法による「結核の治療指針」（厚生省保険局長昭和 38 年 6 月 7 日通知）に従ったのは妥当な措置であったとする判例がある（函館地判昭和 44 年 6 月 20 日判タ236 号 153 頁）。患者の意見を確認しないで保険診療を適用した点を問題にしたものであるが，結核の治療を選択した場合は健康保険法が適用されるのだから，本人の意思を確認する必要がなく，先の判例と矛盾するものではないであろう（松倉・前掲医療と法律 132 頁）。なお，被保険者が保険診療と保険外診療（自由診療）とを組み合わせて診療を受けるいわゆる「混合診療」は，原則として禁止されているが，健康保険法 86 条は，被保険者である患者が，先進医療など評価療養又は選定療養を受けたときは，療養に要した費用について保険外併用療養費を支給するとしている。

混合診療　　健康保険の被保険者である原告Ｘは，腎臓がんの治療のため保健医療機関において，単独であれば保険診療の対象となる「療養の給付」に該当するインターフェロン療法と自由診療であるLAK療法とを併用する混合診療を受けていたが，厚生労働省は，混合療法については，法が特に例外として許容する場合を除き，保険給付が出ないという原則（混合保険給付害の原則）を採っている。この原則によると，本件の混合診療は，健康保険の適用外ということになるから，Ｘについてのインターフェロン療法は，全額Ｘの負担となる。そこでＸは，厚生労働省の前記解釈は，法ないし憲法に違反するとして，国に対して，上記原則は憲法上の根拠がないとし，国を相手方とする「療養の給付」を受け得る地位を求めて訴えを提起した。

　原審は，本来保険給付の対象となる診療を含め，全体として保険診療は認められないとしたのに対し，最高裁判所平成23年10月25日民集65巻7号2923頁は，「保険医の特殊な療法又は新しい療法等を行うこと及び所定の医薬品以外の薬物を患者に施用し又は処方すること，並びに保険医療機関が被保険者から療養の給付に係る一部負担金の額を超える金額の支払いを受けることが原則として禁止される中で，先進医療に係る混合診療については，保健医療における安全性及び有効性を脅かし，患者側に不当な負担を生じさせる医療行為が行われること自体を抑止する趣旨を徹底するとともに，医療の公平性や財源等を含めた保険医療制度全体の運用の在り方を考慮して，保健医療機関等の届出や提供される医療の内容などの評価療養の要件に該当するものとして行われた場合にのみ，上記の各禁止を例外的に解除し，基本的に被保険者の受ける療養全体のうちの保険療養相当部分について実質的に療養の給付と同内容の保険給付を金銭で支給することを想定して，法86条所定の保険外併用療養費に係る制度が創設された」という「制度の趣旨，及び目的や法体系全体の整合性等の観点からすれば，法は，先進医療に係る混合形態のうち先進医療が評価療養の要件に該当しないため保険外併用療法及びの支給要件を満たさないものに関しては，被保険者の受けた療養全体のうちの保険診療相当部分についても保険給付を一切行わないとする混合診療保険給付外の原則を採ることを前提として，保険外併用療養費の支給要件や算定方法に関する法86条等の規定を定めたものというべきであり，規定の文言上その趣旨が必ずしも明瞭に示されているとはいい難い面があるものの，同条について，上記の原則の趣旨に沿った解釈を導くことができる」と判示し，「法86条規定の解釈として，単独であれば療養の給付に当たる診療（保険診療）となる療法と先進医療であり療養の給付に当たらない診療（自由診療）である療養とを併用する混合診療において，その先進医療が評価療養の要件に該当しないためにその混合診療が保険外併用療養費の支給要件を満たさない場合には，後者の診療部分（自由診療部分）のみならず，前者の診療部分（保険診療相当部分）についても保険適用を行うことができないものと解するのが相当である」とした（磯部哲・百選3版16頁参照）。混合診療を理解する一助となろう。

11 その他の類型

医療水準以下の単純な技術的事項について注意を怠り，事故を発生させるいわゆるケアレス・ミスのケースが数多くみられる。

(1) 検査・確認

治療の実施に当たって検査・確認などの措置を怠ったものとしては，手術の際にガーゼを遺留した事例（千葉地判昭和 32 年 11 月 15 日医療民集 195 頁），患者の持参した薬液名の貼り付けのない薬液入りアンプルの内容を確認せずに注射して死亡させた事例（福岡高判昭和 32 年 2 月 6 日高裁刑集 10 巻 1 号 103 頁），静脈注射液を動脈に注射した事例（東京地判昭和 28 年 1 月 4 日下級民集 4 巻 12 号 181 頁），鉗子を体内に遺留した事例（大阪高判昭和 40 年 11 月 15 日下級民集 16 巻 11 号 1704 頁），不適合輸血のため腎障害を生じさせた事例（広島高岡山支判昭和 57 年 3 月 24 日刑裁資料 650 頁）などがあり，これらは何れも検査・確認などの励行によって容易に回避できる事故である。特に，薬品取り扱い等のミスは，確実に法的責任の対象となる。

(2) 技術上の単純ミス

治療技術上の単純なミスとしては，人工分娩の手術を行う際に子宮破裂を生じ，小腸を胎盤に接続した臍帯と誤認して牽出除去し，患者を死亡させた事例（大判昭和 5 年 7 月 8 日新聞 3178 号 4 頁），注射の部位を誤って中枢神経を侵した事例（広島地呉支判昭和 36 年 4 月 8 日判時 259 号 32 頁），薬の量を誤って死亡させた事例（福岡地判昭和 15 年 12 月 6 日新聞 4698 号 6 頁），当然切開すべき腹膜を切開せずに出血多量により死亡させた事例（東京高判昭和 40 年 6 月 3 日東高刑時報 16 巻 6 号 42 頁）などがある。

(3) 消毒不十分

療法の実施に当たって消毒不十分などのために細菌が侵入した場合も，例外なく法的責任が追及される。無痛分娩のため麻酔注射をしたところブドウ状球菌が侵入し疼痛と下肢のマヒをきたした事例（最判昭和 39 年 7 月 28 日民集 18 巻 6 号 1241 頁），注射器具，施術者の手指ないし注射部位の消毒不完全により膿瘍が発生した事例（最判昭和 32 年 5 月 10 日民集 11 巻 5 号 715 頁）などが参考になる。このように，医療上の処置をする場合に，当然予想されるような

手違いについて結果防止の措置を講ずべきことは，いわば医師としての最低限の義務である。したがって，そうした注意を怠れば，原則として善管注意義務反として賠償責任を免れない。

⑷　有害事象

⑺　**副作用・副反応**　　副作用とは，医薬品の投与又は医療的処置に付随して発生する人身上の有害な事象をいう。有害事象のうちワクチンによるものを副反応という。これらの有害事象に対する善管注意義務については，多くの裁判例を数えることができる。その他にも，投薬，注射，放射線，酸素療法，予防接種など有害事象は多岐にわたっているが，ここでも，当該の薬物の投与又は医療侵襲行為に副作用又は副反応の伴うことが医療水準において認められる以上は，医師に対する善管注意義務が課される。

　特に予防接種による副作用又は副反応が問題となる。感染症を予防する場合には，予防接種が極めて重要であるが，予防接種法に基づく予防接種の注意義務は，予防接種実施規則（昭和 33 年 9 月 13 日厚生省令 27 号）の定める注意事項を対象者又は保護者に明示し，健康状態ないし既往症等の申出を受け，さらに医師等の問診ないし予診を行うことを内容とするものであるが，これらの予防措置を講じても，なお，健康被害が避けられない場合がある。そのため 1994（平成 6）年に，予防接種法が改正され，義務接種から積極的推奨接種に改められたのであるが，予防接種が原因で「疾病にかかり，障害の状態となり，又は死亡した場合において，当該疾病，障害又は死亡が当該定期予防接種を受けたことによると厚生労働大臣が認定したときは」給付金を支払うこととされたのである（予防接種法 15 条，16 条。なお，田中健司「予防接種法簿一部改正」ジュリスト 619 号 67 頁）。

> **種痘禍事件**　　種痘とは，天然痘の予防接種のことであるが，わが国では 1909 年の種痘法以来，予防のための接種を義務付けていた。その後，種痘は天然痘の撲滅に貢献して発症する例がほとんど見られなくなり，1955 年に天然痘ウイルスは撲滅され，自然界には存在しないものとされるに至った。しかし，種痘後に脳炎を起こす事例が問題となり，犠牲者は 1947 年と 48 年の 2 年間に限定しても 400 人を超え，1970 年に，北海道小樽市の種痘後遺症被害者が日本の行政機関を相手取り，損害賠償の訴訟を起こしたのである。その際に立ち上げられた「全国予防接種事故防止推進会」の精力的な活動に

よって「種痘禍」が問題となり，種痘法は廃止されたのである。なお，種痘後遺障害についての最判平成 3 年 4 月 19 日（民集 45 巻 4 号 367 頁）は，X（生後 6 か月の男児）が 1968（昭和 43）年に小樽市保健所において受けた予防接種法に基づく痘そうの予防接種（種痘）に起因して下半身まひによる運動障害及び知能障害の後遺症を残すことに至ったとして，Xの弁護人は，種痘を実施した小樽市保健所予防課長が十分な予診をしなかったとして過失等を主張し，国Yを相手に訴訟を提起した国家賠償法等に基づく請求訴訟である。第 1 審判決は，予防課長が問診等の十分な予診をしていれば結果を防止できたとして，予防課長の過失を認め，Yに 3400 万円の支払いを命じた。これに対しXとYは控訴し，原審判決は，Xは予防接種実施規則で定める禁忌者に該当せず，保健課長の予診不十分と種痘後障害との間に因果関係は認められないとして，Xの請求を棄却した。これに対しXから上告があり，最高裁判所は「必要な予診を尽くしたかどうか等の点について審理することなく，本件接種者当時のXが予防接種に適した状態あったとして，接種実施者の過失に関するX等の主張を直ちに排斥した原審の判断には審理不十分の違法があるというべきである」と判示して，原審差戻しとしたが，差戻控訴審判決（札幌高判平成 6 年 12 月 6 日判タ 893 号 119 頁）は，「裁判の特段の事情」が認められないとして，本件控訴を棄却したのである（木下正一郎・百選 3 版 21 頁参照）

　副作用の発生が病理的に解明されていなくても，他の条件と相まって危険の発生しうることが医療水準に照らし認めうるときには，その副作用を防止すべき善管注意義務がある。医薬品については，その固有の副作用のほか過剰投与，併用投与による副作用がありうるので，医薬品使用説明書のほか，医薬品情報（厚生労働省薬品情報，同薬品再評価，同医薬品副作用情報）などによる調査が義務付けられる。

　医療侵襲の性質上副作用が伴う場合，どのような注意が求められるであろうか。副作用が薬物の性質により予測できる以上，副作用発生に意を払い，副作用症状の早期発見と早期治療に可能な最善の注意が要求される（岐阜地判昭和 49 年 3 月 25 日判時 738 号 39 頁）。例えば，ストレプトマイシンの施用に当たっては，同施用の前後に聴力検査を行い，「結核の治療指針」（昭和 38 年 6 月 7 厚生省保険局長通知）を守り，さらにストレプトマイシン注射の副作用について患者に説明するなどの結果回避措置を講ずる義務がある（札幌地判昭和 47 年 1 月 28 日判時 659 号 68 頁）。麻酔については，麻酔剤の施用に伴う血圧呼応か，心停止等の副作用発現が予想されるから，患者が麻酔から完全に覚醒

するまで自己の管理下に置き，細心な観察を続け，異常を認めたときは，人工呼吸器の挿入等の救急措置をとるほか，帰宅させたのちに患者が異常を訴えたときは，直ちに往診するか救急措置を講ずべきである（東京地判昭和47年5月2日刑裁月報4巻5号963頁）。

　副作用のおそれがある治療については，施術前後の患者管理及び症状対策が要求される。低い発生率でも，およそ副作用が予測される場合には，症状対策の知識が求められるとともに，救急措置に対する事前・事後の周到な準備が必要となる。同時に，「医師と看護師が一体となって患者の容態を観察する体制が必要であり，殊に，医師は術中患部を注視しているのであるから，看護婦師をして十分に容態の観察をなさしめる必要がある」（名古屋地判昭和49年4月4日判タ308号253頁）。副作用が予測される場合には，患者管理上の注意義務がより高度に要求される。特に，術後の安静については，患者に十分納得させるなどの注意深い管理が必要となる（東京高判昭和49年6月24日判時749号52）。例えば，保育器内で使用される酸素の作用が網膜症の発生原因の一つである以上，未熟児センターを持ち高度の設備を有する病院では，副作用防止のための万全の体制を確立すべきである（前掲岐阜地判昭和49年3月25日）。

　⑷　**特異体質**　特異体質とは，正常な体質では反応を示さないはずの食物や薬物などに対し，過剰かつ異常な反応を起こす体質をいう。アレルギー体質，リンパ性体質，浸出性体質などがある。特に，局所麻酔剤，抗生物質，ピリン剤その他解熱剤を施用した場合，薬物過剰反応のためにショック死する事故が稀に発生する。その頻度が臨床上無視してよい場合はともかく，臨床上の医療情報として特定の薬剤が特異体質の人にショック死を起こしやすいことが判明した場合，性質上副作用を伴うものとして，医師に注意義務があることは明らかである。

　しかし，特定の薬剤が特異体質の者にショック死を起こすかどうかは，薬学上議論があるようであり（松倉・前掲判タ325号78頁），当該薬剤によるショック死発生の在りうることを診療時の医療水準に照らして，一般の医師が認識し得たかどうかが注意義務の前提である。それまで医療事故を起こし

た例がなく，また，安全性に疑問が持たれていなかったときは，後に危険が判明しても投薬時には善管注意義務はない（大阪高判昭和 47 年 11 月 29 日判時 697 号 55 頁）。

「ペニシリン製剤による副作用の防止について」（昭和 31 年 8 月 27 厚生省医療保険局長薬務局長通達），「抗生物質製剤の使用上の注意事項について」（昭和 42 年 12 月 22 日厚生省薬事局長通達）等の行政指導は，法規範としての効力はないが，医療水準を組成する一要因と考えられるから，これらの行政指導に注意する必要がある（なお，法規範としての効力を認めた判例として東京地判昭和 44 年 6 月 6 日判時 571 号 26 頁）。患者が特異体質かどうかは問診で尋ねることになっており，それまでの経験等で分かっている場合に注意義務があることは勿論であるが，患者が特異体質であることを知らず周囲も全く知らない場合，そして，ショック死等の結果が発生して初めて特異体質であることが判明した場合，医師に注意義務違反を認めて債務不履行による損害賠償を求めるのは酷である。なお，ペニシリン系抗生物質は，体質によってアナフィラキシーと呼ばれる急性アレルギー反応を起こすことがあり，のどが腫れて呼吸困難になり，血圧が下がって急性循環不全（ショック状態）に陥ることもあるところから，緊急の治療を要する場合があり，その場合には，上記の行政指導に従って対応する必要がある。特に，患者への説明をし，同意を得た上で治療すべきである。その行政指導に従って注射したところ有害な結果が発生したときは，注意義務違反はない。

　(ウ)　**輸　血**　輸血に不可避的に伴う副作用に対する注意義務は，輸血の必要性によって解除されるが，問題となるのは異型輸血による事故の場合である。その原因としては，事務上もしくは管理上の手違い，いわゆるケアレス・ミスによる場合と血液型の誤判定によるものとがある。前者については注意義務に違反することは明らかであるが，後者については，若干の検討を必要とする。もっとも，かつては異型輸血による事故が多発したため論議を呼んだが（唄・前掲書 181 頁），近年では，判定用血清の基準が高まるとともに，交叉試験法が励行されるようになって，異型輸血の回避措置は技術上確実なものになった。したがって，事務上の管理を正しく行い，血液型の誤判

や交叉試験の技術上のエラーがない限り，異型輸血はありえなくなったといわれている（→98頁）。

　㋑　**投　薬**　薬物の投与も患者の心身に有害な結果をもたらす場合があることは論を待たない。医師は，投与前投与中及び投与後において，患者に有害な結果が生じないように注意する義務があることは，他の治療の場合と異ならない。投与前においては薬剤の効能書を精読するとともに，アレルギー等の特異体質の不存在について確認するなどの結果防止措置を講ずる注意義務がある。副作用等が予測されても，投薬の必要性が認められるときは，ショックの危険に対応する措置を事前に講じておくべきである。投与中及び投与後においては，患者の容態を注視して危険に対応しうる措置を講ずるとともに，危険が現実となった場合には，速やかに結果防止措置を講ずべきである。

12　医師の指示・監督責任

⑴　チーム医療

　絶対的医療行為は医師だけに認められる。しかし医師は，一定の枠内で補助者を利用して診療に当たることができる。看護師，レントゲン技師，衛生検査技師，臨床検査技師，その他医業類事業者などがこれであり，さらに，病院では，医師相互間の分業化が一般的となり，医師相互に補充的な役割を演じて診療が行われている。このように複数の医療関係者が関与する診療においては，責任ある医師が治療目的に向けて全体を統括しなければならない。高度な技術を駆使する診療では，いわゆる「チーム医療」化は避けられないし，一般の診療においても医師と医療補助者は一体とならなければ，侵襲に伴う「危害」を防止して適切な診療を患者に供給することはできない。他方，補助者の利用は，事務の分担を前提とする。この分担は，当然，医師の指揮・監督と補助者の服従という主従の関係を予定しなければ成り立たない（2010年厚生労働省による「チーム医療推進に関する検討会」参照）。

⑵　医師と医療補助者

　医師と医療補助者の法律関係としては，第1に，医師は専権事項として診

察，診断，手術，処方，投薬・注射の決定及び指示，療養方法の指示を行う。第2に，これらの専権事項を基に医師は看護師等の医療補助者に指示をして，各種の注射（輸液・輸血を含む），採血，血圧測定予約，創傷処置解除，手術の準備並びにその解除，診察器具の取り扱いなどを行わせることができる（保健師助産師看護師法5条・6条，松倉豊治・医学と法学の間〔1977〕59頁）ほか，各種の補助者にそれぞれ指示して診療上必要な行為を行わせることができる。こうして医師は，各種補助者が指示に従い適切に行動している限り，診療の結果については全責任を負う。ところが医療事故の多くは，補助者のミスに起因している。そして，補助者の医療上の過誤については，臨床の現場で直接に間違いをした補助者はもちろん，医師もまた法律上の責任である民事及び刑事責任をほとんど例外なく追及される。

(3)　看護師手足論

　医療は，高度の専門的知識と技術を要するため，他の組織的作業や業務のように分担者に独立した地位を与え，補助者は常に医師の「手足」となり（松倉・「看護婦手足論」前掲判タ340号61頁），あたかも道具のように医師と一体となって行動すべきだとされてきた。医師は，診療の責任者であり，個々の補助者の行為はすべて医師の指示で行われ，その行為の結果は自動的に医師の責任に集約される。「医療の一体性」とは，この意味である。厚生労働省による「チーム医療の推進会議」が発足し，チーム医療に関心が高まり，看護師も医療従事者の一員として対等の立場から医療に参加すべきであるという近年の動向は注目すべきであるが，医療上の最終的責任者は医師であり，医師の監督上の責任ないし義務も，結局は補助行為が適切に行われなければ患者の治療に有害となるのであるから，一体性の原則によれば医師に権限が集中しすぎるという批判はあるけれども，指示・監督上の法的責任はあくまでも医師でなければならないであろう（東京地判昭和40年7月14日下民集16巻7号1241頁）。

(4)　指示・監督上の注意義務

　第1に，業務を分担しうる能力のある補助者を選任するか，または，業務遂行に適する教育・訓練が必要である。能力を欠く者に対していかに適切な

指示・監督をしても事故を防ぐことはできない。技術の未熟な者又は軽率な者など通常一般の補助業務を遂行できない者に対しては，点検・確認など個々の具体的義務がより広く要求される。そのかぎりで無資格者を診療関係の仕事に従事させるのは許されない。第2に，医師の指示は，補助者に誤解を与えないように適切に行わなければならない。常に，具体的に指示することが求められる。第3に，指示・監督を行う上では，看護師等の医療補助者はミスを犯すという前提で行動しなければならない。補助者の行為については，特に，確認，点検，検査等が求められるのである（東京高判昭和41年3月25日下刑集17巻3号35頁）。第4に，医療は，医師と補助者の綿密な協働によって行われるのが本来の姿であるから，医師補助者の相互間の連携が密なることを要する。看護師の連絡失念などが大事故に結びつくことは容易に想像できるところであり，これらに対する注意の喚起も医師の義務だといえよう（飯田・前掲「医療過誤に関する研究」116頁）。

(5)　信頼の原則

　上記のように，医師は補助者の行為ついて指示・監督責任を負う。したがって，医師とともに診療の補助に当たる看護師，検査技師等のパラメディカル・スタッフの診療上の過ちについては，不法行為として通常医師の過失が追及される。補助者の過失については，医師の使用者責任（民法715条）又は善管注意義務違反として債務不履行として民事責任が追及されることになる（札幌高判昭和60年2月27日判タ555号279頁）。

　しかし，医療は分担業務である以上，各担当者が適切に行動するであろうことを信頼して初めて業務が成り立つ。それゆえ，看護師等のパラメディカル・スタッフのそれぞれの任務に属する行為については，その判断と行為を信頼して医療行為を行ってよいのは当然であり，その過誤について予見しうる特段の事情がない限り，看護師等の行為について医師が共同の責任を負うことはない。ただ，医療においては，個々の補助者の行為が医師の義務に集約されること，補助業務ないし補助行為の結果が医師の視認範囲にあり，多くの場合，注意すれば薬液の取り違いなど予見することができるので，他の組織的業務の分野ほど信頼の原則に基づく注意義務の否定ないし緩和には結

び付かない。

　信頼の原則とは，他の関与者が適切な行動をとるであろうことを信頼する
のが相当である場合には，これを信頼して行為し，その結果として危害が生
じたとしても法律上の責任は問われないという原則をいう。医療は医師と医
療補助者が一体となって行われるとする医療一体性の原則からは，信頼の原
則を適用する余地はないとする見解も有力である（飯田・前掲論文24頁），

　手術中の医師に限って適用すべきであるとする見解（町野朔「過失犯におけ
る予見可能性と信頼の原則」ジュリスト575・72頁）などもあるが，医師が細部に
わたって確認・点検するときは，救急時の措置等診療を適切に行うことがで
きないこと，分業の確立状況，担当者の資格又は能力，補助行為の危険の程
度などを考慮して，かなり限定してではあるが，信頼の原則を適用してよい
であろう（札幌地判昭和49年6月29日判時750号29頁）。

13　施設管理上の注意義務

　治療ないし療養目的を達成するためには，患者の院内における生活環境や
設備の整備につとめて患者の安全を図るべきことは，医師ないし医療施設管
理者として当然の義務である。これに対し，患者ばかりでなく，患者家族や
見舞客について，「およそ人の生命，健康を守ることを目的とする病院にお
いては，その入院患者の家族や見舞客等関係者の身体，生命安全確保には何
にもまして留意しなければならない」（名古屋地判昭和47年8月7日判時693号
72頁）とした判例がある。患者に対するだけでなく，家族や見舞客に対する
安全への配慮も医師の義務だとしたのである。

　しかし，この判例の考え方は，おそらく誤りであろう。患者に対する安全
確保と他の関係者に対するそれとは，注意義務の根拠を異にするからであ
る。患者に対するものとしては，医療契約に基づく善管注意義務の問題であ
るのに対し，患者の来客又は見舞客に対する安全の配慮は，むしろ後述の過
失における注意義務の問題と考えられからである。すなわち，患者の施設利
用は，まさに療養上の必要からであり，特に病院内では，患者は医師ないし
看護師の管理下に置かれているのだから，安全に対する配慮は当然にこれら

管理内容ないし医療指導の一部だといってよい。したがって施設は，構造な
いし配慮上，患者に人身上の事故が発生しないように慎重に配慮し，「入院
患者が安心して入院し治療を受けられるようなもの」（盛岡地判昭和47年2月
10日判時671号79頁）にしなければならない。施設の構造ないし配慮の欠陥
は，「土地の工作物の設置又は保存に瑕疵あることによって他人に損害を生
じたるときは，その工作物の占有者は，被害者に対してその損害賠償の責任
を負う」（民法717条）とされる工作物責任に問われることになる。施設の管
理，例えば，手術中のガスストーブの燃焼により一酸化中毒事故を起こし患
者を死亡させた場合は，民法644条の善管注意義務に違反し，債務不履行の
損害賠償責任が生じ，また，刑法211条の業務上過失致死傷罪も問われるで
あろう（山形地判昭和47年9月18日判時692号85頁）。

　これに対し，患者の来客又は見舞客についての事故の場合は，構造上の欠
陥の場合を除けば，病院等の医療施設内の事故ではあっても，結局は，医師
または看護師の不注意の問題であって，医療契約に基づく善管注意義務違反
の問題ではないのである。

　例えば，ベッドが窓に平行に接近して置かれ，しかも窓が容易に開く状態
になっていたときは，4歳の幼児が窓から転落する可能性を推認することが
できる（前掲盛岡地判昭和47年2月10日）。したがって看護師は，このベッドの
配置に気が付いて適正な配置を行うべきであり，医師も看護師に注意を喚起
すべきである。医師・看護師において予見不能であるときは，注意義務違反
とはならない。例えば，「入院中の手術直後の患者に対して，看護師が当該
患者の身体を清拭した後尿室を立ち去る際，付き添いの父親に対して，「後
はお願いしますね」といって，ベッドの留金をかけなかった。その後父親が
席を外した際に患者がベッドから転落したとしても，父親が留金をかけずに
おくことは通常予測しがたいから，病院側に過失はないとされたのである
（福岡地判昭和42年10月6日訟務月報13巻12号1503頁）。

Ⅳ 医療水準に達してない診療

1 総 説

　医療行為は，医術的正当性及び医学的適応性を備えていなければならないが，医療水準以下の行為であっても，例外的に許容されるものとして，2つの場合がある。1つは，個々の診療において緊急を要する場合，医療水準に達していない実験段階の薬物又は療法を用いる場合である。疾病の重篤度，緊急性等を考慮して，他に採るべき適当な方法がない場合，医師の裁量によって医学的合理性は認められるものの未だ医療水準に達していない実験段階の療法を実施することは，「許された危険の法理」（→ 75頁）に従い可能であると思われる。事情を十分説明し，患者の同意を得ることが必要となることはもちろんである。その結果，目指した効果が得られなくても，債務不履行等の法的責任は生じない。

　もう一つは，薬剤あるいは医療用の新しい機器などが開発された場合，動物などを用いた実験などで有用性・安全性がテストされるが，それだけでヒトの治療として使用するわけにはいかない。そこで，ヒトを用いての実験が必要となる。これを臨床試験という。

　臨床試験とは，ヒトを対象として薬や医療機器など，病気の予防・診断・治療に関する様々な医療手段について，その有効性及び安全性などを確認するために行われる試験のことである。なお，臨床試験の一種として臨床治験がある。臨床治験は，製薬会社が主体となって国から医薬品や医療機器の製造・販売の承認を得るために行う臨床試験をいう。治験の実施に関しては，治療に参加する患者の人権や安全性が優先されるように，また，有効性や安全性（副作用）を科学的な方法で正確に調べることができるように，厚生労働省の「医薬品の臨床試験に関する基準」において厳格なルールが定められている。しかし，臨床治験は，製薬会社等の医薬品製造・販売の許・認可を目的とする試験なので，医療行為を主題とする本書ではこれ以上立ち入らないこととする（医学研究については，寺野彰「臨床試験」加藤編・433頁，手嶋・141

頁，米村・305 頁参照）。

　これに対し，自主臨床試験とは，医師が主体となって診断法や治療法の有効性・安全性を調べ，より優れた医療を患者に提供することを目的とする臨床試験をいう。この試験では，患者の治療の改善を目的とするとはいえ，まだ医療水準に達していない実験的な侵襲行為を人体に加えるのであるから生体実験に他ならず，しばしば指摘されるように，「生体実験は常に人権を侵害する危険を伴う」のである（日比逸郎「臨床研究と生体実験」ジュリスト 548 号19 頁）。また，臨床試験については，ナチス強制収容所での生体実験に係る1947 年の「ニュルンベルク綱領」，1967 年の世界医師会訳による「ヘルシンキ宣言」（巻末資料参照）が倫理規範となって，わが国では 2008 年に「臨床研究に関する倫理指針」（平成 20 年厚生労働省告示）によって医師による自主臨床試験が実施されるようになった。今日では，医療水準に達した多くの療法が誕生しており，そのほとんどは保険適用内で行われているところから，本書では医師の個々の医療行為を中心に考察しているので，医学系研究一般の考察は他日を期することとし，この自主臨床試験に限って検討する。なお，「臨床研究に関する倫理指針」は，「疫学研究に関する倫理指針」（平成 20 年度厚生労働省告示 415 号）と統合されて，現在は，「人を対象とする医学系研究についての倫理指針」（平成 26 年度文部科学省・厚生労働省告示 3 号）となっている。この指針は，法的な拘束力を有するものではなくして行政上の指針に過ぎないが，法的な判断の基礎となる資料として，法解釈論上の意義があると考えるので，上記の指針を踏まえて，自主臨床試験の法的基準について考察する（なお，日本バプテスト病院作成の「医師主導治験における手順書」を参考として自主臨床試験の在り方をまとめた）。

2　自主臨床試験

(1)　意　義

　自主臨床試験とは，医師が主体となって，治療法や診断法が未だ開発されていないか，又は既知の治療方法が有効でなかった場合に自ら有効と信ずる療法を実施することをいう。治療と結びついた医学研究ともいう。自主臨床

試験は，後述の審査委員会の承認を得てから実施しなければならない。すなわち，①ヘルシンキ宣言に基づく倫理的原則及びGCP（医薬品の臨床試験の実施の基準に関する省令）を遵守すること，②試験を開始する前に，個々の被験者及び社会にとって期待される利益と，試験を実施する場合に予想される危険とを比較考量し，危険を冒すことが正当化される場合に限り認めるべきこと，③被験者の人権保護，安全の保持及び福祉の向上に対する配慮を最重要視すること。④その処置を実施するのに十分な臨床試験の情報が得られていること。⑤実施すべき診療は，一応，科学的に是認されるものであることを試験実施計画書に詳細に記載すること。⑥全ての被験者から，試験に参加する前に，自由意思によるインフォームド・コンセントを得ておくこと，未成年者等のインフォームド・コンセントを与える能力欠く場合には，原則として被験者としないこと。ただし，臨床試験の目的上止む得ないときは，代諾者を定め，その者の同意を得なければならないが，その場合には，特に慎重な配慮を払うこと。

(2)　行　為

医師は，病院長によって事前に承認された実施計画書を遵守して診療を実施することを要する。臨床試験中に有害事象が生じた場合は，十分な医療を被験者に提供しなければならない。例えば，その試験に関連して被験者に健康被害が生じた場合には，速やかに病院長に報告すること。また，過失によるものであるか否かを問わず，被験者に健康上の被害が生じた場合は，その損失を適切に補償すること。その際，因果関係の証明等について披験者に負担をかけることがないようにすること。

(3)　審査委員会・倫理委員会

病院長は，臨床試験を行うことの適否その他の試験に関する調査審議を行わせるために，臨床審査委員会を設置しなければならない。審査委員会は，厚生労働省「臨床研究に関する倫理指針」における倫理審査委員会を参考にして病院内および病院外から委員を選出し，①臨床試験を実施することの倫理的，科学的及び医学的な見地からの妥当性に関する事項，②医療機関が十分な臨床観察ができ，緊急時に必要な措置を講ずることができること，③臨

床試験の目的，計画及び実施が妥当なものであること，④被験者の同意を得るに際しての説明文書及び同意文書の内容が適切であること，⑤被験者への健康被害に対する補償の内容が適切であること等について調査審議しなければならない。臨床試験を行おうとする医師は，審査に必要な臨床試験依頼の申請書を病院長に提出する。病院長は，臨床試験審査委員会（又は倫理員会）の意見を求め，臨床診査委員会の審査結果通知書に異論あるときは修正を求め，意見の一致を得たうえで，申請者である医師に許可を与える。

Ⅴ　医療過誤の法的責任

1　総　説

　医療行為の医術的正当性を確保すための制度として，善管注意義務の違反に対する債務不履行による損害賠償について考察したが，もう一つの制度である不法行為責任による損害賠償について考察する。不法行為と違法行為とはいずれも法に違反するという意味であるが，不法行為は主に民法で使われる用語で，他人の権利や利益を違法に侵害する行為をいうのに対し，違法行為とは法で禁止されているものに違反する行為のことであり，例えば，交通法規に違反する行為は違法行為であっても不法行為とは言わない。

　不法行為は，民法 709 条の「故意又は過失によって他人の権利又は法律上保護される利益を侵害した者は，これによって生じた損害を倍書する責任を負う」という規定に基づくものである。しかし，例えば，故意に人を殺す行為は，もともと医療行為に該当しないから，過失で人を死なせてしまったような場合だけが問題となる。

　医療行為に関し，過失で患者の病気を重くし，あるいは死亡させてしまった場合を医療過誤という。医療事故と医療過誤を同義とする見解もあるが，医療事故というときは，病院やクリニックなど，医療サービスを受けられる場所において生じた人身事故を対象とするため，診察や治療，手術中などあらゆるシーンにおける予測しない事態，例えば，医師が手術中に自分の手を切ってしまったケースも医療事故に当たるので，医療事故と医療過誤は一応

区別して論ずべきである。

　医療過誤とは，医師，看護師などの医療関係者が，その医療業務を行うに当たって，業務上必要とされる注意を怠り，そのため患者の権利又は利益を侵害し，他人に損害を加えることをいう。医療過誤は，先に善管注意義務違反として検討したように，①注射，②投薬，③麻酔，④手術，⑤輸血，⑥医療器具の操作，⑦指示・監督，⑧施設管理など多方面に及んでいる。医療過誤においては，民事上の責任，刑事上の責任及び行政上の責任が問題となる。それぞれの責任は，その要件，効果を異にするから，民事上の責任が生ずると必ず刑事上の責任が生ずるというものではない。また，医療過誤事件が裁判になった場合も，民事裁判，刑事裁判に分かれ，それぞれ別個の裁判所と手続きで事件が裁かれるのである。

2　民事上の責任

⑴　意　義

　民事上の責任とは，民法上の不法行為又は債務不履行等に対する損害賠償責任をいう。不法行為に対する損害賠償責任は，上記のように，民法709条の「故意又は過失によって他人の権利又は法律上保護される利益を侵害した者は，これによって生じた損害を賠償する責任を負う」という規定に基づくものである。又，債務不履行に対する損害賠償責任は，民法415条の「債務者がその債務の本旨に従った履行をしないときは，債権者は，これによって生じた損害の賠償を請求することができる」とする規定に基づくものである。前節で検討した善管注意義務違反諸類型の多くは，債務不履行に関するものである。以下においては，不法行為の責任について検討する。ちなみに，不法行為については，「故意または過失よって」と規定されているが，不法行為の成立及び損害賠償については，被害者の被害補填が中心となるから，故意の要件は重要でなく，過失責任主義が採られている。

⑵　不法行為と過失

　医療過誤における過失とは，医師などの医療従事者は業務上必要とされる注意を払って事故の発生を未然に防止すべき法律上の義務があるのに，不注

意のためにこの義務に違反することをいう。一方，医療過誤における債務不
履行ないし不完全履行は，医療（診療）契約に基づき善良な管理者の注意を
払って診療に当たる義務（債務）を有するのに，これに違反することをいう。
両者とも注意義務違反を責任の根拠とするから，民事上の責任の要件として
は，過失又は債務不履行に関して論ずるのではなく，もっぱら注意義務違反
の内容を検討すれば足りる（➡62頁）。そして，医療契約に基づく善管注意
義務と不法行為法における注意義務の内容は同一であり，その基準も臨床当
時のいわゆる臨床医学における医療水準である（➡52頁）。注意義務の内容
は，結果発生の予見義務と結果発生の回避義務とに分かれる。

　㋐　**結果予見義務**　　結果発生の予見義務は，結果予見義務ともいい，精
神を緊張させて危険な結果をあらかじめ認識する義務をいう。結果予見義務
は，普通の医師が予測できない結果についてまで課すことはできないから，
一般の医師であれば医学上の常識ないし医療水準に照らし，予見可能な範囲
についてのみ結果予見義務が生ずる。したがって，医師は，医学の進歩に伴
う新たな医学上の知識及び医療技術を習得し，当該の医療行為について，そ
の時点の医療水準まで自己の能力を高めておく必要がある。医学書，医学雑
誌等の文献，臨床例，厚生労働大臣の告示，行政上の通達，医師会の通知，
医療慣行などで明らかになっているものは，すでに医療水準を形成している
といってよい。したがって，医師がその危険を知らなかったとしても，当該
行為による危険な結果の予見可能性はあり，結果予見義務は，当然に認めら
れるのである。

　㋑　**結果回避義務**　　結果回避義務は精神を緊張させて危険な結果を回避
する義務をいう。医師が予見できない結果について医師に回避を命ずる事は
できないから，結果回避義務は，結果の予見可能性を前提とする。ただし，
予見可能であり，又は現実に予見していても，当該の医師において結果を回
避することが不可能な場合には，結果回避義務を課すことはできない。これ
を要するに，結果の予見可能性があり，結果を回避する可能性があって，初
めて注意義務が認められるのである。

㈡ **注意義務違反**　注意義務違反とは，注意すなわち精神を緊張させれば危険な結果を予見でき，かつ結果を回避することができたのに，注意を怠ったために（不注意で）結果を予見できず，又は結果を回避するための適切な措置を講じなかったために，危険な結果を発生させたことをいう。十分に注意しても避けられない事故については民事上の責任は認められず，それは不可抗力として処理される。注意義務違反が認められないのに責任を課すことを無過失責任又は厳格責任という。わが国の民事責任は，故意または過失乃至は注意義務違反を要件とするから，厳格責任は容認されない。なお，例えば，副作用防止措置を講じてもなお予防接種禍を回避できないといった不可抗力による被害については，医師に過失を問うことはできないから，公衆衛生上の利益を重視して，行政上の予防接種被害者救済制度が設けられている（樋口・続37頁）。

　問題は，過失ないし注意義務違反の判断基準又は認定基準にある。危険を伴う業務に従事する医師の医療過誤について，すでに何度か指摘しているように，最高裁判所は，「いやしくも人の生命及び健康を管理すべき業務（医業）に従事する者は，その業務に照らし，危険防止のために実験上必要とされる最善の注意義務を要求される」と述べて高度の注意義務を求めているが（前掲最判昭和36年2月16日），その注意義務は，当該医療行為の具体的な状況において，診療に当たった当該の医師が注意していたかどうかといった主観的判断基準によらず，診療当時の医療水準，地域や病院の規模，看護師等の医療関係者の能力といった当該医療行為の具体的な状況の下で，客観的に見て，医師として他に採るべき適切な方法はなかった，言い換えると，具体的諸条件の下で，なし得る最善の診療が行われていたかどうかという客観的判断基準によるべきである。患者側としても，診療当時，なし得る最善の診療が行われた結果として，死亡等の不幸な事態が生じたといった意味で，納得できるであろう（前掲最判平成7年6月9日）。

⑶　**因果関係**

　注意義務違反が認められても，結果又は損害の発生との間に因果関係が認められない限り，民事上の責任は生じない。因果関係は，元来，その事実が

なかったならばその結果は生じなかったという条件関係を意味している。しかし，そのような条件関係を法律上の要件に導入すると，責任の範囲が無限に広がってしまう可能性があるところから，法律上因果関係があるとされるのは，社会通念上相当と認められる範囲に限られる。すなわち，その行為があれば経験則上その結果が生ずることがありうるのと認められる場合に限られる（最判平成12年9月22日民集51巻7号2574頁）。法律上の因果関係は，相当因果関係に他ならない。また，裁判での因果関係の立証は，一点の疑義も許されない科学的証明ではなく，全証拠を経験則に照らして総合的に検討し，特定の事実が特定の結果を招来したという関係を是認しうる高度の蓋然性を証明することであり，その判定は，通常人が疑いを差し挟まない程度に確信を持ち得るものであることを必要とし，かつ，それで足りる（最判昭和50年10月24日民集29巻9号1417頁。米村滋人・百選・154頁，水野謙・百選第2版136頁，吉岡正豊・百選3版127頁。相当因果関係を認めた例として，最判平成23年4月26日判時・2117号3頁）。

不作為の因果関係　　事案は，人間ドックの検診でアルコール性肝硬変と診断された53歳の患者Yが，肝臓病を専門とする開業医Xを紹介され，3年8か月余り771回通院していたが，肝臓がん発見に有効なAFP検査や超音波撮影が行われないまま，転院した先で肝臓がんと診断され，1週間後に死亡したというものである。第1審判決は，Xの不作為と患者の死亡との間に因果関係は認められないとして請求を棄却し，原審はこれを維持した。これに対し，最高裁判所は，「経験則に照らして統計資料その他医学的知見に関するものを含む全証拠を総合的に検討し，医師の右不作為が患者の当該時点における死亡を招来したこと，換言すると，医師が注意義務を尽くして診療行為を行っていたならば患者がその死亡の時点においてなお生存していたであろうことを是認しうる高度の蓋然性が証明されれば，医師の右不作為と患者の死亡との間の因果関係は肯定されるものと解すべきである。患者が右時点の後いかほどの期間生存し得たかは，主に得べかりし利益その他の損害の額の算定に当たって考慮されるべき事由であり前記因果関係の存否に関する判断を直ちに左右するものではない」と判示して，原審判決を破棄し差戻した（最判平成11年2月25日民集53巻2号235頁。越後純子・百選2版140頁），水野謙・百選3版130頁。

⑷ 病院管理者の責任

　看護師等の医療従事者が不注意によって事故を発生させれば，法律上は当然その者が民事上の責任を負うことになるが，その医療従事者が病院等に勤務している者であるときは，実際上その行為者自身が損害賠償の責任を負うことは稀である。民法715条は「ある事業のために他人を使用する者は，被用者がその事業の執行について第三者に加えた損害を賠償する責任を負う」と規定しているため，第三者は経済力のある使用者（病院など）を相手方として損害賠償を請求することになる。もっとも，「使用者が被用者選任及びその事業の監督について相当の注意をしたとき，又は相当の注意をしても損害が生ずべきであったときは，この限りではない」（同条ただし書き）。すなわち，①病院の開設者など医療従事者を使用している者は，その採用又は医療業務の執行に関する監督につき適切な注意を払っているとき，②注意義務違反はあったが，その不注意と事故との間に因果関係がない場合，言い換えれば相当な注意を払っていてもなお事故が生じたような場合には，病院の開設者等は損害賠償の責任を負わなくてもよいのである。

　使用者（病院開設者）が損害賠償を支払った場合，被用者の責任はどうなるのであろうか。民法715条3項は，使用者は被用者に対して，損害賠償として支払った金銭を償還する権利すなわち求償権を行使してもよいと定めている。したがって，自己の支払った賠償金の全部または一部について，被用者に支払うよう請求することができる。もっとも，実際に求償権を行使する場合は稀である。被用者は通常資力が乏しく，求償権を行使しても実益がないから，立法論としてはこの規定を改め，被用者に故意又は重大な過失があるときに限り求償権を認めるようにすべきである。

3　刑事上の責任

⑴ 意　義

　医療過誤における刑事責任とは，刑法による業務上過失致死傷罪に問われる責任をいう。医療過誤により人身上の被害が生じた場合に問われる責任である。

　刑法 211 条は，「業務上必要な注意を怠り，よって人を死傷させた者は，5
年以下の懲役若しくは禁錮又は 100 万円以下の罰金に処する」と定めてい
る。刑罰は峻厳な制裁であるから，注意義務違反の内容は民事責任における
ものとのと同じであるが，業務上過失致死傷罪は行為の結果が重大で，注意
義務違反の程度が大きい場合にのみ適用される。同一の事件で，民事責任が
認められても刑事責任が認められるのは極めて稀なのである。初歩的なミ
ス，無謀な行為に基づく重大な事故の場合に限り，刑事責任が問われるに過
ぎないのである。

(2)　業務上必要な注意

　業務上過失致死傷罪は，業務上必要な注意を怠ることによって成立する。
医療過誤については，医師等の医療関係者としてとるべき注意義務，すなわ
ち結果予見義務及び結果回避義務に違反して死傷の結果を引き起した場合に
犯罪は成立する。業務上必要な注意とは，医師であれば医療の性質に照らし
予想される危険を防止するために当然払うべき注意をいう（徳島地判昭和 48
年 11 月 28 日判時 721 号 7 頁）。具体的には，通常の医師であれば，当該の診療
についてどのような危険があるかを予測し，その危険を回避する措置を講じ
て，死傷の結果の発生を回避できるのに，不注意によって結果を回避できず
死傷させてしまった場合に，業務上の注意義務違反が認められるのである。
民事責任においては，医療行為を行う具体的な状況のもとで，結果発生につ
いての漠然とした不安を感じるような場合においても，予見可能性が認めら
れて注意義務違反となりうるが，刑事責任においては，その程度では足り
ず，通常の能力を有する医師であれば，どのような結果が発生するかについ
て，因果関係の大筋の予見が可能でなければ責任は問われない。要するに，
業務上過失致死傷における過失においては，注意義務違反の程度は，民事上
のものより重大な場合に限られるのである。業務上過失犯が成立するために
は，内容の特定しない，一般的・包括的な危惧感ないし不安感を抱く程度で
は足りず，特定の構成要件的結果及びその結果の発生に至る因果関係の基本
的部分の予見可能性を必要とするのである（札幌高判 51 年 3 月 18 日高刑集 29 巻
1 号 78 頁）。

(3)　因果関係

　不注意に基づく行為が認められ，その行為によって致死傷の結果が発生し
ても，その行為と結果との間に法律上の因果関係がない限り刑事責任は生じ
ない。この点は，民事責任の場合と全く同じであるが，民事責任において
は，いかなる範囲の権利・利益の侵害又は損害について，加害者に損害を賠
償させるのが妥当かという政策的判断が優先するのに対し，刑事責任におい
ては，いかなる結果について刑罰を科するのが，社会の応報感情，犯人の更
生保護及び社会秩序の維持にとって妥当であるかということが重要となるか
ら，その性質上，因果関係の認定は厳密であることが必要となる。特に，民
事上の不法行為責任においては，過失責任主義が採られているが，刑法で
は，過失行為は例外的処罰するにすぎないから，業務上過失の範囲を明確に
する必要がある。

(4)　故意・過失

　刑法では，故意は，構成要件に該当する行為ないし結果を認識・予見しな
がら敢えて行為に及ぶ場合をいい，過失は，認識又は予見はしていないが，
注意すれば認識・予見でき，予見すれば行為を中止したであろうという予見
可能性が責任非難の中核的な要素になる。したがって，民事上の責任では，
本人の主観を度外視し，客観的基準で注意義務違反を判断し過失を認定して
もよいが，刑法では，非難可能性を要件とする刑罰という苦痛を科するので
あるから，行為者である医師本人が，精神の緊張を欠いていたかどうか，ど
ういう結果になるかを予見できたかどうかについて，本人を基準にして判断
すべきではないか。つまり，医療過誤における注意義務違反は，民事では客
観的に判断すべきであるが，刑事では，結果を予見し回避する義務は客観的
に判断すべきであるが，結果を予見できたかどうかは，行為者本人の立場か
ら主観的に判断すべきであると考える（大谷實・前掲刑法総論講義第5版333頁）。

> **異型輸血過誤**　　業務上過失致死傷が問われた有名な事件を紹介する。事案は，X医師
> は，入院患者甲女の腫瘍を切除する決意をして，同女に輸血しようとしたが，同女の血
> 液型はB型であるのに，居合わせた看護師をして，同女の家族から同女の血液型を聴
> 取させた結果AB型である旨を聞いて，血液型AB型入りの血液瓶を3本取り寄せた。

X医師は，麻酔医である初対面のY医師に対し，ABO式血液型の判定検査は行われていない旨を告げずに，上記血液瓶のうちから200ccを輸血するよう指示した。Y医師は，すでにABO式判定検査を終了しているものと思い込み，元来B型である甲女にAB型血液200ccを輸血した。さらに翌日，甲女から胆石症の持病がある旨を聞いたので，看護師に前記血液瓶の残り2本を輸血させた。その直後，甲女に悪寒，発熱等の症状が現れたので，大学病院に転院させたところ，同女の血液型はB型であることが判明し，3回にわたり合計1700ccの交換輸血が行われたが，甲女は電撃型急性肝炎により死亡した。以上の事案につき，第1審の岡山地裁は，不適合輸血を行えば患者死亡の事態を招きかねないので事前に供給血液と患者の血液との適合検査を実施し，不適合輸血を回避する注意義務があったのに主治医たる被告人Xはこれを怠ったとして，業務上過失傷害罪の成立を認め，罰金5万円に処した。被告人Xは控訴したが，自己の患者の手術を担当する医師として，同女に輸血の必要を認めた以上，万一にも不適合輸血のごとき事態を生じさせないよう，同女の血液との間に交差適合試験を行って，輸血の安全を確認する業務上の注意義務を負う者であるから，自ら輸血に当たらず，初対面のYに，血液型の判定を含めて輸血全般の担当を求めた以上は，Yに対して右の趣旨を徹底させ，同人が検査を誤って省略することがないように特に注意すべき義務がある」として，広島高等裁判所は控訴を棄却した（広島高岡山支判昭和57年3月24日刑事裁判資料249号650頁。なお，甲斐克則・医療事故と刑法（2012）79頁参照）。

4　行政上の責任

　医療過誤に関する行政上の責任については，相対的欠格事由に該当する事実が生じたとき，すなわち，①罰金以上の刑に処せられたとき，②医事に関し，犯罪又は不正の行為があったとき，③医師としての品位を損する行為のあったときは，厚生労働大臣は，医道審議会の意見を聴いて，医師免許の取消し，又は期間を定めて医業の停止を命ずることができる（医師法4条，7条1項，3項）。

Chapter 7

医療行為の医学的適応性

I 総 説

1 医学的適応性の意義

医業における医療行為は，医療及び保健指導に属する行為のうち，医師が医学的判断及び技術をもって行うのでなければ保健衛生上危害を及ぼすおそれのある行為である。したがって，医学的適応性は，第1に，その行為が医療及び保健指導に関するものであることを必要とする。これを行為の医療関連性という。第2に，その行為は医師が行うのでなければ保健衛生上危害を及ぼすそれがあるということを必要とする。これを行為の医療行為性とよぶことにしたい。そのうえで，その危険な行為が正当化されるためには，傷病の存在を前提として，その傷病者の生命・健康を維持・回復するために，医学及び医療技術の適用が許容されるものでなければならない。これを医療行為の医学的適応性という。

そこで，保健衛生上危険な行為が適法となるためには，医学的適応性を具備していなければならないが，通常の治療目的で行われる医療行為においては，問題は生じない。例えば，聴診，外科手術，薬物投与，さらには輸血や臓器移植行為は医学的適応性を有する。しかし，輸血のための血液の採取，臓器提供のために行われる臓器摘出等の行為は，本来の疾病の治療を目的とするものではないから，医学的適応性が問題となる。この医学的適応性の具体的な問題としては，美容整形手術，不妊手術，人工妊娠中絶，生殖補助医療，移植医療，終末期医療などの医療形態が議論されてきた。ここでは，

「医学及び医療技術の適用が許容されるもの」の限界が問題となる。

2　医学的適応性の機能

　医療行為の医学的適応性は，もともと治療行為の正当化要件として考えられたもので，客観的に見て患者の疾病の治療・軽減にとって必要であり，その治療技術の適用が相当であるときに医療侵襲行為は正当なものになると考えられてきた。しかし，医学及び医療技術の進歩に伴って，疾病の治療・軽減という「利益」と並んで，医学及び医療技術の適用による人間の願望や欲求の満足といった総体的利益性が重視されるようになってきた（丸山英二「生体臓器移植におけるドナーの要件」城下裕二編・生体移植と法〔2009〕85頁）。美容整形外科や生殖補助医療がその典型的な例である。そして，医療の形態は，医療に対する個人や社会の利益・願望・期待の変化に応じて，今後も変化することが予想される（P・L・エトランゴ〈榎本稔訳〉・医者と患者〔1992〕100頁）。しかし，クローン技術によるヒトとサルとの交雑種の作成のように，医療技術の適用が許されない場合がある。その適否の判断基準となるのも医学的適応性である。

3　医学的適応性の判断基準

　その判断基準として，医療行為によって保護しようとする法益とそれによって侵害される法益を比較し，前者が大きい場合に医学的適応性を認める優越的利益保護説が有力である（町野・177頁，井田良・講義刑法学・総論〔第2版　2018〕357頁）。確かに，優越した利益を保護することは重要であるが，しかし，その場合の利益衡量は容易でない。ここで大切なことは，その利益が社会的に容認されるものでなければならないということである。社会的に認められない医療は成り立たないからである。ここで「社会的に容認される」としたのは，医学的適応性の判断は，医の倫理や生命倫理，各種医学会の告示，裁判例などを基礎として行われるが，要は，その医療技術の適用が社会の共通の意思となって認容されることが重要だということである。具体的には，社会的相当性又は社会通念を基に判断すべきであるが，その判断が困難な場合，最終的には立法によって解決すべきである（大谷實・新いのちの法律学

〔2011〕6 頁。なお，松倉・前掲「医師から見た法律」大阪医師会編・医療と法律 26 頁は，医学的適応性を獲得するためには，「それが完全なる社会共通の意思により認容されることを要請しなければならない」から，その適応性は「医療の社会的醇化の可能性」から判断されるべきだと主張されている）。しばしば「医の倫理」や生命倫理が引き合いに出されるが，医学的適応性の問題は最終的には倫理の側からではなく，社会的相当性又は社会通念の観点から法的に解決すべきである。

　以下においては，医学適応性が問題となる場合として，先に掲げた①美容整形手術，②不妊手術・性別適合手術，③生殖補助医療，④移植医療及び⑤終末期医療について，医師が採るべき行為を中心に順次考察することにする。

Ⅲ　美容整形手術

1　総　説

　美容整形手術については，かつて行為の医療関連性及び医学的適応性について議論があったが，判例はこれを正面から肯定し（東京地判昭和 47 年 5 月 19 日判夕 280 号 350 頁，大阪地判昭和 48 年 4 月 18 日判時 710 号 80 頁），また，1978（昭和 53）年の医療法改正で診療科名として「美容外科」が導入されたことから，すでに社会的に容認されて解決済みとなっている。しかし，そこに至るまでの論議は，医学的適応性を判断する場合の参考になる。

　美容整形手術について医学的適応性を厳格に考える立場は，美容整形手術の医学的適応性を否定する。医療侵襲は，多かれ少なかれ相手方の人体に危害を及ぼすから，医療技術の実施が許容されるのは，医療侵襲に随伴する危険を上回る利益，すなわち疾病による危険の除去を目的とする場合に限られるとしたのである（上野政吉「医療と人権侵害」日本医事新法 2246 号 57 頁）。この見解によると，手術等の医療侵襲の実施は，患者への危険を考慮して他に採るべき手段がなく（補充性），しかも緊急を要する場合に限られる。いわゆる緊急避難（刑法 37 条，民法 720 条）に準ずるものとして医学的適応性を考えたのである。しかし，美容整形手術に限らず，医療技術の実施について，「他に採るべき手段がない」といった補充性ないし緊急性を要件とすべきかにつ

いては，医療の裁量性の見地からも疑問があるとされ，支持者を得られな
かった（大谷・197頁）。

治療行為と医療行為　　隆鼻術や豊胸術は，前提としてそこに疾患があるとはいえず，
医学的適応性がなく，手術等を病院で実施しても，医療行為とはいえても治療行為とは
いえないとする見解もある（甲斐克則「医療行為・治療行為と刑法」加藤良夫編著・実
務医事法〔第2版　2014〕627頁）。しかし，治療行為のうち，医師が医学的判断及び
技術をもって行うのでなければ，人体に危害が及ぶおそれのある行為が医療行為である。

2　被害者の同意の法理による正当化

　上記の見解ほど厳格に考えない立場でも，美容整形手術の医療関連性を認
めることについては疑問視する見解が多く，刑法の分野ではむしろ反対論が
通説である（福田平「正当行為」団藤重光・注釈刑法2〔1968〕110頁，井田・前掲書
358頁）。医療とは，疾病の回復・軽減を目的とするものであり，美容整形手
術はこれに含まれないとするのである。

　もっとも，この立場を採っても，美容整形手術が違法であるとするわけでは
なく，被害者の同意の法理によって不可罰とするので，敢えてその医療性を
論ずる必要はないとも考えられた。しかし，そうすると無免許の者が豊胸術や
隆鼻術といった医療行為に当たる美容整形手術をしても常に適法ということに
なり，対象者に危害が及ぶおそれのある行為が放任状態になってしまう。

　そこで美容整形手術等を医療行為と考える立場が有力となり，前述の東京
地裁昭和47年5月19日判決（判例タイムズ280号355頁）が現れ，医療行為は
疾病の治療・予防を基本的な目的とするが，より広く「美しくありたいと願
う美に対する憧れとか醜さに対する憂いといった人々の精神的不満を解消」
することも医療の目的として認められると説いたのである。かくして，既述
の医療法改正によって診療標榜科名として「美容外科」が追加された。ま
た，大阪高裁平成30年11月14日判決（判例時報2399号88頁）は，「健康的
ないし身体的な美しさに憧れ，美しくありたいという願いとか醜さに対する
憂いといった，人々の情緒的な劣等感や不満を解消することも消極的な医療
の目的としてみとめられる」と説き，美容整形手術の医療関連性を認めたの
である。

　こうして，医師でない者が豊胸術や隆鼻術といった医師が行うのでなければ保健衛生上危害が及ぶおそれがある外科手術等を行うと，医師法 17 条の無資格医業罪として処罰されることになった。美容整形手術は医師法の規制の対象とすべきであり，被害者の同意の法理で処理するのは妥当でなかったのである。その意味で医療法において美容外科を医療行為として診療標榜科目に加えたことは適切だった。

3　タトゥー施術事件

　上記のような経過から，美容整形手術に関しては，もっぱら医師免許のない者が美顔術等の施術を行う事件が問題となってきたが，これから検討するタトゥー施術事件も無免許医業罪に係るものである（➡ 33 頁）。

　事件は，2014（平成 26）年 7 月頃から大阪府吹田市内のタトゥーショップにおいて，3 名の客に対し 4 回にわたり針を取り付けた施術用具を用いて上腕部等の皮膚に色素を注入したというものである。被告人は医師免許を持たずに医業をなしたとして医師法 17 条違反の無免許医業罪で略式起訴され，第 1 審裁判所は，本件行為は医療行為に当たるとして，無資格医業罪として罰金 15 万円に処したが，控訴審裁判所は，本件行為は「保健衛生上危害を生ずるおそれのある行為であっても，医療及び保健指導とは関連性を有しない行為」であるから，「医療関連性」を認められないとして無罪を言い渡した。検察側が上告したのに対し，最高裁判所は，「タトゥー施術行為は，医学とは異質の美術等に関する知識及び技能を要する行為であって……歴史的にも，長年にわたり医師免許を有しない彫り師が行ってきた実情があり」，このような事情の下では，被告人の行為は，社会通念に照らして，医療及び保健指導に属する行為とは認めがたく，医行為には当たらないというべきである」として，上告を棄却した（最決令和 2 年 9 月 16 日判時 2497 号 105 頁）。

4　本決定の意義

　こうして，本決定は，医療行為というためには，①医療及び保健指導に属する行為であること，②医師の医学的判断と技術をもって行うのでなければ

保健衛生上の危害が及ぶおそれのある行為であることが必要であり，タトゥー施術の場合，②の要件を充たすことについて問題はないが，社会通念に照らし，医療及び保健指導に属する行為とは言えないとしたのである。

　そこで，本決定については，無免許医業罪の成立には「行為が医療及び保健指導に関連するものであること」（医療関連性）が必要であり，また，医療関連性は「社会通念に照らし」判断すべきことを判示した点に意義が認められる。従来，医療行為の認定については，もっぱら医師が行うのでなければ保健衛生上の危害が及ぶおそれのある行為という「危険性」が中心となっていたが，同時に「医療及び保健指導に属する」医療関連性が必要であることを確認した点に意義を認めることができる（佐伯仁志・百選3版5頁）。特に本判旨は，後述の移植用の臓器の摘出，生殖補助医療における卵子の採取などの医学的適応性にも及ぶ可能性がある。

　医学的適応性が認められるためには，その医療技術の適用が一般社会の人々の共通の意思として，言い換えれば，社会通念又は社会的相当行為として容認されていることが必要である（松倉・前掲医療と法律25頁，大谷・6頁）。美容外科は，すでに医療法という法律によって診療標榜科目となっているので，全く問題はなくなっている。しかし，問題は，眉や唇などに施すアートメイクとタトゥー施術との区別である（川崎・前掲判例評釈同志社法学428号155頁）。

　アートメイクはタトゥー施術の一種であり，皮膚に針で色素を注入して，眉やアイライン，唇などを描く美顔術であるが，瘢痕の改善などの治療目的でも行われるようである。いずれにしても，タトゥーとの区別は困難であろう。最高裁は，タトゥー施術の医療関連性を否定し，「美容外科」には該当しないとしたのであるが，両者の区別は難しい。今日では，アートメイクは医師ないしは医師の指示のもとに看護師が実施しているようであり，無資格者が施術を担当すれば，無免許医業罪に問われるのに対し，同じような施術でありながら，「入れ墨」として実施するのは放任ということになり，いかにも不均衡となる。「タトゥー施術行為は，被施術者の身体を傷つける行為であるから，施術の内容や方法等によっては傷害罪が成立しうる」とする補

足意見が出された所以である。

5 第三者のための治療と医療関連性

　本決定のもう一つの意義は，タトゥー施術は，「社会通念に照らして，医療及び保健指導に属する行為であるとは認め難く，医行為にはあたらない」とした点である。言い換えると，医行為（医療行為）というためには「医療及び保健指導に属する行為」でなければならないとしたのである。筆者は，かねてから輸血のための採血行為，生体臓器移植における臓器の摘出行為等の正当化根拠について検討し，通説の被害者の同意の法理による正当化に疑問を提起してきたのであるが（大谷・217頁），上記のタトゥー事件最高裁決定によって，提供者（ドナー）の採血や臓器摘出は医療行為として医師法17条による法規制の下で正当化されることになったと思われる。判旨によると，「医療及び保健指導」は，傷病者本人に係るものに限るといえなくもないが，他人のための医療についても医療関連性を認めることは「社会通念に照らし」妥当であるように思われる。

　被害者の同意の法理によると，提供者本人の同意さえあれば，資格のない者が採血や摘出手術をしても適法になるが，それでもよいのかという問題である。幸い，医療の現場では輸血のための採血は相対的医療行為として医師の指示のもとに看護師が行うことができ，また，生体からの臓器摘出行為は現在医師だけが実施しているので問題はないと考えるが，医療行為の観点からみると，いずれも有資格者が医学的判断及び医療技術をもってするのでなければ，人体に危害が及ぶおそれのある行為であるから，明らかに医療行為であり，医師等が行うべき行為である。したがって，これを被害者の同意の法理に依拠して正当化するのは適切でないと考える。美容整形手術をめぐる問題は，通常の医療とは異なった本人の利益について，医学及び医療技術の道を拓いたが，採血なかんずく臓器摘出手術は，第三者の利益を含む公的利益について医学及び医療技術の適用を認め，医療行為として正当化する道を拓いたといってもよい（➡ 139頁参照）。

Ⅲ 不妊手術と性別適合手術

1 不妊手術

　不妊手術とは,「生殖腺を除去することなしに生殖を不能にする手術」をいう（母体保護法2条）。医師だけがこれを行うことができるから, もちろん医療行為である。しかし, 生殖を不能にする行為であるから医学的適応性が問題となるところ, ①「妊娠又は分娩が, 母体の生命に危険を及ぼすおそれのある」とき, ②「現に数人の子を有し, かつ, 分娩ごとに, 母体の健康度を著しく低下するおそれのある」ときは, 本人の同意及び配偶者（内縁）の同意を得て, 医師は不妊手術を行うことができる」（同3条1項）と規定されている。また, 対象者について上記の要件を充たす場合には, その配偶者についても不妊手術を行うことができる（同条2項）。なお, 同意については,「配偶者が知れないとき又はその意思を表示できないときは」本人の同意だけで足りる（同条3項）。ただし, 未成年者に対する不妊手術は許されない（同条1項但書）。以上の要件を充たす不妊手術は, 法律上, 医学的適応性を有するものとして適法とされている。

2 性別適合手術

　この手術は, かつては性転換手術と呼ばれていたもので, 性別の不一致または性同一性障害を有する者に対し, 当事者の性同一性に合わせて外科的手法によって形態を変更する手術療法のうち, 内外性器に関する手術をいう。「女性から男性, 男性から女性へ」の手術に分かれる。

　性同一性障害とは, 生物学的には完全に正常であり, しかも自分の身体が男女いずれかの性に属しているかを明白に認知していながら, 人格的には自分は別の性に属していると確信している状態をいう。一種の精神疾患であり, その療法としては, ホルモン療法, 顔の美容手術, 乳房形成手術, 性別適合手術などがあるが, 医療行為法上問題となるのは, 性別適合手術である。

　母体保護法2条は,「この法律で不妊手術とは, 生殖腺を除去することな

しに生殖を不能にする手術をいう」と定めているから，間接的に性器を除去する性転換手術又は性適合手術を認めないこととしている。そして，産婦人科の医師が，男娼から睾丸摘出，陰茎切除，造膣などの性適合手術を求められ，それに応じて手術を実施したところ，旧優生保護法（現母体保護法）28 条違反の罪で起訴された（ブルーボーイ事件）。東京高判昭和 45 年 11 月 11 日（高刑集 23 巻 4 号 759 頁）は，これを有罪とし，被告人を懲役 2 年・執行猶予 3 年，罰金 40 万円に処した。以来，わが国では性適合手術は違法とされてきたのである。

　しかし，1998（平成 10）年 10 月 16 日，埼玉医科大学において，わが国で初めて公に性同一性障害の治療として性別適合手術が実施されて以来，次第に臨床活動が普及するようになった。また，2003（平成 15）年に「性同一性障害者の性別の取扱いの特例に関する法律」（特例法）が成立し，この法律によって，性同一性障害者は，性別適合手術の実施を含む一定の条件のもとで戸籍の性別変更が可能となった。したがって，性別適合手術は，間接的な形ではあるが医療行為として適法となったのである。

　性別適合手術は，異常な精神的欲求に適合させるために正常な身体を外科的に変更し，生物学的にはいずれの性でもない人間に変えてしまうのであるから，個人の尊重を旨とする憲法 13 条の立場から，厳格な要件のもとに実施することを必要とする。かつて裁判所は，①手術前に精神医学的ないし心理学的検査及び一定期間の観察をすること，②患者の家族関係，生活史や将来の生活環境に関する調査を行うこと，③精神科医を含む専門医等の複数の医師が検討・決定をすること，④診療録及び調査結果等の資料を保存すること，⑤その手術の限界と危険性を理解できる患者に限ること，⑥本人の同意のほかに配偶者または保護者の同意を得ること，以上の六つの要件のもとに実施して初めて正当な医療行為になると判示している（前掲東京高判昭和 45 年 11 月 11 日の原審である東京地判昭和 44 年 2 月 15 日刑月 1 巻 2 号 133 頁）。

　性別適合手術については，種々の見解が主張されてきたが（石原明・医療と法と生命倫理（1997）55 頁，加藤編・176 頁），上記の判例の見解を踏まえて，その正当化の要件を整理すると，治療を実施する担当医は，①性同一性障害の

治療目的を有していること，②その目的を達成するためには，性別適合手術以外に方法がないこと，③その方法が医学及び医療技術上正当であること，④本人の同意および配偶者又は保護者の同意が得られていること，以上の4つの要件を充たしていることを条件として，医療行為の医学的適応性を認めるべきである。

Ⅳ　人工妊娠中絶

1　総　説

　自然の分娩期に先立って，胎児を人工的に母体外に排出することを堕胎という。刑法は，医師が妊婦の依頼を受け又は承諾を得て堕胎を行ったときは，業務上堕胎罪として，3月以上5年以下の懲役に処することとしている（214条）。堕胎の立法政策は，倫理的見地，社会的・人口政策的見地の変化によって一様ではないが，わが国では，すでに第2次世界大戦前の国民優生法によって，一定の範囲で医師による堕胎の適法化が試みられ，また，戦後の優生保護法になってからは，その適用範囲が一挙に拡大され，1996（平成8）年に改正された現行の母体保護法に引き継がれている。

　母体保護法によれば，「人工妊娠中絶とは，胎児が，母体外において，生命を保続することができない時期に，人工的に，胎児及びその附属物を母体外に排出すること」（2条2項）をいう。手術を行う者は，都道府県医師会が選ぶ母体保護法指定医師に限られる。指定医師は，妊婦本人及び配偶者の同意を得て，後掲の要件に該当するかどうかを自ら判断して，人工妊娠中絶を行うことができる。配偶者の同意に関しては，①配偶者が知れないとき，②その意思を表示することができないとき，③妊娠後に配偶者が死亡したとき，本人の同意だけで足りるとされている。

2　中絶の要件

　人工妊娠中絶の適用の対象となる者は，①妊娠の継続または分娩が身体的又は経済的理由により母体の健康を著しく害するおそれがある者，②暴行若

しくは脅迫によって抵抗若しくは拒絶することができない間に姦淫（強制性交）されて妊娠した者である。母体保護法は，これら二つの場合には，胎児を人工的に母体外に排出し妊娠を中絶しても許されるとした。ただし，人工妊娠中絶は，胎児が母体外では生命を維持することができない期間のうちに実施しなければならないとしたのである（2条2項）。この期間は，通常，妊娠22週（21週と6日）未満とされている。

　刑法は，胎児を保護するという見地から，妊婦が同意していても同意堕胎罪として2年以下の懲役に処することにしている（213条）。また，医師等が妊婦に頼まれて堕胎したときは，業務上堕胎罪として3月以上5年以下の懲役に処せられ（214条），医師の堕胎行為を厳しく処罰する。

3　堕胎の自由化

　母体保護法は，「身体的理由」によって「母体の健康を著しく害するおそれのある場合」に医師による人工妊娠中絶を認める一方，「経済的理由」による場合を導入することによって，人工妊娠中絶の医学的適応性を拡大した。そのため，母体保護法は堕胎の自由化に大いに寄与したと評されている。しかし，経済的理由による妊娠中絶も，妊娠の継続や分娩が母体の健康を著しく害する場合にしか認められないのであり，堕胎の自由化に大きく寄与したわけではない。日本では堕胎罪で処罰されるケースがほとんどなくなったのは，「経済的理由」の導入ではなく，指定医の単独の判断で人工妊娠中絶が可能となっているからである。指定医は，人工妊娠中絶手術の申出があった場合，本来は「妊婦の健康を著しく害するおそれ」を調査・確認すべきところであるが，法律上その義務は定められていないところから，実際には妊婦本人に事情を尋ねるだけで手術が可能となっているのである。したがって，人工妊娠中絶に関する届出等の法規制は，ほとんど意味がなくなっている。その結果，医師が業務上堕胎罪で摘発されるケースは皆無であり，わずかに妊婦の業務上堕胎致死事件が問題となるにすぎない。堕胎罪は死文化しているといわれるゆえんである。

　しかし，胎児保護の観点からは，人工妊娠中絶を今日のような放任状態に

しておくことは人道上問題であり，例えば，中絶相当の判断を手術担当の医師以外の医師にゆだねるとか，母体保護法から「経済的理由」条項を削除するのも考慮に値するであろう。わが国の少子化に歯止めをかける意味からも，人工妊娠中絶を適正化する努力を怠ってはならないのである（なお，石井美智子・人工生殖の法律学〔1994〕106頁）。また，「予期せぬ妊娠」の子及び母親を支援するための内密出産（confidential birth）の制度化も検討すべきである。内密出産とは，母親が自身の身元を当局に開示されることなく行う出産のことである。内密出産においては，母親の情報自己決定権は，子どもの権利条約にも規定されている子供の「出自を知る権利」を保留させることになり，子供の人権上問題を含んでいる。内密出産を克服す考え方としては，匿名出産があり，この場合は当局に全く身元を開示しないか，あるいは身元情報を当局が把握しても絶対に開示しないことにする。日本では，熊本市の慈恵病院が「こうのとりのゆりかご」（赤ちゃんポスト）を開設して，親が育てられない赤ちゃんを匿名で託する施設を運用しているが，内密出産を制度化するまでには至っていない。しかし，諸外国のように「出自を知る権利」を保障する内密出産を1日も早く制度化すべきである。

> **減数堕胎**　多胎妊娠した場合，その一部の胎児を選択的に妊娠中絶して死亡させることを減数堕胎という。母親の過重負担の軽減と子の生育障害の予防が主たる目的であるが，人工妊娠中絶の要件に当たらないから，減数堕胎は違法であるとする意見がある。しかし，多胎出産も母体保護の見地から人工妊娠中絶の要件を充たす場合があるから，医学適応性は容認しうる。

4　人工妊娠中絶と医師の義務

人工妊娠中絶に際して課される医師の義務は，実質的に次の3点に帰着する。第1に，指定医師は，妊婦本人及び配偶者に対して，人工妊娠中絶について同意を求めることが必要である。配偶者の同意を得ないで中絶すれば，その配偶者から慰謝料を請求される。第2に，人工妊娠中絶を実施した指定医師は，その月中の手術の結果を取りまとめて，翌月10日までに理由を付して都道府県知事に届ける義務がある（母体保護法25条）。無届又は虚偽の届出に対しては，10万円の罰金が科される（同32条）。第3に，胎児が母体外

で独立して生存できる時期（妊娠期間満22週）以降に手術を行ってはならない。これに違反した場合は，業務上堕胎罪（刑法214条）として処罰される。また，排出した胎児が生命を保続できた状態であるのに保育器に入れずに放置して死なせた場合には，業務上堕胎罪と併せて保護責任者遺棄致死罪（刑法219条）が成立する。

出生前診断　妊娠中に実施される胎児の染色体異常，発育異常などを調べる検査をいう。妊婦の血液から胎児の染色体異常を調べる新型出生前診断，超音波を使った画像の検査や染色体検査などがあり，主として人工妊娠中絶の適否判断を目的とするものである。しかし，胎児の異常を理由とする選択的妊娠中絶は，母体保護法の予定してないものであり，「経済的理由」条項を拡張して妊娠中絶を認めているのが実情であるが，胎児の生まれる権利及び障害のある人の生きる権利を奪うことになるなどの異論があり，日本産科婦人科学会は，医療専門職が妊婦及び配偶者に対して十分な説明をし，適切なカウンセリングが提供できる体制で実施すべきであるとしている。なお，2013（平成25）年以降，日本産科婦人科学会が中心となって大学病院ないし総合病院を認定施設として実施してきたが，安さや手軽さを売りにする施設で検査を受ける事例が増えたため，診断の信頼性を確保するために，近く実施施設の認証制度が導入されることになっている。なお，胎児の前の段階の診断として，着床前診断がある。後述の体外受精で得られた受精卵の染色体や遺伝子を調べ，異常のないものを子宮に戻す検査である。日本産婦人科学会は，受精卵の染色体の数の変化は，体外受精の成功率に関係するところから，総ての受精卵を調べて，流産の回避，妊娠及び出産率の向上に結び付けたいとしている。しかし，この技術が疾患の発見に結び付くので反対論も有力である。

Ⅴ　生殖補助医療

1　意　義

　生殖補助医療とは，自然の妊娠が得られないカップル（夫婦又は恋人同士）の不妊治療として，生物学的なヒトの発生及び出生に人為的介入し，あるいはこれを操作することをいう。言い換えると，配偶子である精子・卵子及び受精卵・胚に対する技術的操作等によって妊娠を得るための医療のことである。生殖医療，生物医療，人工生殖と呼ばれることもあるが，本書では生殖補助医療として考察する。生殖補助医療には種々の形態があるが，それらの

基本となるものは人工授精と体外受精であるから，両形態について，医療行
為としての医学的適応性について考察する。

　生殖補助医療については，不妊カップルの子を持ちたいという願望に応
え，医療技術を用いてこれを実現するものであり，病気に対する治療とは異
なるが，医療技術によってこの願望を叶えるという意味で，不妊治療を医療
行為として扱うこと自体に問題はない。もっとも，倫理上の問題として夫婦
間の生殖補助医療に限定すべきであると考えられてきたが，子を持ちたいと
いう願望は，夫婦間に限らずカップルや個人にも認められるのであり，ま
た，生殖補助医療の現状を踏まえると，法律上の夫婦に限るのは適当ではな
いであろう。

　生殖補助医療の形態は，大きく人工授精と体外受精とに分かれ，それぞれ
配偶者間と非配偶者間のものがあるが〔〔表〕参照〕，いずれも医師の手によっ
て行われるから，医療行為として，疾病に対する治療に準じた形で社会一般

〔表〕生殖の諸形態

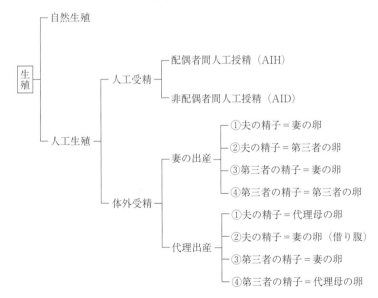

から容認されるものでなければならない。特に，他人の卵子を用いた生殖補助医療により出生した子の母親，又，匿名第三者の精子を使う人工授精をめぐっては，「子の出自を知る権利」の取り扱いなどが問題となってきたが，前者のいわゆる代理母については，2021（令和3）年施行の「生殖補助医療の提供等及びこれにより出生した子の親子関係に関する民法の特例に関する法律」（令和2年法律76号。以下，「新法」という）によって一応の解決が図られた。

2　人工授精の場合

人工授精とは，男性に不妊の原因がある場合に，採取した精液を医師の手により女性の子宮に直接注入して受精させることをいう。男性の不妊治療のために開発された人工授精の歴史は古く，1799年に初めてイギリスで行われ，フランスでは1920年代に，アメリカでは1930年代に行われるようになった。わが国では，1949（昭和24）年に初めての人工授精児が誕生している。

人工授精における精液の注入行為は，子を持ちたいというカップル間の願望を医療技術によって叶えるという意味で，不妊治療として行われるものであり，また，医師が行うのでなければ人体に危害が及ぶおそれのある行為であるから，医療行為に他ならない。問題は，人工授精という不妊治療行為の医学的適応性にある。人工授精には二つの形態があり，一つは夫婦間の合意によって夫の精液を妻の生殖器に注入して受精させるというもので，これを配偶者間人工授精＝AHI（Artificial Insemination by Husband'sSemen）という。もう一つは，夫以外の男性が提供した精液を妻の生殖器に注入して受精させるもので，これを非配偶者間人工授精＝AID（Artificial Insemination by Doner）という。

3　配偶者間人工授精

AIHは，夫の無精子症などにより自然の性交渉では妊娠しない場合，夫婦間の合意に基づき，採取した夫の精液を用いて医学的な方法で女性の体内にこれを注入して妊娠させる方法である。不妊カップルの治療として行われる医療行為であり，両者間の合意に基づく行為であるから，倫理的な問題は

なく，また，遺伝的にも名実ともに夫婦間の子を出生させる行為であり，医学的適応性にも問題はないと考えられてきた。しかし，まったく問題がないというわけではない。2001（平成 13）年に，冷凍保存された夫 A の精液を用いて，A の死亡後に妻 B が人工授精により懐胎して子が出生した場合につき，B が A の子につき認知を請求した事案について考えてみよう。

　第 1 審の松山地方裁判所は，死後の保存精液の利用を A が同意していたかどうかは不明であることを主たる理由として請求を棄却した（松山地判平成 15 年 11 月 12 日判時 1840 号 85 頁）。これに対し第 2 審の高松高等裁判所は，A は保存精液を利用して B が懐胎することに同意していたとして原判決を取り消して認知を認めた（高松高判平成 16 年 7 月 16 日判時 1868 号 69 頁）。判決理由はいくつかの法律問題を含んでいるが，要するに，生前の A が死後の保存精液を利用することに同意していたという点が決め手となって結論が分かれたのである。

　しかし，最高裁判所は，A の死後にその保存精液を利用して妊娠するといった事態は，法の予定していないところであると判示して一審判決を支持し，早急な立法的対応が必要である旨を説示して法改正を促したのである（最判平成 18 年 9 月 4 日民集 60 巻 7 号 2563 頁）。したがって，医師が妻から生前の夫の冷凍保存精液を自分の子宮に注入してほしいと依頼されても，亡父の生前の意思が明らかでないない場合，現時点では医学的適応性は認められないから，医師としては，立法的解決が実現するまでは亡夫の保存精液を使って妻の子宮に注入する行為は社会的相当性を欠いており，思いとどまるべきである。なお，近年では，卵管閉塞の場合など子宮への精液注入では妊娠が得られない場合，妻の卵管内に配偶子を注入する配偶子卵管内移植という技法を用いる場合があるが，これも一種の人工授精であり，法律上の問題は AIH と変わるものではない。

4　非配偶者間人工授精

　AID は夫婦間の合意に基づいているとはいえ，第三者の精液を用いて妻の子宮に注入するのであるから，生まれてくる子は遺伝的には夫婦の子ではな

い。しかし，夫の同意を根拠として法律上夫婦間の子とされるのである。AID は，これまで大学生などの精液を使って安易に実施されてきたとされるが，現在までのところ AID に関する紛争は公にされていない。しかし，子の福祉とりわけ出自を知る権利を放置しておくことは許されなくなるであろう。現在，新しい技術による配偶者間の体外受精が増えてきたので，AID は少なくなってきているようであるが，人工授精子の多くはこの形態のものであるところから，子の福祉の観点からの問題解決に留意しておくべきである。

　ところで，AID を実施しているわが国の病院では，AID の実施については夫婦間の合意を条件としている。夫の同意に基づき妻が AID を受け，それによって懐胎・出産した子は，民法 772 条 1 項「妻が婚姻中に懐胎した子は，夫の子と推定する」という規定によって嫡出子（夫婦間の子）となる。一方，子が生まれた後に夫がその子は自分の子ではないと主張し，あるいは妻が夫と子の間に親子関係はないと主張することは許されないのである（東京高決平成 10 年 9 月 16 日家裁月報 51 巻 3 号 165 頁）。しかし，夫が AID の実施に合意しなかったのに，妻が夫に無断で，又は夫の反対を押し切って AID 治療を受けて妊娠・出産した場合は，夫が嫡出否認の訴えを提起して，父子関係を否定することはできる（大阪地判平成 10 年 12 月 18 日家裁月報 51 巻 9 号 71 頁）。なお，後述するように，新法においては，「妻が夫の同意を得て，夫以外の男性の精子（その精子に由来する胚を含む）を用いて生殖補助医療により懐胎した子については，民法第 774 条の規定にかかわらず，その子が嫡出であることを否認することができない」（10 条）とされ，法文上嫡出否認を禁止している。

　AID は，夫婦間の合意があるとはいえ，夫以外の男子の精液を使って妻の子宮で卵子に授精させるのだから，生まれてくる子と夫との間には血縁関係はない。そのため父子関係について厄介な法律問題を惹き起こす。また，精液提供者と生まれてくる子は遺伝的には実の親子なのだから，その間の法律関係の規律といった困難な問題の解決が必要となる。したがって，AID は医療行為の医学的適応性を有しないのではないかが問われるところ，日本産科婦人科学会は，2017（平成 29）年に「非配偶者間人工授精に関する見解」を公表し，大要，次のように述べた。

　AID は正式の夫婦が安全に不妊治療のできる方法がほかにない場合以外は実施してはならず，AID を実施する医師は，夫婦に授精の方法やその問題点及び予想される結果について文書で説明し，その同意文書を保管するとともに，夫婦は精液提供者及び生まれてくる子のプライバシーを尊重しなければならないとしたのである。また，精子提供者の条件としては，①心身共に健康で精液所見が正常であること，②同一提供者からの出生児は 10 名以内であること，③精液提供者のプライバシーを保護するため匿名とすることなどが盛り込まれている。筆者は，このような要件で行われる非配偶者間人工授精は，疾病に対する治療とは言えないが，不妊の治療として行われることを前提とし，上記の学会見解における要件を充たしている場合には，AID は医学的適応性を具備していると考える。なお，精液提供の施設では，提供者の氏名は明らかにしないとしているが，子の出自を明らかにする権利が保障されることになると，精液提供者と子との間の法律関係が問題になるであろう。ただ，そうなると精液を提供する者がいなくなり，AID は消滅するかも知れない。

5　体外受精の場合

　体外受精とは，夫又は他の男性の精子と妻又は他の女性の卵子を採取して，実験容器（シャーレ）内で卵子と精子を受精させ，その受精卵の分割を待って，初期胚になった段階で子宮内に移植して着床させる方法をいう。体外受精と胚移植とは厳密には異なるが，ここでは両者を含む趣旨で体外受精と呼ぶことにする。

　1978 年にイギリスで最初の体外授精子が誕生し，一大センセーションを巻き起こしたが，わが国では 1983（昭和 58）年に東北大学附属病院で最初の体外受精子が誕生した。その後，この施術は多様な形で実施されている。その形態としては，人工受精の場合と同じように配偶者間体外受精と非配偶者間体外受精とがあるが，いずれも夫婦の「子を育てたい」という切実な願いを叶える方法として，不妊夫婦のための治療行為であり，医師が行うのでなければ人体に危害を及ぼすおそれのある行為として医療行為に当たる。した

がって，医療行為法上は，医学的適応性を具備するかどうかが問題となるに過ぎない。

6 体外受精の形態

わが国の体外受精子は，14 人に 1 人といわれているが，種々の形態で実施されている。しかし，体外受精の施術が医療行為として認められるのは，不妊夫婦の切実な願望に医療技術を通じて応えるという点にあるから，本書では，夫婦に係る体外受精の形態を中心に検討する。

形態の第 1 は，妻の子宮内に胚（受精卵）を移植する技法で出産する場合であり，①夫の精子＝妻の卵子，②夫の精子＝第 3 者の卵子，③第三者の精子＝第 3 者の卵子，④第 3 者の精子＝妻の卵子の 4 つの形態である。

第 2 は，妻の代理の女性（代理母）の子宮内に胚を移植する技法で出産する場合（代理出産・借り腹）であり，①夫の精子＝妻の卵子，②夫の精子＝代理母の卵子，③第 3 者の精子＝妻の卵子，④第 3 者の精子＝代理母の卵子の 4 つの形態である。なお，第三者から胚の提供を受け，これを妻の子宮内に移植する技法を提供胚移植という。体外受精では，一度に多数の卵子を採取して受精させ，受精卵を凍結保存して，1 〜 3 個ずつ数度にわたって子宮内移植を行う方法が採られるため，早期に妊娠した場合は多数の凍結受精卵が残ることになる。この受精卵を余剰胚という。

7 許される体外受精

不妊原因には様々なものがあり，例えば，子宮に起因する不妊であれば，妻の卵子を採取して夫の精子とシャーレ内で受精させ，その受精卵（胚）を妻の子宮に戻す第 1 の①の技法は，子にとって卵の母と子宮の母が一致するから，宗教的には問題があるとしても，法律上は夫婦間の実子とするのに何の問題もない。したがって，これを実施した医師の医療行為は，医学的適応性を具備しており，現在医療として実施されているのは，ほとんどがこの形態の体外受精であるが，多額の費用が掛かるので，多くの自治体では少子化対策として補助金制度を設け，その実施を支援している。

　それでは，精子と卵子が夫婦のものである点では上記の場合と同じであるが，その受精卵を代理母の子宮に移植して出産してもらう場合，すなわち第2の①の場合はどうであろうか。遺伝的には，上記第1の①と同じであるから，生まれてきた子は夫婦の実子（嫡出子）とすべきではないか（大谷實「医療と人権」同志社法学70巻2号512頁）。ところが，最高裁判所は，その子は代理母の子であるとした。言い換えると，分娩者が法律上の母であるとしたのである。

　プロレスラーの夫とその妻は，癌により子宮摘出手術を受けているため自ら懐胎・出産することができない妻の卵子と夫の精子とをシャーレ内で授精させ，その受精卵（胚）をアメリカ人女性の子宮腟に移植して出産してもらった。帰国後，その子を実子（嫡出子）として出生届を提出したが受理されなかったので，東京家庭裁判所に戸籍法に基づく不服申立てをした。しかし，同家庭裁判所はこれを却下したので，これを不服として東京家高等裁判所に抗告したところ，同裁判所は出生届の受理を認める判決を下したのである（東京高決平成18年9月29日家月59巻7号89頁）。

　これに対し最高裁判所は，「民法は，出産という事実により当然に法的な母子関係が成立するものとしている……。子を懐胎し出産した女性とその子に係る卵子を提供した女性とが異なる場合についても，現行法の解釈としては，出生した子を懐胎し出産した女性をその子の母と解さざるを得ず，その子を懐胎し，出産していない女性との間には，その女性が卵子を提供した場合であっても，母子関係の成立を認めることはできない」と判示して，東京高等裁判所の決定を覆したのである（後掲最決平成19年3月23日）。この判旨によると，プロレスラー夫妻がいかに希望しても，代理母の子は現在の法律では実子として扱われることはないのである。これはいかにも不当ではないかという見解が，有力に展開されてきた（➡122頁）。

　体外受精で問題となるのは，夫婦間の合意のもとに代理母に懐胎・出産してもらう第2の①〜④の場合であり，特に，現在広く行われている体外受精では，①と②が大半を占める。上記の最高裁判例によると，それらの子はいずれも妻の子ではなく代理母の子ということになる。しかし，代理母は，も

ともと自分の子を産むという意識はないのであるから，子の法律関係は極め
て不安定となるばかりか家族関係の混乱を招く虞もある。その意味で少なく
とも第1の①の形態については，子宮の母が子の母（分娩者＝母）であるとい
う裁判所の大原則を修正するか，新しい法律を作る必要があるように思われ
る。そのため，様々な見解が主張され，また，後述のように政府・日本学術
会議等でも議論されたが，代理懐胎を禁止する考え方が主流となっており，
血縁の子を持ちたいという不妊夫婦の願望を理解する立場も有力であるが，
現時点では解決をみていない。これを医療行為における医学的適応性という
観点から考えて見ると，先に検討した凍結保存精子の利用の場合と同じよう
に，何らかの立法等の法的措置を講じない限り，体外受精に関する一連の行
為は，医学的適応性を欠くものと断定せざるを得ない。

代理懐胎と裁判所　　前記のプロレスラーの事例を，やや詳しく紹介する。甲女は，癌
治療のため子宮摘出手術を受けた際，自己の卵巣を温存する措置を講じた。2003 年，
甲と乙夫婦は，米国女性 A と夫婦との間で，有償の代理出産契約を結び，甲の精子と
乙の卵子を受精させて得られた 2 個の受精卵を，A の子宮に移植してもらった。同年
11 月に A は，米国ネバダ州において双子（双生児）を出産した。同年 12 月，ネバダ
州裁判所は，甲と乙とは，当該双子を血縁上及び法律上の実父子であることを確認し，
甲を父とし，乙を母とする出生証明書を発行した。甲と乙夫婦は，2004 年 1 月に当該
双子を連れて帰国し，東京都品川区長に対し，甲を父，乙を母と記載した嫡出子として
出生届を提出した。品川区長は，同年 5 月，甲と乙夫婦に対し，乙による出産の事実は
認められず，双子との間に嫡出関係は認められないという理由で，出生届は受理しない
旨の処分をした。これに対し，甲と乙夫婦は，出生届の受理を求めて不服申し立てをし
たところ，東京家庭裁判所は申立てを却下したが，東京高等裁判所は，ネバダ州裁判所
の効力を承認することは，実質的に公序良俗に反しないとして，東京家裁の審判を取り
消し，本件の出生届の受理を認めたのである。これに対し最高裁判所平成 19 年 3 月 23
日（民集 61 巻 2 号 619 頁）は，「民法は，懐胎し出産した女性が出生した子の母であ
り，母子関係の懐胎，出産という客観的な事実により当然に成立することを前提とした
規定を設けている。また，母とその非嫡出子との間の母子関係についても，同様に，母
子関係は出産という客観的な事実により当然に成立すると解されてきた。民法の実親子
に関する現行法制は，血縁上の親子関係を基礎に置くものであるが，民法が，出産とい
う事実により当然に法的な母子関係が成立するものとしているのは，その制定当時にお
いては懐胎し出産した女性は遺伝的にも例外なく出生した子とのつながりがあるという
事情が存在し，そのうえで出産という客観的かつ外形上明らかな事実をとらえて母子関

係の成立を認めることにしたものであり，かつ，出産と同時に出生した子と子を出産した女性との間に母子関係を早期に一義的に確定させることが子の福祉にかなうということもその理由となっていたものと解される」。「現行民法の解釈としては，出生した子を懐胎し出産した女性をその子の母と解さざるを得ず，その子を懐胎，出産してない女性との間には，その女性が卵子を提供した場合であっても，母子関係の成立を認めることはできない」として破棄自判し，本件出生届を受理しないこととしたのである（永水裕子・百選3版182頁）。

8　生殖補助医療の今後

　人工授精や体外受精といった生殖補助医療技術は，不妊の男女に多大な福音をもたらしたが，その結果として生まれた子を法的にいかに取り扱うかについては，もっぱら日本産科婦人科学会が対応してきた。同会は，1983（昭58）年以降，人工授精・体外受精に関する問題につき個別問題ごとに会員を対象とした「会告」によって規制してきたのである。そして，1998（平成10）年の会告では配偶者間体外受精に限って認めていたにかかわらず，長野県諏訪マタニティークリニックの院長は，会告に強制力がないことを見透かして，日本で最初の代理出産を実施し，非配偶者間体外受精子が多数生まれていることを公表した。

　日本産科婦人科学会や法規制の不備を衝く形での代理出産の実施は，大きな社会問題となった。この事件を契機として，生殖補助医療に対する国の取組みが開始され，生殖補助医療技術ついての医療行為者である医師の行動規制，生まれてきた子の身分の確定や福祉等が，本格的に検討されることとなったのである。

　まず，1998年に旧厚生省の厚生科学審議会は，先端医療技術評価部会に生殖補助医療技術に関する専門委員会を設置し，同委員会は，2000（平成12）年に「精子・卵子・胚の提供等による生殖補助医療の在り方についての報告書」を公表した。そこでは，子の福祉の優先，安全性への配慮，優生思想・商業主義の排除，人間の尊厳といった基本原則が掲げられ，そのうえで匿名性の確保，代理懐胎の全面的禁止などが盛り込まれたのである。これを受けて，厚生科学審議会生殖補助医療部会の「精子・卵子・胚の提供等による生

殖補助医療制度の整備に関する報告書」が出され，そこでは新たに「出自を
知る権利」の立法の必要性などが盛り込まれた。

　一方，法務省サイドでは，2003（平成15）年に法制審議会生殖補助医療関
連親子法制部会が設置され，「精子・卵子・胚の提供による生殖補助医療に
より出生した子の親子関係に関する特例に関する要綱中間試案」を発表し
た。さらに，2006（平成18）年には，法務大臣及び厚生労働大臣が代理懐胎
について日本学術会議に諮問し，2008（平成20）年に同会議に設置された検
討委員会は，「代理懐胎を中心とする生殖補助医療の課題──社会的合意に
向けて」を公表した。

　上記の報告書や試案の詳細については，本書の性質上ここでは立ち入らな
いが，いずれも生殖補助医療の意義を認めたうえで，生まれて来る子の福
祉，優生思想や商業主義の排除を謳った上で，①生殖補助医療の管理，②生
殖補助医療を利用する場合の要件，③配偶子及び胚の提供者の要件，④配偶
子及び胚の採取及び移植の実施などについての議論が整理されており，立法
作業に入るための準備は整ったように思われた。そして，これまでの論議を
踏まえると，配偶者間体外受精を柱として，血縁上の母を法律上の母とする
か，または分娩した母を法律上の母とするかについて考察してみると，社会
通念上は前者が有力と推測される。しかし，法的な親子関係は種々の法律関
係の出発点となるから，母子関係が明白な代理母を法律上の母とすべきであ
るとする見解にも説得力がある。

　以上のような問題状況を踏まえて，筆者は，以下のような考え方を採って
きた。すなわち，子の福祉の観点からは，子を持ちたいと願う夫婦，カップ
ル又は女性個人の子として育てるのが適当と考えて，代理懐胎を認め，卵子
提供者を母とする考え方もあり得る。もっとも，今世紀に入ってから各界で
鋭意検討されてきたにかかわらず，いまだに解決の目途がたっていない。ま
た，その間，代理懐胎による子は多数に上っているにかかわらず，当該の不
妊夫婦と代理懐胎者との間のトラブルが聞かれないばかりか，生まれてきた
子について大きな問題は生じてないところから判断すると，敢えて立法措置
を講ずる必要はなく，現在のままにしておく方がかえって子の福祉にとって

好ましいといえるかもしれない。いずれにしても，配偶者間人工授精・体外受精を除いて，生殖補助医療は医学的適応法を欠いていると断定せざるを得ない。したがって，体外受精ツーリズムが社会問題化している状況ではあるが，医師は，配偶者間の人工授精・体外受精を除く生殖補助医療の実施は思いとどまるべきであると説いてきた（大谷・前掲「医療と人権」72頁）。

9　生殖補助医療に関する新法

　上記のような各界の検討状況を踏まえて，生殖補助医療を立法化することが期待されたが，法務当局は，既述の様々な問題点，理論状況に鑑みると，まとまった法案を作成することは困難であると判断し，法制審議会での検討に踏み切れない段階にとどまっていたと思われる。しかし，代理母による子の出産が深刻になり，これを放置しておくことは子の福祉の観点から許されないとして，超党派の呼びかけに賛同して，「生殖補助医療の提供等及びこれにより出生した子の親子関係に関する民法の特例に関する法律」案が議員立法として国会に上程され，2020（令和2）年12月11日に制定されて2021年の12月11日に施行されたのである。

　同法律は，3章10か条からなり，第1条は，『趣旨』として，「この法律は，生殖補助医療をめぐる現状等に鑑み，生殖補助医療に関する基本理念を明らかにし，並びに国及び医療関係者の責務並びに国が講ずべき措置について定めるとともに，生殖補助医療の提供を受ける者以外の者の卵子又は精子を用いた生殖補助医療により出生した子の親子関係に関し，民法の特例を定めるものである」と規定している。第2条は，生殖補助医療及び人工授精・体外受精の定義を規定するものであるが，特に注目されるのは，日本産科婦人科学会が長年主張してきた生殖補助の提供は不妊夫婦に限るとしてきた立場が採られていない点である。おそらく立案者の間では議論があったと想像するが，「生殖補助医療の現状」を踏まえると，実際に生殖補助医療が行われているのは，不妊夫婦が圧倒的に多く，恋人同士，女性個人の場合はごく少数に限られているので，実際上問題にする必要がないと考えられたのかもしれない。逆に，不妊夫婦に限るとした場合，倫理上はともかく，なぜ恋人

同士ではいけないのか，また，個人が子を授かりたいと願うのはなぜ許され
ないかということになると，かえって議論が混乱してくると考えられたのか
も知れない。いずれにせよ，定義規定に不妊夫婦を入れなかった点は妥当で
あったと思われる。第2章においては，基本理念（3条），国の責務（4条），
医療関係者の責務（5条），知識の普及等（6条），相談体制の整備（7条），法
制上の措置等（8条）が規定されているが，この種の立法として形を整えた
という程度のものである。これに対し第3章では，①提供された卵子を使う
不妊治療として出産した場合は産んだ女性を母とすること（9条），②夫の同
意を得て，夫以外の男性の精子による不妊治療で妻が妊娠した場合，夫は自
分の子であることを否認できないことを明確にしたこと（10条），以上の2
点は，新法の中核となるものであり，これによって，「子宮の母」か「卵の
母」かの論争は，ひとまず決着したことになり，この点に新法の最大の意義
を認めるべきである。

　しかし，生殖補助医療は，既述のように生命倫理問題を含め様々な問題を
抱えており，日本産科婦人科学会は，2022（令和4）年に入って，生殖補助医
療全体を管理運営する公的機関の設置を提案した。提案書によると，新設す
る公的機関の機能として，①生殖・周産期医療が進む方向性に関する継続的
な議論，②医師資格や医療施設の認定，実務の調査，個人情報の管理，相談
受付の実務など2点を掲げている。また，新法の制定に際しては，その附則
において，ⅰ生殖補助医療及びその提供に関する規制の在り方，ⅱ生殖補助
医療に用いられる精子，卵子又は胚の提供又はあっせんに関する規制の在り
方，ⅲ他人の精子又は卵子を用いた生殖補助医療の提供を受けた者，その提
供者及び当該生殖補助医療により生まれた子に関する情報の保存及び管理，
開示に関する制度の在り方を論ずべきであるとされているが（附則3条1項），
現時点では，その検討は開始されていない（朝日新聞2022年3月5日朝刊）。

　今後は，上記の提言を含め，以下の諸点を検討すべきである。第1は，匿
名第三者の精子を使う人工授精について，子が遺伝上の親に関する情報をア
クセスする「出自を知る権利」の制度化である。児童（子供）の権利条約に
も関連するので，放置することは許されない。第2に，その結果，精子提供

者の確保が困難になり，ネットを介した精子の私的取引の規制が問題となる。第3に，多様な生き方を尊重する以上，性的少数者についての生殖補助医療も検討しておかなければならない（樋口・続22頁，米村・250頁）。

10　クローン技術の法規制

(1)　意　義

　生殖補助医療問題として忘れてならないのは，クローン技術である。クローン技術とは，生殖細胞でない体細胞から，遺伝子操作によって同一の遺伝子を有する個体を作り出す技法をいう。1996（平成8）年に，世界で初めて体細胞クローンの羊「ドリー」がスコットランドで誕生したというニュースが世界を駆け巡ったが，これを契機としてクローン人間の誕生が話題となった。動物のクローンは，希少生物の種の保存や家畜の品種改良に役立つものとして評価されたが，人間についても種々の面で応用が可能なのではないかが論じられるとともに，その弊害が深刻に受け止められたことから，2000（平成12）年12月6日に「ヒトに関するクローン技術等の規制に関する法律」（クローン規制法）が成立し，翌年6月に施行されたのである（辰井聡子「生命科学技術と法規制」法律時報73巻10号39頁）。

(2)　法規制の内容

　クローン規制法によると，クローン技術は，特定の人と同じ遺伝子を持つクローン胚及び人の生殖細胞と動物の生殖細胞とを授精させることによって生ずるヒト交雑胚等を作り出すことが可能であり，これを人又は動物の体内に移植すると，クローン人間並びに人か動物のいずれか分からないキメラやハイブリットといった個体（交雑個体）を作り出すことが可能となる。生物学上のキメラとは，同一の個体内に異なる遺伝情報を持つ細胞が混在している状態の個体をいい，例えば，ギリシャ神話に出てくるライオンの頭，ヤギの体，蛇の尾を持つ怪物がこれに当たる。また，ハイブリットとは，今日ではハイブリット車で知られているが，もともとは動物における異種の混合体つまり半獣半人をいう。今日ではクローン技術の人への無原則な応用が，「人の尊厳を保持，人の生命及び身体の安全の確保並びに社会秩序の維持」

に重大な影響を与える可能性を考慮し，クローン技術又は特定融合，集合技術によって作成された胚をヒトまたは動物に移植することを禁止することになった（同法1条）。ヒトクローン個体及び交雑個体，さらにこれに類する個体の生成又は産出の防止を図る趣旨からである（クローン規制法1条。なお，大谷・前掲新いのちの法律学99頁）。

　こうして，クローン人間づくりを防ぐという観点から，ヒトクローン胚，ヒト動物交雑胚等をヒト又は動物の子宮内へ移植することを禁止し，文部科学大臣は，特定胚の作成，譲渡，輸入及びこれらの行為の取扱の適正を確保するため，上記特定胚の取り扱いの指針を定め（4条），特定胚を取り扱う者に対しては，届出等を義務づけ（6条），これに違反した者を10年以下の懲役又は1000万円以下の罰金又は両者を併科することとしたのである（16条）。

ヒトクローン胚　クローン技術によって産出された胚であっても，ヒトクローン胚は人の体内に移植すれば人となる可能性があるところから，十分な科学的合理性があり，社会的に妥当なものであることを条件として，再生医療の研究のために産出することを許容すべきではないかが検討された。この観点から，内閣府に設置された総合科学技術会議生命倫理専門調査会は，2004年に「ヒト胚の取り扱いに関する基本的な考え方」とする報告書を公表した。それによれば，①ヒト受精胚は人と同じではないが人の萌芽であること，②ヒト受精胚を損なう取り扱いは認められないが，科学的合理性に基づいたものであり，人の安全性に配慮し，社会的に妥当なものであれば，再生医療研究のためにヒト受精胚の産出を認めるべきである。ただし，胚発生初期のに現れる原始線条形成前までに限定すべきである。この報告書を受けて，厚生労働省・文部科学省内に専門委員会が設けられ，①ヒトクローン胚の作成・利用の範囲，②ヒトクローン胚研究における受精卵の入手の在り方，③ヒトクローン胚研究における未受精卵の入手の在り方，③ヒトクローン胚研究における体細胞の入手の在り方等についての検討が続けられ，その後，平成26年には新たな仕組みとして，ヒトES細胞の樹立に関する指針」（文部科学省・厚生労働省告示2号），さらに「ヒトES細胞の分配及び使用に関する指針」（平成26年文部科学省告示174号）が出されており，医療行為としての再生医療への利用が期待されている（手嶋・185頁，石井美智子「生殖補助医療」加藤編・316頁参照）。

(3)　規制の根拠

　それでは，クローニングといった高度な技術について，違反者に対し刑罰もって禁止する根拠は奈辺にあるのだろか。既述のように，クローン技術は

畜産研究や研究用動物の生産等にとって画期的な技術であることは疑いない。一方，人間のクローンを禁止するのは，①男女両性の関与のない無性生殖は，人間の命の創造に関する基本認識から逸脱する，②家族秩序の混乱をもたらすなど，社会的弊害が予想されるといった理由が挙げられてきたが，クローン規制法では，上記の個体を作り出すことは「人の尊厳の保持，人の生命・身体の安全の確保並びに社会秩序の維持」に重大な影響を与える可能性があるからだとしている。この根拠づけについては，立法の過程で特段の反対論は出なかったようである（町野朔「人に関するクローン技術等の規制に関する法律」法学教室247号89頁。なお，議論の詳細については，米村・250頁）。しかし，余りにも抽象的な「人の尊厳」を規制の根拠としている点については，若干の違和感を覚える（石塚伸一「クローン人間を作ろうとする行為を刑罰で禁止できるだろうか」法学セミナー573号18頁）。

　確かに，1989（平成元）年10月にウイーンで開催された第14回国際刑法学会が人と動物のキメラ，ハイブリットの作成のための実験は，人間の尊厳を害するものとして刑罰で禁止すべきであるという提案をし，また，ドイツでは，受精卵細胞はそれ自体人間の尊厳の担い手であるから，それに遺伝子操作を加えてキメラを作り出すことは，人間の尊厳に対する侵害であるとする考え方を採っており，そうした国際的な流れに沿ったものとして「人の尊厳」を謳ったものと思われる。

　しかし，研究や行動の自由を規制できるのは，個人の幸福や公共の福祉に反する結果を招くおそれがある場合に限られる。具体的に言えば，クローン人間やキメラ，ハイブリットが人類の脅威となり，「社会的な相互扶助ないし連帯のシステムの崩壊」として市民生活を混乱に陥れ，公共の福祉に反する結果を招くことになるということに規制の根拠を求めるべきである（只木誠・刑法学における現代的課題〔2009〕68頁，大谷・103頁）。その意味で，クローン技術の規制根拠として「人の尊厳」を導入することには賛同しかねるのである。いずれにせよ，規制の趣旨を踏まえながら，再生医療への寄与という観点から，科学的合理性に基づいた社会的に妥当な範囲でヒトクローン胚の医療行為としての利用を推進すべきであろう。

Ⅵ 移植医療と医療行為

1 総 説

移植医療とは，傷病のために本来の身体の機能が失われ又は低下した臓器及び組織・細胞を移し替える医療をいう。いいかえると，人もしくは動物の生体又は死体からその臓器・組織・細胞を摘出し，それを患者の患部に移し替える外科的処置のことである。現在行われている移植の種類としては，臓器移植及び組織・細胞移植とがある。移植を受ける者をレシピエント（recipient），臓器等を提供する者をドナー（donor）という。ドナーには，①患者の身体から必要な組織・細胞を摘出し，その患者自身の身体に移し替える自家移植，②人の生体もしくは死体から臓器，組織・細胞を摘出して患者に移し替える同種移植，③移植される臓器又は組織・細胞が人以外の，例えば動物や人工臓器である場合の異種移植の三つの類型がある。医学的適応性が問題となるのは，主に②である。

臓器移植とは，臓器（心臓，肝臓，腎臓，膵臓など）の機能に障害が生じた患者に対し，他の者の臓器の全部又は一部を移し替える治療法をいう。組織移植とは，皮膚，骨髄，心臓弁，角膜等の組織・細胞を移し替える治療法をいう。各種の移植は，ドナーの種類によって，①死体からの移植，②脳死体からの移植，③生体からの移植に分かれる。①と②についての法規制としては，「臓器移植に関する法律」（以下，「臓器移植法」と略す）があり，③については，厚生労働省の「臓器移植に関する法律の運用に関する指針」があり，それぞれの規制について移植に関する医療行為の医学的適応性が問題となる。なお，人間の死体から臓器等を摘出する行為は死体損壊罪（刑法190条）の構成要件に該当し，臓器移植法によって適法となるところから，医療行為の医学的適応性とは直接の関係はないが，生体からの臓器摘出については問題となるので，敢えて本章で考察することとした。

2　移植医療の歩み

　わが国の移植医療法制は，1958（昭和33）年の「角膜移植に関する法律」（角膜移植法）に始まる。この法律は，角膜移植術による視力障害者の視力回復に資するため，①医師は眼球を摘出する行為について遺族の承諾を得ること，②礼意の保持，③使用しなかった眼球の取り扱いの3点を中心に定めるものであった。死体からの角膜摘出行為は死体損壊罪（刑法190条）の構成要件に該当するが，上記3つの要件を満たすことによって，刑法35条の法令行為として適法になるとするものであった。その後，1979（昭和54）年に腎臓移植術の向上にともない角膜移植法が廃止されて，「角膜及び腎臓移植に関する法律」（角膜腎臓移植法）が制定され，1997（平成9）年に同法が廃止されて新たに臓器移植法が制定されたのである。

　1967（昭和42）年に南アフリカ共和国において世界で初めての心臓移植手術が実施され，また，1968（昭和43）年には，札幌医科大学で和田寿郎教授による心臓移植手術が行われ，世間から称賛をもって迎えられた。しかし，この日本で最初の心臓移植手術は，ドナーの死亡確認手続きに問題があったこと，レシピエントの病状は移植を必要とするものではなかったといった疑惑を招き，和田教授はマスコミや市民団体からの厳しい批判にさらされた。以後，10数年にわたって，日本では心臓移植手術は実施されなかったのである。心臓移植は，ドナーが脳死状態であることを条件とするため，脳死を人の死とすることに賛否両論が沸騰し，この点の立法的解決が必要となったことから，心臓移植手術が医療行為の医学的適応性を有するに至ったのは，1997（平成年9）年の臓器移植法が制定されてからのことである。

　しかし，ドナー不足などから，実際に心臓移植が再開されたのは，2年後の1999（平成11）年であり，また，その後も実施された件数は僅かであったところから，2009（平成21）年7月にドナーの確保のため臓器移植法が改正された。その結果，2011（平成23）年にようやく31件の心臓移植手術が実施され，2017（平成29）年には56件，2018（平成30）年には53件，2019（平成31）年には98件というように大幅に増加したが，新型コロナウィルス感染症の影響を受け，2020（令和2）年には9件と激減し，21年も10月末までで

7件となっている。救急や集中医療の負担増などによる臓器摘出を担う医療スタッフ不足とドナーの感染の懸念ために，臓器摘出についての家族の同意を得る機会が少なくなっていることなどが原因である（2021年11月22日朝日新聞）。

臓器移植法は，死体（脳死した者の身体）からの臓器移植を念頭に置いた規定であるが，例えば腎臓移植の8割以上が生体からの臓器移植であり，臓器移植法に生体臓器移植の規定を明確に盛り込むべきであったが，後述の宇和島徳洲会病院事件を契機として，ようやく生体臓器移植に対する法規制が問題となり，2007（平成19）年「臓器移植法の運用に関する指標」が改正され，生体臓器移植に関するガイドラインが提示されることになったのである（➡ 137頁）。

3 臓器移植法の内容

臓器移植法は，臓器移植に必要な法規制として，25か条からなる法文を置いている。以下，条文に即して法規制の内容を明らかにする。

(1) 臓器移植の意義と基本理念

臓器移植は，心臓や肝臓等の主要な「臓器の機能に障害がある者に対し臓器の機能の回復又は付与を目的として行われる」（法1条）が，そのためには，何よりもまず臓器を人の身体又は死体から摘出しなければならない。ここで臓器とは，「人の心臓，肺，肝臓，腎臓，その他，厚生労働省が定める内臓及び眼球をいう」（法5条）。そして，厚生労働省令では，内臓を「膵臓，小腸」としている。したがって，少なくとも臓器移植法では，皮膚移植等は含まれないことになる。

ところで，臓器を移植するためには，何よりもまず臓器を人の身体又は死体から摘出しなければならない。特に，死体の場合の臓器摘出行為は死体損壊罪の構成要件に該当するから，それが正当化されるためには，①本人が「生存中に有していた自己の臓器の移植術に使用ための提供に関する意思は，尊重されなければならない」（法2条1項），②「移植術に使用されるための臓器の提供は，任意にされたものでなければならない」（同2項），③「臓

器の移植は，移植術に使用されるための臓器が人道的精神に基づいて提供されるのであることにかんがみ，移植術を必要とする者に対して適切に行わなければならない」（同条3項），④「移植を必要とする者に係る移植術を受ける機会は，公平に与えられるように配慮されなければならない」（同条4項）とされた。以上の4つの基本理念に基づいて移植術は実施されなければならないと定められ，それらの理念を満たすことによって，刑法35条の法令行為として正当化されるとしたのである。したがって，死体からの臓器摘出行為自体は医療行為とはならないから医学的適応性は問題とならないが，脳死体からの移植及び生体移植との関連で問題となるので，敢えて本章において考察する。

(2) 脳死体からの臓器摘出

臓器摘出行為は，生体から行われる場合もあるが，生存に不可欠な心臓の摘出は，生体からだとドナーを直ちに死なすことになり，殺人罪の成否が問題となるから，死体からの摘出に限らざるをえない。しかし，死体からの心臓移植は医学上不可能なので，臓器移植法6条は「移植術に使用されるための臓器を死体（脳死した者の身体を含む）から摘出することができる」とし，脳死体からの臓器摘出を法定した。この規定は，「死体」には本来の死体と脳死体があることを前提として，「死体（脳死した者の身体を含む）」としたのである。脳死を法律上の死と認めるか否かをめぐる脳死論争の妥協の産物である。そして，脳死論争はいまだに甲論乙駁の形で続いているが，臓器移植法6条の解釈上，死体が脳死体を含むについては今や明白となったので，ここでは錯綜した脳死論争については触れないことにする（中山研一・脳死論叢のまとめ─慎重論の立場から〔1992〕11頁，大谷・前掲新いのちの法律学204頁。なお，最新の理論的展開として，米村・200頁）。したがって，臓器移植法における臓器の摘出は，刑法上の死体損壊罪の構成要件に該当する行為であり，臓器移植法に則って行われる行為は，刑法35条の法令行為として正当行為となる。

臓器の摘出は，死体からの場合及び脳死体からの場合に分かれ，死体からの臓器摘出における死は心臓死（呼吸・脈拍の停止及び瞳孔散大）によって判定されるが，脳死した者の死は脳死の判定によって行われる。

㋐ **脳死判定の要件**　脳死の判定は，2人以上の医師がこれを行うこととされている。しかし，脳死の判定は，①脳死状態にある者が生存中に書面による臓器提供の意思表示（ドナーカード等による）をしており，かつ，その者が脳死判定に従う意思がないことを表示している場合以外の場合であって，その旨の告知を受けたその者の家族が当該の判定を拒まないとき又は家族がないとき，②脳死状態にある者が臓器提供の書面による意思表示をしている場合及び提供意思がないことを表示している場合以外の場合があり，かつ，その者に脳死判定に従う意思がないことを表示している場合以外の場合であって，その者の家族が当該判定を行うことを書面により承諾しているとき，これら二つの場合に行うことができる（法6条3項）。理解に苦しむ文言ではあるが，要するに，提供者本人が書面で臓器提供の意思表示をしている場合には，家族が反対しない限り脳死を判定することができるということであり，また，本人の意思が不明であるときは，家族の書面による同意で脳死を判定することができるということである。なお，生存中に本人が臓器の提供を拒否している場合には，脳死の判定をしてはならない。また，脳死状態にある者が小児であっても，生存中に臓器の提供を拒否していたときは，その拒否の意思表示を有効とし，脳死の判定を行ってはならない。

㋑ **脳死の判定**　脳死した者の死は，脳幹を含む脳の全機能が不可逆的に停止するに至ったと判定されたものをいう（法6条2項）。「不可逆的に停止」とは，脳の全機能が回復する見込みがなく，元に戻ることは全くないと判定された状態をいう。この判定を的確に行うために，2人以上の必要な知識と経験を有する専門的な医師（判定医）が，一般に認められている医学的知見に基づく判断の一致によって行われる。なお，判定を行う医師は，移植術の担当医になることは許されない（同条4項）。移植の実施を急ぐ余り，判定が疎かにならないためである。また，脳死判定医は，直ちに判定を的確に行ったことを証する書面を作成しなければならない（同条5項）。その際，書面に虚偽の記載をした場合は，3年以下の懲役又は50万円以下の罰金に処せられる（法21条1項）。そして，臓器移植術を担当する医師は，その書面の交付を受けなければならない（法6条6項）。

脳死判定の概略（臓器の移植に関する法律施行規則〔平成9年省令78号〕）

A　対象症例

①脳の器質的障害による深昏睡・自発呼吸消失。②器質的脳障害の原因となる疾患の確実な診断。③原疾患に対するすべての適切な治療をしても回復不可能。

B　判定除外例

①生後12週未満の者。②急性薬物中毒により深昏睡・自発呼吸を消失した者。③直腸温が摂氏32度未満の者。④代謝性障害又は内分泌性障害により深昏睡・自発呼吸を喪失した者。⑤自発運動、除脳硬直、除皮質硬直又は痙攣が認められる場合。⑥中枢神経抑制薬、筋弛緩薬その他の薬物が判定に影響している場合。⑦収縮期血圧が、以下の数値以上であることを確認できない場合。

・1歳未満の者　65　　・1歳以上13歳未満の者　（年齢×2）＋65　　・13歳以上の者　90

C　判定の内容

①深昏睡。②瞳孔が固定し、瞳孔径左右とも4mm以上。③脳幹反射の消失。④平坦脳波。⑤自発呼吸の消失。

D　観察時間

上記の脳死判定は、その確認時間から6時間経過後に再び確認することが必要。

　㈡　**臓器の提供**　　脳死判定が終了して判定した書面の交付を受けても、移植術を担当する医師は、直ちに摘出手術を行えるわけではない。臓器の摘出は、①脳死者本人がドナーカード等によって臓器提供の意思表示をしている場合であって、その遺族が臓器摘出を拒まない場合又は遺族がいない場合、②脳死者本人がドナーカード等によって臓器提供の意思表示をしている場合及び特に臓器提供の意思がないことを表示していない場合であって、遺族が当該の臓器摘出について書面により承諾している場合に行うことができる。また、本人が書面による意思表示はしていない場合であって遺族が書面によって承諾している場合には、看護師等は摘出手術の準備をし、担当医は摘出手術を行うことができるのである。ただし、死体について検視等の犯罪捜査上の手続きが行われるときは、それが終了するまでは臓器の摘出は許されない。なお、摘出に当たっては、「礼意を失われよう特に注意しなければならない」とされている（法8条）。

臓器提供の意思表示 臓器提供者の数を確保できないのが臓器移植の難点であるが，いわゆるドナーカード（臓器提供者意思表示カード）はかなり有効であり，近年では運転免許証や健康保険証，マイナンバーカードの裏面など，臓器提供の意思表示をしやすい環境が整いつつある。また，インターネットによる意思表示も可能となっている。

(3) 臓器移植

臓器の移植は，前述の基本理念に従って，移植を必要とする者に対して公平かつ適切に行われなければならない。しかし，臓器提供の意思を書面によって表示することと併せて，親族に対して優先的に臓器を提供する意思を書面により表示することができる（親族優先適用）。その場合，移植を担当する医師はその書面に従ってレシピエントを選び，移植手術を行わなければならない。移植術を行う医師は，通常の医療行為の要件に従い，レシピエントに対し，移植術の内容，効果及び危険性について説明し，同意を得なければならない。

親族優先適用の問題点 臓器移植法6条の2は，提供者が親族に優先適用する旨の意思表示をすることができると定めているが，①移植医療の公平性の理念に反するのではないか，②提供者本人が私法上の権利として臓器の処分権を有するか，③提供者指定が事実上の臓器売買となる可能性はないかが問われており，法改正を含め，今後の検討事項となるであろう（町野朔「臓器移植法の展開」刑事法ジャーナル20号8頁，米村・215頁など）。

具体的には，移植コーディネーターの運用指針に従って実施されるが，臓器の売買等は禁止されており，①「臓器を提供すること若しくは提供したことの対価として財産上の利益を受け，又はその要求若しくは約束をしてはならない」，②「臓器の提供を受けること若しくは受けたことの対価として」財産上の利益を供与し，又はその申し込み若しくは約束をしてはならない，③「臓器を提供すること若しくはその提供を受けることのあっせんをすること若しくはあっせんをしたことの対価として，財産上の利益の供与を受け，又はその要求若しくは約束をしてはならない」，④「臓器を提供すること若しくはその提供を受けることのあっせんを受けること若しくは受けたことの対価として財産上の利益を供与し，又はその申込み若しくはあっせんをして

はならない，⑤「臓器が上記の規定のいずれかに違反する行為に係るものであることを知って当該臓器を摘出し，または移植術に使用してはならない」。上記①～⑤の規定に違反した者は，5年以下の懲役若しくは500万円以下の罰金又は両者を併科される（法11条，20条1項）。

　なお，当然のことながら，交通，通信，移植術に使用されるための臓器の摘出，保存若しくは移送又は移植術等に要する費用であって，移植術に使用されるための臓器を提供すること若しくはその提供を受けること又はそれらのあっせんをすることに関して，通常必要であると認められるものは，「対価」に含まれない（法11条6項）。臓器を摘出した病院又は診療所の管理者は，摘出された臓器であって，移植術に使用されなかった臓器は適切に処理しなければならないとされている（法9条）。

　ここで，被虐待児からの臓器提供について触れておくと，臓器移植法の一部を改正する法律（平成21年法律第83号）附則5項は，「政府は，虐待を受けた児童が死亡した場合に当該児童から臓器が提供されることのないよう，移植医療に係る業務に従事する者がその業務に係る児童につい虐待が行われた疑いがあるかどうかを確認し，及びその疑いがある場合に適切に対応するための方策に関し検討を加え，その結果に基づいて必要な措置を講ずるものとする」としている。虐待親の同意権は認めるべきでないとの趣旨に基づいていると思われるが，現時点では，新たな措置は講じられていない。虐待の問題と臓器移植の問題を関連付けること自体に疑問があり，敢えて新たな措置を講ずる必要はないと考える。

⑷　臓器あっせん機関

　移植術に使用されるための臓器を提供すること，又は提供を受けることのあっせんを業として行おうとする者は，厚生労働大臣の許可を受けなければならない（法12条）。ただし，厚生労働大臣は，①営利を目的とするおそれがあると認められる者，②業として行うあっせんに当たって，移植を受ける者の選択を公平かつ適正に行われない虞があると認められる者には，許可を与えてはならないとされている。現在は，公益財団法人・臓器移植ネットワーク（JOT）が選ばれ，移植医療の実施に当たっている。

> **脳死体移植医療の実際** 臓器の摘出及び移植術は，あらかじめ指定されている臓器提供施設に脳死状態の患者が出現した場合，24時間態勢で待機している移植コーディネーターが現地に向かい，脳死状態の患者の家族に脳死判定と臓器の摘出等を説明し，最終的に家族の同意が得られると，先に掲げた方法で判定が行われ，脳死の判定が確定すれば臓器が摘出され，直ちに指定の実施施設に搬送されて登録患者に移植術が実施される。なお，脳死判定が確定すれば死亡が確認され，その時点が死亡届の日時となる。

(5) 秘密保持義務等

臓器あっせん機関若しくはその役員もしくは役員であった者は，正当な理由がなく，業として臓器のあっせんに関して職務上知りえた秘密を漏らしてはならない（法13条）。また，臓器あっせん機関は，帳簿を5年間保存しなければならない。厚生労働大臣は，臓器あっせん機関に対し，その業務に関し報告をさせ，又はその職員に対し，臓器あっせん機関の事務所に立ち入り，帳簿，書類その他の物件を検査させ，もしくは関係者に質問させることができる。その際，職員は，身分証明書を提示しなければならない。

(6) 許可の取消し

厚生労働大臣は，臓器あっせん機関に対し，その業務に関し必要な指示を行うことができる（16条）。指示に従わないときは，あっせん機関の許可を取り消すことができる（法17条）。

4 生体臓器移植

(1) 意 義

生体臓器移植とは，生きている人の身体から臓器（腎臓，肺，肝臓，膵臓，小腸）を摘出し，レシピエントに移植する行為をいう。生体間移植ともいう。生体臓器移植は，かなりの国で実施されているが，わが国では生体臓器移植として，腎移植，肝移植のほか肺・膵臓・小腸も実施されており，生体腎移植だけでも年間1000件を超えているといわれている。しかし，従来，その法規制は，ほとんど問題とならなかった。「ドナーとレシピエントの両者が希望し，あるいは納得しているのに法が介入するのは不当ではないか」と考えられてきたのである。

⑵　問題の背景

　臓器の摘出は刑法上の傷害罪を構成するが，被害者の同意の法理に基づき違法性が阻却されて正当行為となるから，移植手術が適切に行われて治療効果が認められるのであれば，法的規制を問題とする必要はないともいえる。しかし，近年，状況は一変しつつある。問題の発端は，2006 年（平成 18）年に発生した宇和島徳洲会病院を舞台とした臓器売買事件である。同年 10 月 1 日，愛媛県警は宇和島徳洲会病院で前年 9 月に生体腎移植を受けた男性患者とその内縁の妻が，ドナーに謝礼として 30 万円及び 150 万円相当の乗用車を渡したことが臓器移植法 11 条の臓器売買禁止に違反するとして両人を逮捕し，逮捕された両人はその後起訴され，松山地方裁判所宇和島支部は，同年 12 月 26 日，両人に対して懲役 1 年，執行猶予 3 年の判決を言い渡し，ドナーも同年 10 月 24 日，宇和島簡易裁判所で罰金 100 万円の略式命令を受けたという事件にある。この事件を契機として，生体臓器移植に係る法律問題，特に生体としてのドナーから臓器を摘出した行為の正当化根拠，ドナーの要件としての親族の範囲，ドナーの同意等の法律問題が浮上した（城下裕二編・生体移植と法〔2009〕3 頁）。

⑶　臓器移植法と生体臓器移植

　上記の宇和島徳洲会事件では，裁判所は臓器移植法 11 条を適用して有罪としたが，臓器移植法は死体の臓器移植に関する法律であり，生体臓器移植について適用するのは類推解釈による処罰といわざるをえない（大谷・前掲刑法講義総論 66 頁）。しかし，上記判決について疑問とする見解があったというものの（大野真義「臓器移植をめぐる法的課題」同・刑法の機能と限界（2002）292 頁，甲斐克則「生体移植をめぐる刑事法上の諸問題」城下編・前掲書 99 頁，米村・219 頁），厚生科学審議会・臓器移植委員会は，既述の臓器移植違反事件を受けて，臓器移植法について生体臓器移植を補充する形で 2007（平成 19）年 7 月 12 日，「臓器移植法の運用に関する指針」（平成 9 年 10 月 8 日・健医発 1329 号・厚生省保健医療局長通知。以下，「ガイドライン」とする）を改正し，新たな項目として「生体からの臓器移植の取り扱いに関する事項」を設けた。臓器移植法には含まれていない生体臓器移植について，行政指導の形でこれに法的拘束力を付与

するのは適切でないと考えるが，このガイドラインが医学界や法律学界など
社会的に一応の支持を得ているばかりか，その後も生体腎移植に係る臓器売
買事件につき臓器移植法 11 条が適用されて有罪とされているところから，
本来であれば臓器移植法を改正すべきであるが，ガイダンスはすでに法的効
力が認められていると判断し，このガイダンスに基づいて生体臓器移植の法
的取扱いを考察することにしたい。

> **その後の裁判例**　2010（平成 22）6 月には，レシピエントである医師が暴力団組員の
> 仲介により紹介を受けた男性と養子縁組を行い，生体からの腎臓移植を受けたという事
> 件につき，2012 年 1 月 26 日，東京地裁は医師に対し懲役 3 年の実刑判決を言い渡した
> （2012 年 1 月 26 日付日本経済新聞 Web 版）。

⑷　指針の内容

　上記のガイドラインは 9 項目に及んでいる。すなわち，①生体臓器移植は
健常な提供者に侵襲を及ぼすことから，疾患の治療法として，他に採るべき
治療法がない場合に例外として実施すべきであること。②臓器の提供の申し
出については，任意になされ他からの強制でないことを，家族及び移植医療
に関する者以外の者であって提供者の自由意思を適切に確認できる者により
確認されなければならないこと。③提供者に対しては，摘出術の内容につい
て文書により説明するほか，臓器の提供に伴う危険性及び移植術を受ける者
の手術において推定される成功の可能性について説明を行い，書面で提供の
同意を得なければならないこと。④移植術を受けて摘出された臓器が他の患
者の移植術に用いられるいわゆるドミノ移植において，最初の移植術を受け
る患者については，移植術を受ける者としてのほか提供者としての説明及び
同意を得なければならないこと。⑤移植術を受ける者に対して移植術の内
容，効果及び危険性について説明し書面で同意を得る際には，併せて提供者
における臓器の提供に伴う危険性についても説明しなければならないこと。
⑥臓器の提供者が移植術を受ける者の親族である場合は，親族関係及び当該
親族本人であることを公的証明書により確認することを原則とし，その確認
ができないときは当該施設内の倫理委員会等で確認を実施すること。⑦親族
以外の第三者から臓器提供される場合は，倫理委員会等において有償性の回

避及び任意性の確保に配慮し，症例ごとに個別に承認を受けるものとすること。⑧疾患の治療上の必要から腎臓が摘出された場合において，摘出された腎臓を移植に用いるいわゆる病腎移植は，現時点では医学的に妥当でないこと。⑨病腎移植は，医学・医療の専門家において一般に受け入れられた科学的原則に従い，有効性及び安全性が予測される臨床研究以外は，これを行ってはならないこと。以上である。

(5)　生体臓器摘出の医療行為性

　生体臓器移植は，上記の要件のもとで法令行為として正当なものとなるが，特に生体からの臓器摘出の侵襲性を正当化する根拠として，それまでの被害者の同意の法理を克服して，医師の医学的判断及び技術をもって行うのでなければ人体に危害をおよぼすおそれがあるとする医療行為の観点から，①移植医療の社会全体の有益性ないし総体的利益性，②手続きの適正，③ドナーの同意，以上の3点を掲げる見解が支配的となってきた（丸山英二「生体臓器移植におけるドナーの要件」城下・前掲書82頁）。

　そこで，上記の観点から生体間移植の正当化根拠をまとめると，生体間移植におけるドナーからの臓器摘出は，患者の救命・回復という社会的に相当な目的ためになされるものであり，その価値はドナーの被る負担やリスクに優越するものと考えられる。また，臓器の摘出は，一般の医学および医療技術上承認された方法に従って行えばドナーを危険にさらすことなく実施できる。さらに，ドナーに対しては，摘出行為の危険性等について説明し，同意を得ていればその任意性は確保できる。かくして，生体からの臓器摘出は，刑法204条の構成要件に該当するが，正当行為として違法性を阻却する。しかし，そのためには上記の根拠による正当化を確保するための法令が必要となる。

　この観点から上記のガイドラインをみると，ドナーに対する不利益を最小限にとどめ，また，ドナーの同意について用意周到な手続きを定めている点など，臓器摘出に関する実質的な問題点はほとんどカヴァーされているところから，形式的な文言上の不適切なものがあり，また，学界等で若干の批判があるというものの，内容的には十分是認できると考える。したがって，で

きる限り早期に生体からの臓器摘出を臓器移植法に盛り込むべきである。

Ⅶ　終末期医療

1　意　義

　終末期医療とは，老衰や疾病，傷害等の進行により短期間のうちに死が避けられないときに行うべき医療をいう。言い換えると，臨終にある者に対する延命的措置，いわゆるターミナルケア（terminal care）のことである。死亡介助ともいう。「患者の死亡を前提とする医療はあり得ない」とするのが，ヒポクラテス以来の伝統的な医の倫理である。また，医師は患者が死亡して初めてその者から解放されるともいわれてきた。この伝統的考え方からすれば，「医師は患者が死亡すれまで治療を行うべきである」ということになるであろう。

　確かに，人の命は国が保護すべき最高の利益であるから，瀕死の重傷を負った負傷者であっても，自然の死が訪れる前に心臓を突き刺して死なせてしまえば殺人罪（刑法199条）になるし，救急車で運ばれて来た死期の迫っている患者を引き受けて，そのまま放置して死なせてしまえば，少なくとも民事責任（民法697条）は問われる。しかし，生命の終焉すなわち自然死に至るまで治療を加えることが，果たして法律上の医師の義務とすべきであろうか。

　生命維持治療の技術が長足の進歩を遂げた現代においては，伝統的な医の論理を貫くことが，かえって患者の利益を害することになりかねず，医療の本質に悖る結果になることもありうる。そこで，終末期における医療の問題は，臨終の状態にある患者に対して医師はいかなる範囲で医療的措置を加えるべきかという見地から，改めて医の倫理及び法律学において検討されつつあるのが現状である（大谷・前掲新いのちの法律学122頁）。

2　終末期医療の形態

　終末期とは，一般の医学上の知識と経験に基づいて患者が死への不可逆的経過をたどり始めたと診断すべき時期をいう。「人生の最終段階」とか生命

力の回復可能性がなくなった状態ともいわれている。終末期医療としては，終末期における輸血，高カロリー輸液，鼻孔カテーテルや胃瘻による人工的な栄養の補給，人工呼吸器，人工透析，抗生物質の投与，化学療法，インシュリン療法などがあるが，こうした行為も医療技術の適用として行われるのだから，医療行為であることは明らかである。問題は，終末期医療は，医師の法律上の義務といえるかにある。回復の見込みがなく，臨死の状態にあることが明らかな患者については，医の倫理上はともかく，医師に法律上の治療義務はないとする見解が有力である。

　確かに，生命力の回復の見込みがなく，ただ，呼吸しているだけといった臨死状態にある患者に医療措置を加えることは無意味であり，一切の延命医療を行わずに自然の死を迎えさせる方が患者にとって幸せであるから，個人の尊厳を守る所以でもあるという考え方はありうる。そうした考え方から自然死や尊厳死に係る問題が世界的に論じられてきたことは周知のとおりである（甲斐克則・尊厳死と刑法〔2004〕7頁，終末期医療と刑法（2017）133頁）。しかし，医師は患者の診療を引き受けた以上，最も本人の利益に適合する法律上の義務があるということを忘れてはならない（大谷實「ターミナルケア」唄孝一編・医療と人権〔1985〕276頁）。医療は，傷病者の治癒ばかりでなく，それを通じて究極においては生命の維持を目指すものであるから，医師と患者間の医療（診療）契約には生命維持治療も含まれていることに注意しなければならない。したがって，患者に終末期が訪れても，延命医療を中止してその患者を死なせてしまえば，形式的には殺人罪（刑法199条）または同意殺人罪（同202条）となることは論を俟たない。

問題となった事案　2006（平成18）年3月25日に富山県射水市民病院の院長が記者会見を開き，2000（平成12）年から2005（平成17）年にかけて，7人の患者が外科部長によって人工呼吸が取り外され死亡していたと発表した。報道によると，患者は50歳から90歳代の男女7人で，それぞれ意識がなく回復の見込みがない状態だったとされる。この件について，富山県警は，2008（平成20）年7月に当該行為に関与した医師2名を殺人罪の容疑で書類送検したが，捜査の結果，いずれも不起訴処分となった。

3 医療中止の許容性

終末期の患者について，人工呼吸器の使用等の生命維持治療を中止し，それによって患者を死亡させれば殺人罪又は同意殺人罪を構成することになるが，生命の回復力を失った臨死状態で家族に負担をかけて生きていたくないといった患者本人の意思が認められる場合，その意思—自己決定を尊重して医療行為を中止することは，個人の生き方を最大限尊重すべき現代社会においては，法律上許容されるのではないか。

患者本人が事前に生命維持治療の中止を求めていた場合，その意思を無視した「やりすぎの医療」は，個人の自己決定を無視した非人道的行為であり，終末状態に陥った場合は，患者の生命の保護という要請を退けて，本人の自己決定を尊重して医療中止するのは，憲法13条の個人の尊重及び幸福追求権に即した行為として社会的に容認される社会的相当行為であり，殺人罪等の違法性を阻却すると考えるのである。

川崎共同病院事件　1998（平10）年，川崎市の川崎協同病院の医師は，気管支炎の発作でこん睡状態にあり，気道を確保するために気管支内にチューブが挿入されていた58歳の男性患者に対し，自然の死を迎えさせてやりたいと考えて，チューブを抜きとれば死亡することを認識しつつこれを抜き取り，さらに患者の苦痛を緩和するために筋弛緩剤を注射して死亡させた。横浜地方裁判所は，医師の行為は殺人罪を構成するとして懲役3年，執行猶予5年の判決を言い渡した（横浜地判平17年3月25日刑集63巻11号2057頁）。被告人は控訴し，2007（平19）年2月，東京高等裁判所は原審の結論を維持したが，刑については軽くして1年6月の懲役，執行猶予3年に改めた。なお，判決理由の中で，終末期における医師の治療中止を正当化するために，治療義務の限界及び患者の自己決定を論ずるのは無意味であり，むしろ終末期の医療中止を正当化する法律の制定又はそれに代わるガイドラインの策定が必要であるとしている点が注目された（大谷實「立法問題としての終末期医療」判例時報2737号136頁）。なお，本件被告人はさらに上告したが，最高裁判所は，本件抜管行為時には，①「その回復可能性や余命について的確な判断を下せる状況にはなかった」，そして，②家族の同意はあったが，「被害者の推定的意思に基づく行為ということはできない」として，原審の判断を維持したのである（最決平21年12月7日刑集63巻11号1809頁，新谷一朗・百選3版194頁）。死期の切迫性と患者の推定的意思が認められる場合には，生命維持治療の中止は許されるとする趣旨であろう。

4　生命維持治療中止の要件

上記の叙述から明らかなように，生命維持治療の中止が認められるために
は，第1に，患者の病状が終末期にあるということを必要とする。第2に，
生命維持治療の中止は，患者の同意に基づいて行われなければならない。

中止の意義　中止とは，現に行いつつある行為を止めることを意味するが，重要なこ
とは生命維持治療又は延命医療を行わないことであるから，学説上異論はあるが，ここ
で中止とは，生命維持のために行うべき医療行為を開始しない不開始及び実施中の医療
を止める「中止」の双方を含む趣旨である。

(1)　終末期状態

終末期医療を中止するためには，患者が終末期状態に至ったことを必要と
する。後述の厚生労働省ガイドラインは，「人生最終段階」としているが，
終末期の確定が不安定なものであるときは生命の侵害となるので，終末期と
は「意識が回復する見込みがなく死期が切迫している状態」とすべきであ
り，その確定は医学的に承認されている客観的基準によらなければならない
と考える（大谷・前掲「ターミナルケア」140頁）。この見解に対しては，「死期の
切迫性，意識回復の可能性，治療継続が他者に与える負担，治療手段の特別
性・異例性の程度等の判断要素に基づき規範的に判断すべきであるとする有
力な見解がある（井田良・前掲講義刑法学総論　第2版367頁）。しかし，生死に
係る判断を具体的状況によって変えるのは妥当でないと考える。担当医師と
しては，患者の病状について余命いくばくもない臨死状態にあるか否かを基
準に，医療行為として医学的に判断すべきである。問題はどのような手続き
で判断すべきかにあるが，担当の医師が単独で判断するのは事柄の性質上妥
当でなく，慎重を期すためには，判断能力を有する複数の医師が適正な手続
きを履んで決定すべきであろう。

厚生労働省ガイドライン　厚生労働省は，2007（平成19）年に「終末期医療の決定
に関するガイドライン」を発表し，さらに2018（平成30）年に「人生最終段階におけ
る医療・ケアの決定プロセスに関するガイドライン」を作成し公表した。その要点は，
①人生の最終段階における医療及びケアの在り方について，a 終末期医療は患者の意思
（自己決定）を基本として進めること，b 生命維持治療の開始・不開始及び中止は，医

療・ケアチームによって医学的妥当性と適切性を基に判断すべきこと，c 生命を短縮す
る積極的安楽死は対象としないこと，②医療・ケアの方針の決定手続きにつき患者の意
思が確認できる場合，医師はインフォームドコンセントに基づく患者の意思決定を基本
として医療・ケアチームとして行うこと，③治療方針については患者が医療従事者と話
し合い最終的には患者が意思決定を行うこと，④患者が拒まない限り決定内容を家族に
知らせること。⑤患者の意思が確認できない場合で患者の意思が推定できる場合には，
その推定意思を尊重して治療方針を決めること。⑥患者の意思が推定できない場合には
患者にとって最善の治療方針を採ること，以上である（甲斐克則・百選 3 版 228 頁）。

(2)　患者の意思

　終末期においても，医師には患者の生命を維持する義務があるから（→
143 頁），患者が終末期に至ったからといって，治療の不開始・中止が正当化
されるわけではない。正当化するためには，患者本人の意思又は自己決定を
必要とする。既述のように，終末期における患者の生命の保護と，個人主義
に基づく患者の自己決定の価値を対比して，パターナリズムに基づき，後者
の価値を優先させるという判断こそが，終末期における治療の不開始・中止
問題の本質なのである。

　終末期の患者の自己決定については，十分な意識のない状態での自己決定
は認められないといった観点からの反対論が有力である。しかし，生命維持
治療又は延命医療を行っている時点で延命措置を拒否することは現実にあり
うるし，また，無意識の状態で患者の意思が確認できない場合でも，意識が
あるときの患者の日ごろの言動から，延命医療を拒否する意思を推認するこ
とは十分可能であると思われる。特に，いわゆるリビングウィルが作成され
ている場合は，延命医療を拒否する意思・自己決定を認めるべきである。認
めないことは，むしろ本人の自己決定を否定することになり，本人の幸福追
求権の侵害となり不当であるといわざるをえない。

　リビングウィル（living will）は，もともとは「生前に効力が発生する遺言」
という意味であるが，わが国では，「生前の意思表示」又は「事前の意思表
示」と訳され，近年では「事前指示書」とも呼ばれている。日本尊厳死協会
は「尊厳死の事前宣言書」として，「わたくしの傷病が現在の医学では不治
の状態であり，すでに死期が迫っていると診断された場合には，徒に死期を

〔図〕尊厳死宣言書

$$\underline{\text{尊厳死宣言書}}$$
（リビングウィル・living will）

　私は、私の傷病が不治であり、かつ死が迫っており、生命維持措置なしでは生存できない状態に陥った場合に備えて、私の家族、縁者ならびに私の医療に携わっている方々に次の要望を宣言します。

　この宣言書は、私の精神が健全な状態にある時に書いたものであります。したがって、私の精神が健全な状態にある時に私が破棄するか、または撤回する旨の文書を作成しない限り有効であります。

①　私の傷病が、現代の医学では不治の状態であり、すでに死が迫っていると診断された場合には、ただ単に死期を引き延ばすためだけの延命措置はお断りします。

②　ただしこの場合、私の苦痛を和らげるためには、麻酔などの適切な使用により十分な緩和医療を行ってください。

③　私が回復不能な遷延性意識障害（持続的植物状態）に陥ったときは生命維持措置を取りやめてください。

　以上、私の宣言による要望を忠実に果たしてくださった方に深く感謝申し上げるとともに、その方々が私の要望に従ってくださった行為一切の責任は、私自身にあることを付記いたします。

　　　　　　　　　　　令和　　年　　月　　日
　　　　　　　　　　　氏名
　　　　　　　　　　　住所

　　　　　　　　　　　日本尊厳死協会

引き延ばすための延命措置は一切拒否します」といった内容の文書の作成を奨めている（図参照）。このような文書は、治療の不開始・中止の時点で、患者自らが医師等に呈示するものではないから、有効な同意書とはなりえないとする反対論がある（甲斐・前掲終末期医療と刑法 35 頁以下に詳しい）。しかし、リビングウィルとして意思が表明されたのであるから、遺言と同じように、それを改めて撤回しない限り意思の内容は有効と解すべきであり、また、リビングウィルとしては書かれていないけれども、患者の日ごろの言動から延

命医療を拒否する意思が推定できるとき，あるいは患者の家族が患者の延命
拒否の意思を証明できるときは，推定的意思の法理によって，リビングウィ
ルが存在している場合と同じ扱いとすべきである。リビングウィル慎重論
は，患者の主体性を軽視する見解として，妥当でないと思われる。なお，家
族がなく患者の延命措置を拒否する意思が確認できないときは，終末期に
至っていることが明らかであっても延命措置を中止することは許されないで
あろうが，四囲の状況から，治療を中止することが明らかに本人にとって最
善と認められるときは，法律上の義務がないのに他人の事務を行ってよいと
するいわゆる事務管理（民法 697 条）の法理に従い，これを許容すべきであろ
う。

> **推定的同意**　　相手方は現実に同意していない場合であっても，その者がその事実を認
> 識したならばその行為に同意を与えたであろうというような状態において行為した場合
> は，現実の同意と同じに扱ってよいとする法理である。例えば，火災の際に不在者の家
> 庭に立ち入って貴重品の消失を防ぐため搬出する行為がこれに当たる。無断で住居に侵
> 入しても，同意があったものとして住居侵入罪とはならないのである。

(3)　延命措置の不開始・中止

　延命措置は，人工呼吸器の装着，人工透析，水分の補給を含んでいるが，
特に水分の補給は生命の基本であるという理由から，その不開始，中止に反
対する見解が有力であるが，1993 年にイギリス貴族院は，「人工呼吸器，栄
養補給，水分補給の中止を含む生命維持治療及び医療的援助手段を打ち切る
ことができる」と判示している（甲斐・前掲尊厳死と刑法 127 頁）。終末期の点
滴による水分の補給は，家族など看取る側の心が痛むので，「せめて水分の
補給ぐらいは」ということになるであろうが，患者本人が拒否の意思を表明
している以上は，その希望に応えるべきである。

5　法制化をめぐる諸問題

　以上の検討の結果，今後延命措置の不開始・中止を適正に運用するために
は，①終末期の内容，判断基準及び手続を明確にすること，②患者の治療拒
否の意思又は自己決定を要件とすることの 2 点が明らかとなった。しかし，

延命措置の不開始・中止は，人の生命という国の最高の保護法益を侵害することになるのであるから，それを正当化するためには，社会が全体として許容するものでなければならないであろう。既述のように，厚生労働省は終末期における医療のガイドラインを提示しており，他に適切な法規制がないところから，医師はそれに従って終末期における延命医療の不開始・中止を医療行為として行っても違法とはいえないが，本来の在り方としては，国会で十分審議して，国民が納得のいく形にする方が望ましい（大谷・前掲「立法問題としての終末期医療」136 頁）。

⑴　法制化の動き

注目されるのは，2012 （平成 24) 年に発足した「尊厳死法制化を考えるための議員連盟」による「終末期医療における患者の意思に関する法律案」である。同法案は，「この法律は，終末期に係る判定，患者の意思に基づく延命措置の停止及びこれに係る免責等に関し必要な事項を定めるものとする」(1 条) としており，そのうえで「終末期」については，「回復可能性がなく，かつ，死期が間近であると判定された状態にある期間をいう」と定義している。そして，その判定の手続きについて，「これを的確に行うために必要な知識と及び経験を有する 2 人以上の医師の一般に認められている医学的知見に基づき行う判断の一致」が必要であると規定している (6 条)。一方，患者の治療拒否の意思ないし自己決定については，「患者が延命措置の中止等を希望する旨の意思を書面その他の厚生労働省令で定める方法により表示している場合」と定めて，リビングウイル (事前の意思表示) の効力を明示し (7 条)，その意思表示は，いつでも撤回できることとしている (8 条)。

⑵　ガイドラインの法制化

折に触れてガイドラインに言及してきたが，改めてその内容を整理しておくと，①人生最終段階における医療は，患者本人による意思決定を基本として行われるべきこと，②医師等の医療従事者は，医療・ケアについては一人で判断しないで多職種による医療・ケアチームによる判断によって行われるべきこと，③医療・ケア行為の不開始・中止及び医療・ケアの内容の変更は，患者の意思の確認を基本として，医療・ケアチームによって医学的妥当

性と適切性を基に慎重に判断すべきこと，④積極的安楽死は問題外とすること，以上の4点にまとめることができる。

　ここでいう「ガイドライン」は，医師を含む医療関係者に対する行政上の指針を意味するから法的拘束力はないが，終末期における医療の在り方を提示するものとして極めて有意義であると評価できる。医療現場でどの程度実践されているか，特に，在宅での終末期医療の実際を知りたいところであるが，日本医師会や救急医療学会等の対応を見ると，終末期医療の在り方として大方の支持を得られていると考える（樋口・90頁）しかし，既述のように，ガイドラインには生命の人為的短縮に係る「医療・ケア行為の開始・不開始」が含まれているのである。積極的安楽死は含まないとしているが，医療行為の開始・不開始・中止といった一人の人間の生死にかかわる問題を，行政機関である厚生労働省の判断に全て委ねることについては，疑問とせざるを得ない。法律による正当化を前提として，初めて「人生最終段階における医療・ケア」としての生命の短縮が正当化されると考える。

Chapter 8

医療行為と患者の同意

Ⅰ　総　説

　医業における医療行為は，医師の医学的判断と技術をもってするのでなければ保健衛生上危害を及ぼすおそれのある危険な行為であるから，医術的正当性及び医学的適応性を具備するだけでは正当化されず，医師は，医療的処置を受ける患者又は傷病者の同意を得て医療行為を実施する必要がある。かつては，医業に伴う危険は診療を行う上で避けられないという医療業務説が支配していたので，患者の同意を診療の要件とする考え方はなかった。医学上の基準に即した医療であれば，医療行為は正当な業務とされていたのである。

　しかし，日本国憲法の基本的人権の原則が社会に定着するに伴い，憲法13条の「個人の尊重」及び「幸福追求権」を医療問題に照準を合わせるとき，患者の自己決定権が国民の意識に芽生えるのは極めて自然であった（唄・前掲書3頁）。患者の自己決定権は，やがて実務にも反映し，患者の意思を無視した診療は，医療技術上は正当なものであっても不法であり，損害賠償責任を負わなければならないとした東京地判昭和46年5月19日の「乳腺症事件判決」（下級民集22・5＝6号628頁）及び秋田地大曲支部昭和48年3月27日の「舌癌手術事件判決」（判時718号93頁）が現れ，その後，自己決定権を尊重するためには医師の説明義務及び患者の同意が必要であるとするインフォームド・コンセント（informed consent「医師と患者との十分な情報を得たうえでの合意」）の法理が実務に定着し，今日に至っている。なお，医師の説明と同意については，医療契約上の効果として詳述したが（➡59頁），本節では，

個々の医療行為を正当化するための要件について述べる。

Ⅱ　説明義務

1　説明義務の根拠

　医療に関する説明は，医療契約など様々な局面で必要となるが，重要なのは手術等のリスクを伴う具体的な医療行為の前に，患者の自己決定を尊重するために課される義務，いわゆるインフォームド・コンセントのための説明義務である。医師は，個々の診療行為についての同意を得る前提として，患者に情報を提供し説明する義務を有するのである。これは医療契約に基づいて，特定の医療行為について医師に課される義務である。大きく分けると，①診断（どのような病気であるか），②実施しようとする治療の目的・方法，③治療の見込み期間，④治療に伴う危険（副作用），⑤治療の選択肢等につき説明が必要となる。言い換えると，個々の医療行為による利益と，それに付随するリスクを示し，診療に関する十分な情報を提供して，患者の主体的判断を促すための手続きに必要な義務である。有効な同意を得るために必要な前提要件といってもよいであろう。

> **最高裁と説明義務**　最判平成 13 年 11 月 27 日民集 55 巻 6 号 1154 頁は，説明義務の内容について，「医師は，患者の疾患の治療ために手術を実施するに当たっては，診療契約に基づき，特別な事情のない限り，患者に対し，当該疾患の診断（病名と病状），実施する予定の手術の内容，手術に付随する危険性，他に選択可能な治療方法があれば，その内容と利害得失，予後などについて説明すべき義務がある」としている。

2　説明義務の内容

　個別的な治療についての説明としては，何よりも先ず，医師の提案についての説明が必要となる。患者の病状，実施予定の診療とその内容，予想される成果とそれに付随する危険，代替可能な他の治療法，実施しなかった場合の予後などが説明されるべきである（大谷・104 頁）。特に，診療に伴うリスクの説明は欠かせない。そのリスクを引き受けるか否かは，患者自身が決定

すべき事項であるから，患者が適切な情報を基に自由に判断し意思決定する機会が奪われたとみられる場合は，説明義務違反となる。病名の告知，特に本人や家族に対するがんの告知が問題となってきた（最判平成 14 年 9 月 24 日判時 1803 号 28 頁，廣瀬清英・百選 3 版 63 頁）。しかし，令和 2 年の国立がんセンターが行った「院内がん登録全国集計」によると，がんの告知は，約 96 ％であり，がん患者についても，原則として，告知義務を認めるべきであろう。

　最高裁判所が示した具体的な判断例を掲げてみると，①宗教上の理由から輸血を拒否する患者に手術の際の輸血の方針を説明しなかった場合，「手術を受けるか否かについての意思決定をする権利を奪った」として説明義務違反を認めた判決（最判平成 12 年 2 月 29 日民集 54 巻 2 号 582 頁。石橋秀起・百選 3 版 71 頁，岩志和一郎・百選第 2 版 80 頁参照），②乳癌手術の際に療法として未確立でも患者が関心を示す乳房温存療法について説明しなかった場合，患者が「熟慮して判断する機会を与える説明義務があった」とした判決（最判平成 13 年 11 月 27 日民集 55 巻 6 号 1154 頁。畑中綾子・百選 3 版 64 頁参照），③帝王切開による分娩を希望する夫婦に十分危険性を説明せずに経腟分娩を進めた場合，一般的な経腟分娩の危険性を説明しただけでは，「経腟分娩を受け入れるか否かについて判断する機会を与えるべき義務」に違反するとした判決（最判平成 17 年 9 月 8 日判時 1912 号 16 頁。西田幸典・百選 3 版 130 頁参照）は，いずれも自由な意思決定の機会が奪われたものとして，説明義務違反を認めたものである。なお，④予防的な療法を実施するに当たって，医療水準として確立した複数の療法の選択肢とともに，いずれの療法も受けずに保存的に経過を見るという選択肢も存在する場合，「そのいずれを選択するかは，患者自身の生き方や生活の質にかかわるものでもあるし，また，選択をするための時間的余裕もあることから，患者がいずれを選択するかにつき熟慮の上判断することができるように，医師は各療法の違いや経過観察も含めた各選択肢の利害得失について分かりやすく説明することが求められる」とした判決（最判平成 18 年 10 月 27 日判時 1951 号 59 頁）も参考になる。

3 患者の同意

(1) 同意の要件

　説明義務を尽くしても，患者がそれに同意しないのに診療を実施すれば，インフォームド・コンセントに違反し，民事上及び刑事上の責任が問題となる。前者については，説明義務違反として債務不履行による損害賠償責任が発生する。後者については，通説は傷害罪（刑法 204 条）の成立を認めるが，医療技術上正当な診療である限り，傷害罪の構成要件には該当せず，患者の同意のない治療行為，いわゆる専断的治療行為として，せいぜい「人に義務のない行為を行わせる」強要罪（刑法 223 条）が問題となるにすぎないと考える（大谷・前掲刑法講義総論 259 頁）。なお，実際に傷害罪や強要罪として犯罪が認められた例はなく，実務においては，傷害罪説は支持されていないといってよい。

　インフォームド・コンセントは，自己決定する能力がある者についてのみ問題となる。したがって，同意があったというためには，自らの行為の性質について判断し，それ基づいて意思決定する能力，判例によると「医師の説明を理解し，治療を受けるか否かの判断能力」（名古屋地判昭和 56 年 3 月 6 日判時 1013 号 81 頁。なお，高柳功「インフォームド・コンセント雑考」中谷瑾二編・精神科医療と法 [2008] 219 頁参照），又は「患者本人において自己の状態，当該行為の意義・内容及びそれに伴う危険性につき認識しうる程度の能力」が必要である。患者の同意は，法律行為の場合と異なり，リスクや苦痛を受忍することに関するものであるから，医療行為の意味及びその結果について理解し判断する能力（意思決定能力）があれば，未成年者についても患者本人の同意で足りる。

　一方，そのような能力が認められない幼児又は精神障害者については，患者の保護が必要な限り親権者など法定代理人の同意がなければ，当該の診療は許されない（➡ 43 頁）。しかし，患者の病状が緊急救助を要する場合は，法定代理人等の同意がなくても専断的治療行為とはならない。しばしば，「エホバの証人」による自分の子に対する輸血を拒否した両親の事例が問題となるが，同意権の濫用というべきであろう（大分地決昭和 60 年 12 月 2 日判時

1180号113頁）。

　同意は，明確な意思表示として行う必要があるかが問題となる。イン
フォームド・コンセントは，患者の意思に反して診療を行うことを禁止する
趣旨であるから，明確な意思表示の必要はなく，診療を拒否する意思を示し
ていない限り同意があったものと解すべきであり，いわゆる黙示の同意で足
りる。現在，医療現場における個々の診療の大部分は，黙示の同意で実施さ
れているといってよい。

⑵　同意書の効力

　患者の同意がない専断的治療行為については，これまでのところ刑事責任
は問われていないが，民事上債務不履行として裁判になった場合，有効な同
意の存否が争点となった事件は数多い。そこで，医師ないし病院は，エビデ
ンスのために同意書又は承諾書を取るのが一般的となっている。ただし，

個々の診療，特に外科手術
については，問題を残さな
いためにも同意書を制度化
すべきであろうが，そうす
ると煩雑になるし，医師と
患者の信頼関係を損なうこ
とにもなりかねないので，
現在は任意の形式が採られ
ている。医師ないし病院
は，手術の前に同意書を作
成し，患者ないし近親者，
法定代理人に署名・捺印し
てもらう方式が採られてい
る。個々の医療侵襲に対す
る意思が確認できる文書が
あれば，そうした同意書が
有効であることはむろんで

手 術 承 諾 書

○病院長　殿
　患者氏名
　大正・昭和・平成・令和　　年　　月　　日生

　上記の者，この度の手術を受けるについて手術
中はもちろん術後のどのような変症に及んでもい
かなる苦情も申しません。
　保証人連署の上手術承諾書を提出します。

　　令和　　年　　月　　日
　　　　　上
　　　　　本　人　　　　　　　印
　　　　　保証人　住所
　　　　　　　　　氏名　　　　　印

あるが，例えば，「必要な手術にすべて同意します」というような，包括的同意を内容とする同意書は，原則として無効である。また，如何なる事故が起こっても一切損害賠償の請求はしない旨の同意書も公序良俗に反し無効である。

(3) 誓約書の場合

誓 約 書

○○病院長　殿

　この度，私が貴院において，手術，麻酔，処置，検査等を受けるに当たり，担当医からその内容について十分な説明を受け，診療上必要であることを理解いたしましたので，その実施を承諾します。なお，実施中に緊急の措置を行う必要が生じた場合には，適宜処置されることについても承諾します。

患者　住所

氏名　（○年○月○日生）

多くの病院では，患者側から「誓約書」と称する同意書を取っている。誓約書の効力について判例は，誓約の趣旨は，病気には医師の最善の努力にもかかわらず不測の事態の生ずることのあることを認め，そのような際には苦情を言わない，というものであると解するのが相当であり，医療過誤といった不法行為による損害賠償請求権の放棄を内容とする同意書であるときは，「その誓約書は公序良俗に反し無効なものといわねばならない」とされている（東京高判昭和42年7月11日下級民集18・7＝8号794頁）。

　誓約書の効力については，①診療の内容を個別化し，同意の内容を書式にしておいた場合は有効であること，②医師の最善の努力にかかわらず，不測の事態が生じた場合は苦情を言わないという内容の誓約書は，もともと債務不履行は問題にならないから法的に無意味であること，③医療過誤による不測の事態の発生を含めた免責特権としての誓約書は無効であること（最判昭和43年7月16日判時527号51頁），ただし，当該の診療を承諾した点については患者の同意としては有効である。また，患者から積極的に誓約書に署名・

捺印の申出があった場合も有効であろう。

Ⅲ　強制医療

　医療は，診療を求める患者に対して実施するだけでなく，公衆衛生の向上・増進という公益を確保するために個人の自由を制限しても実施しなければならない場合がある。そのような場合として，精神保健福祉法による強制入院，感染症関連の法律による強制医療がある。

1　精神保健福祉法による場合

　精神保健福祉法は，正式には，「精神保健及び精神障害者福祉に関する法律」という名称の法律であるが，精神障害の発生を予防し，精神障害者の健康の保持及び増進を図るために，措置入院，医療保護入院及び任意入院を中心とした精神科医療制度を設けている（大谷實・精神科医療の法と人権〔1995〕83頁）。

(1)　入院の形態

　①措置入院とは，2人以上の精神保健指定医の診察の結果，その診察を受けた者が精神障害者であり，かつ医療保護のために入院させなければその精神障害のために自身を傷つけ，又は他人に害を及ぼすおそれ（自傷他害のおそれ）があると認められた者につき，都道府県知事の権限で強制的に精神科病院に入院させる措置をいう（法29条）。②医療保護入院とは，家族等の同意を要件として，精神保健指定医による診察の結果，精神障害者であり，そのために適切な判断ができない状態にあり，かつ，医療保護のために入院の必要があると認めた者につき，精神科病院の管理者（院長又は理事長）は，本人の同意を得ることなくその者を入院させることができるという制度をいう（法33条1項）。③任意入院とは，本人の同意に基づいて入院が行われる制度をいう（法20条）。①及び②は，入院を強制される非自由（強制）入院制度であり，③は自由入院制度である。

精神保健指定医　精神科医療は，患者の意思に反して入院をさせ，また病院内での行動を制限するなど，人権に配慮した医療を行う必要があるため，厚生労働大臣は，①5

年以上の診断又は治療に従事した経験を有する者，②3年以上の精神障害の診断又は治療に従事した者など，精神科医療に必要な知識と技能を有すると認められた者を，その本人の申請に基づき「精神保健指定医」として指定する（法18条以下）。その職務は，①入院を必要とするかどうか，②入院を継続すべきかどうか，③病院内での患者の行動を制限するかどうかの判定を行うことが主なものであり，措置入院，医療保護入院を行う精神科病院では，常勤の指定医を置かなければならない。なお，日本精神神経学会は，2006年に3年間で終了する専門研修制度をスタートさせ，専門医認定試験が実施されており，約11,000人の精神科専門医が活動している。

(2) 非自由入院とインフォームド・コンセント

　措置入院においては，2人以上の精神保健指定医の診察による一致した判断に従い，都道府県知事の権限によって入院が強制されるのであり，また，医療保護入院は，1人の精神保健指定医の診察により，家族等の同意に基づき精神科病院の院長又は理事長の権限よって入院が強制されるのであるから，いずれも非自由入院である。したがって，患者には同意能力がないものとして扱われ，患者の自己決定を根拠とするインフォームド・コンセントの法理は適用されないと考えられてきた。しかし，非自由入院の患者においても，同意能力を有する者が多いという考え方が有力となり（（大谷實・精神保健福祉法講義〔第3版 2017〕67頁。小池清廉「患者の人権」臨床精神医学23巻7号〔1963〕839頁，中島一憲「臨床現場からみた意思決定能力」法と精神医療10号〔1996〕33頁），非自由入院についてもインフォームド・コンセントの法理は原則として適用されるべきである。

国連原則とインフォームド・コンセント　　1991（平成3）年の国連総会で採択された「精神疾患を有する者の保護及びメンタルヘルスケア改善のための諸原則11」は，治療の同意（consent to treatment）と題して，患者の理解しうる方法と言葉で，①診断上の評価，②治療の目的，方法，治療期間及びその効果，③他の治療法，④治療に伴う苦痛，不快，危険性及び副作用を説明する必要があるとしている。なお，治療についての説明を受けて同意する場合は，第三者の同席を要求することができるとされている。わが国においても，「説明の必要性は，第1に患者側の自己決定のためであり，第2に治療動機を高めるためであり，第3に治療者——患者関係を樹立し維持するためであり，第4に治療への意欲を高めるためでもある」と主張されるようになってきている（江畑敬介「精神科臨床サービスにおいて説明することの臨床的意義」精神科臨床サービス5

巻 4 号（2004）466 頁）。

⑶　説明と同意

　これまでの非自由入院においては，患者の自己決定は重視されていなかっ
たが，近年においては，①診断（どのような病気であるか），②実施しようとし
ている治療の目的・方法，③治療の見込み期間，④診療に伴うリスク等につ
いて，一応の説明があり，患者の同意を得て診療が行われるようになってき
ている。しかし，いかに懇切な説明をしても入院や治療を拒否する精神障害
者が存在することも事実である。法律上は，措置入院の場合は都道府県知
事，また医療保護入院の場合は病院の管理者（理事長・病院長）の権限で入院
や院内の行動を強制することができるのである。この点について精神科医又
は精神医学者の間では，①有効な治療である以上は，患者への説明を断念し
て診療を実施してよいとする見解，②十分な説明をする必要はあるが，同意
が得られなくても診療を実施してよいとする見解，③患者の自己決定権・治
療拒否権を認めて診療を実施すべきでないとする見解などが主張されている
（大谷・前掲精神保健福祉法講義 67 頁）。

　思うに，重度の精神障害者であっても何らかの意思能力は認められるので
あるから，担当する精神科医としては，可能な限り説明を尽くして，何とか
本人の同意に漕ぎつけるべきであり，意思能力が認められないから説明する
必要はないとして強制的に入院させて治療するのは説明義務に違反し，債務
不履行として民事責任が問われてしかるべきである。ただし，非自由入院，
病院内での行動制限を認める現行法の下では，医療保護の必要上，入院又は
行動制限が必要であると認めるときは，同意のない治療行為として専断的治
療行為とするのは困難であろう。

2　感染症法による場合

　感染症法は，正式には「感染症の予防及び感染症の患者に対する医療に関
する法律」という名称の法律であるが，患者の意思に反して治療を実施する
強制医療が認められているのは，上記の精神障害と感染症の患者に対してだ

けである。

(1) 入院の勧告

　感染症とは，ペスト，ジフテリア，新型インフルエンザ，新型コロナウィルスなど病原体が体に侵入して症状が出る病気のことをいう。感染症の流行は，「時には，文明を存亡の危機に追いやり，感染症を根絶することは，正に人類の悲願と言えるものである」(感染症法前文)。そこで感染症法は，「感染症の予防及び感染症の患者に対する医療に関し必要な措置を定めることにより，感染症の発生を予防し，及びそのまん延の防止を図り，もって公衆衛生の向上及び増進を図ることを目的」とし，検体の採取，健康診断及び就業規制を定め，そのうえで，「都道府県知事は，～感染症のまん延を防止するために必要があると認めるときは，当該感染症の患者に対し，特定医療機関……に入院し，又はその保護者に対し当該患者を入院させるべきことを勧告することができる (法19条1項) と規定して，強制入院制度を設けている。

(2) 入院措置

　先ず，感染症を診断した医師は，都道府県知事に対し届け出をしなければならない。それを受けた都道府県知事は，患者関係者に対する質問，調査を職員に行わせることができ (法15条)，そこから得た情報は，最終的には厚生労働大臣に報告され，感染症の発生状況に関する情報として，拡大防止や早期治療に向けた施策に活用される。

　次に，患者の診断および治療等に関する手続が進められる。すなわち，第1に，都道府県知事は，感染症の疑いがある者に対して健康診断を勧告し，これに従わない場合は強制的に健康診断を受けさせることができる。第2に，まん延防止のために必要があると認めるときは，都道府県知事は，本人又は保護者に対して適切な説明をして理解を得るよう努め，そのうえで特定の医療機関への入院を勧告することができ，勧告を受けた者がこれに従わないときは，72時間を限度として強制的に入院させることができる (法19条，20条6項，26条)。そして，「正当な理由がなくその入院すべき時期までに入院しなかったときは，50万円の過料に処する」とされている。なお，その後において入院が必要となる場合は，都道府県知事は10日以内の範囲で繰り

返し入院を延長することができる。これらのまん延防止策は,「公衆にまん
延させるおそれ, 感染症にかかった場合の病状の程度, その他の事情に照ら
し, 感染症の発生を予防し, 又はそのまん延を防止するため必要な最小限の
ものでなければならない」と定められており (法 22 条の 2),「必要最小限自
由制限」の原則を表明している。

(3)　人権への配慮

　感染症対策として, 新型インフルエンザが全国的かつ急速にまん延し, こ
れに患った場合の症状の程度が重篤となるおそれがあるところから, 2013
(平成 25) 年に「新型インフルエンザ等対策特別措置法」が制定され, 国の緊
急事態宣言及び都道府県のまん延防止措置等の対策が講じられることになっ
たが, その後, 2019 (令和元) 年から現在まで続く新型コロナウィルス禍は,
感染症患者の医療に波及し, 特に感染防止のための入院命令に違反した者を
過料に処するという感染症法改正が行われる事態となった。

　確かに, 特定感染症指定病院への入院の勧告及び入院措置を講ずるに当
たっては,「患者又は保護者に対し適切なる説明を行い, その理解を得るよ
う努めなければならない」とされ, 強制措置については,「必要最小限自由
制限」の原則の適用を促すなど, 人権への配慮が認められているが, 過料と
はいえ制裁を課して入院を強制する点には疑問を覚える (川本哲郎「新型コロ
ナウィルス感染症対策と人権」同志社法学 420 号 11 頁。須田清「感染症予防法」加藤編・
578 頁。)。幸い, 法改正後, 現在までのところ過料が課された実例はないよ
うであるが, 入院措置には慎重を期すべきである。

Chapter 9

医療行為に付随する義務

I 総 説

　医療行為に付随する義務としては，①医師法上の義務，②医療契約上の義務，③刑法上の義務がある。①の医師法上の義務としては，a. 診療義務（応招義務）（19条1項），b.「診断書等交付義務」（19条2項），c.「無診察治療及び無診察証明の禁止」（20条），d.「異状死届出義務」（法21条），e. 処方せん交付義務（22条），f. 療養指導義務（23条），g. 診療録記載・保存義務（24条）が定められている。また，②の医療契約上の義務としては，善管注意義務（民法644条）があり，さらに，③の刑法上の義務としては，虚偽の証明文書の作成禁止（刑法160条）及び守秘義務（同134条）がある。民法上の善管注意義務は，②の医療契約上の義務であり，医療行為に付随する義務とは趣旨を異にするので，本書では②を除く医師の義務について検討する。

義務の性質　医師法上の医師の義務については，公法上の義務か私法上の義務かについて争いがあり（山本隆司「私法と公法の『協働』の様相」法社会学66号16頁），義務自体は医療行政上の義務すなわち公法上の義務というべきであるが，いずれも傷病者の生命・身体を保護するための義務であるから，間接的には民事責任や刑事責任とも関連する。

II 診療義務（応招義務）

　医師法19条1項は，「診療に従事する医師は，診察治療の求めがあった場

合には，正当な事由がなければ，これを拒んではならない」と規定している。ただし，これに違反しても処罰されない。

1　意　義

　診療義務とは，医師が診療の依頼を受けたときはこれに応じ，又は，すでに医療契約が成立して患者を引き受けているときに，患者からの診療の求めに応じる義務をいう。前者を応需義務，後者を応招義務と称して両者を区別する見解もあるが（中森喜彦「医師の診療引き受け義務違反と刑事責任」法学論叢91巻1号1頁），両者とも診療を義務の内容とするものであるから，本書では両者を包括して「診療義務」として論述をすすめる。なお，診療義務を応招義務とするのが多数説であり（小松・52頁，米村47頁など），厚生労働省もこの語を使っているが，条文の文言が「診察治療の求め」としているので，「応招義務」よりも「診療義務」の方が用語として自然であると考える（山下・520頁，大谷・32頁は「診療義務」としている。なお，樋口・69頁）。

　診療義務が医師に課されるのは，医療の公共性によるためであり，医師に業務の独占を認める免許制度の反射的効果として認められた制度であるといわれている（小野恵「医師法19条第1項の問題点」東京女子医大誌38巻110号708頁）。したがって，診療義務は医師の国家に対する行政上の義務であり，依頼した傷病者個人がこの規定を根拠に個々の医師に対する治療を受ける権利，つまり医療給付の債権を取得するわけではないとするのが通説的見解となってきた。診療義務は，生命・身体の保護を業務とする医師本来の職業倫理を法的に訓示したにすぎないとする見解もあったが（唄・前掲書307頁），これらの見解によると，医師法が診療義務違反を処罰しないのは，診療義務違反を倫理上の義務と法律上の義務の中間に位置づけているからだとされる。諸外国の立法例を見ても，この種の規定を置いている国はなく（なお，中森・前掲論文28頁），また，わが医師法の規定も個々の依頼人の診療を医師に強制するものではないとされてきた。

2 沿 革

　わが国の診療義務に関する法の沿革を振り返ってみると，診療義務に関する規定は，わが国の医療制度を創出した 1874（明治 7）年の「医制」にさかのぼる。同 44 条は，「医師行状正しからず或いは懶惰にして業を怠り危急の用に達せざるときは，医務取締区戸長の詮議を以て地方官衛生局に届け，医業を禁じ地方庁にて其の事由を報告すべし」と定めていた。要するに診療義務違反については医業停止の行政処分にとどめていた。ところが，1882（明治 15）年の旧刑法はこれを違警罪とし，「医師穏婆故なくして急病人の招きに応ぜざる者」は，1 日以上 3 日以下の拘留又は 50 銭以上 1 円 50 銭以下の科料に処す（427 条）と定め，診療義務違反には刑罰が科されていた。

　旧刑法の規定は，1908（明治 41）年の現行刑法への移行の際に警察犯処罰令に引き継がれ，「開業の医師産婆故なく病者又は妊産婦の招きに応ぜざる者」は，20 円未満の科料に処せられることになった（472 条 9 号）。この段階で 1919（大正 8）年の旧医師法施行規則に移され，「開業の医師は，診察治療の需ある場合に於いて，正当な事由なくして之を拒むことを得ず」と定めて，その違反には 25 円以下の罰金を科することとした（16 条）。その根拠は「其の職業の性質上急病人に限らず広く病者に対するすべての場合に招きに応ぜざる者を処罰するにあらざれば，医師が社会の高等職業として世人の尊敬を受け仁術者として待遇せられることとの均衡を失すればなり」という点にあった（谷津慶次・警察法条解〔1927〕142 頁）。医の倫理の刑罰による強制といってよいであろう。この点が反省されて，1948（昭和 23）年に現行の医師法が制定されるに際して，診療義務の履行は医師の自覚に俟つべきであるとされ，診療義務違反に罰則を設けなかったのである。

3 診療義務の根拠

　医師の診療義務の根拠として，通説は，医師の職業倫理ないし業務の公共性及び免許制度に基づく医業の独占という両面からこの義務を捉えようとする。例えば，「法制度に当たっては本条のごとき規定は法律を以て強調すべきものではなく，すべからく医師の自覚に俟つべきものであるとの意見も

あったが，医師の職務の公共性より見てその応招義務は特に強調されるべき
であるので，やはり法律上の義務」として規定された。しかし，従来置かれ
ていたこの違反に対する罰則は削除され，この義務を果たすと否とは，一応
医師の良心に任せられた」（山内豊徳・医師法・医療法（1981）358頁）とする見
解，あるいは，「これを職業倫理の問題として捉え，ただ医師という職業の
公共性や独占性の故もあって，その応招義務が強調されて，罰則を伴わぬ公
法上の義務として規定されたものである」（沖永壮一＝中村敏明「医師の応召義務」
帝京法学1巻1号8頁，磯崎＝高島・200頁。なお，小松・53頁参照）との見解も主張
された。

　これに対し筆者は，憲法13条は個人の尊重と幸福追求権を保障し，ま
た，同25条は，生存権及び公衆衛生の向上・増進を国家に義務付けている
こと，さらに医師法1条は，医師の職分として，「医師は，医療及び保健指
導を掌ることによって公衆衛生の向上及び増進に寄与し，もって国民の健康
な生活を確保する」ことを掲げているところから，診療義務は，医師が国民
の生命・健康を守るための職業上の義務とする見解（大谷・46頁。なお，金沢
文雄「医師の応招義務と刑事責任」法律時報47巻10号36頁）が主張してきた。す
なわち，診療義務が公法上の義務であることをあえて否定するものではない
が，憲法13条は，個人の尊重と生命・幸福追求の権利を保障し，さらに憲
法25条は，生存権の保障及び公衆衛生の向上・増進を国家に義務付けてい
る。これらを受けて医師法は，医療を医師の独占的業務とし（19条），医師
の一般的任務として，『国民の健康な生活の確保』（1条）を掲げている。こ
うして，疾病に対する診療権と能力を医師のみに公認する法制度の下では，
国民の生命・身体の安全，健康に生活する権利を具体的に保障できるのは医
師だけであるということになる。ここに診療義務が課される法律上の実質的
根拠があり，こうした診療の目的に照らすと，診療義務は単に医師に診療を
義務付けるだけでなく，健康の回復及び疾病の悪化を防止することも目指し
ているとする立場から通説に異論を唱えてきた次第である。

　しかし，この見解に対しては，「求めに応じて診療をなすべき応招（診療）
義務は，患者の診療を受ける権利（健康権）と対置する関係にあるのであろ

うか。そうだとすれば，正当な理由のない不応招は，患者の健康権の侵害として違法とされ，それに対する救済が認められなければならないであろう。しかし，健康権なるものは，現行法上実体的権利としていまだ十分に確立しているとは言えないように思われる。」「国民が必要なときに容易に医療を受けられるように保障すべきであるとの趣旨から，応招義務を医師の国家に対する義務とするにとどまらず，『国民の健康な生活の確保』（1 条）に務めるという一般的義務を具体化するものとしてこれを捉える点に正しい認識を含んでいると考えられるが，不応招が患者の生命・健康を侵害する結果を惹き起こした場合の民事上・刑事上の責任は，債務不履行ないし不法行為，業務上過失致死傷などそれぞれの成立要件が改めて検討されなければならない」（小松・54 頁）とする指摘がなされた。

　この指摘を踏まえ，改めて診療義務の根拠を以下のように考える。すなわち，診療義務が医師に課されているのは，「医業」の公共性によるものである。憲法 13 条による個人の尊重及び幸福追求権が保障されていること，憲法 25 条により生存権の保障及び公衆衛生の向上・増進が国家に義務付けられており，これを受けて医師法 1 条は医師の職分として，医師に一般的な任務として「国民の健康な生活の確保」を掲げ，医療を医師のみに独占させている。したがって，医師に診療拒否の自由を認めると，国民の健康な生活の確保のみならず生命を危うくするおそれがあるところから，傷病者の保護を図るための一般的規定として，公法上の義務を定めたものと解するのである。

　かくして，診療義務は，医師が国民一般の生命・健康を保護するために，国に対して負う公法上の義務であり，傷病者がこの規定を根拠に，個々の医師に対して診療請求権を取得するわけではない（山下・521 頁参照）。したがって，診療義務違反と対置する制裁が規定されていない以上，行政上の制裁はともかく，単なる診療義務違反についての法的制裁は用意されていない。

　そこで従来の通説・判例は，診療義務違反に罰則がないのであるから，診療義務違反によって生じた有害な結果についても不問に付すべきだとしてきたように思われる。診療義務は，もともと法と道徳の中間に属する義務であ

り，その違反は違法とは言えないと考えられたのであろう。確かに，診療義務に違反して診療を拒否しただけで法的責任を問題とするのは，行政上はともかく民事上，刑事上の責任を問うことは許されない。しかし，医師の診療拒否が原因で傷病が悪化し，あるいは死亡したのが明らかである場合，個人の重大な利益を侵害していても不問に付すべきであるとするのは不当である。先にも述べたとおり，診療義務は，国民の生命・健康を保護するための制度である以上，医師が診療を拒否したために病状が悪化し，又は死亡した場合を放置することは許されない。診療義務違反に係る法律上の効果として，改めて公法上の責任，民事上の責任，刑事上の責任を検討すべきである。

　一方，医療機関，医師総数の増加など医療提供体制の現状に鑑み，診療拒否の生命・健康に対する危険性は低下したとして，診療義務（応招義務）規定の存在意義自体を無用のものとして否定する見解があり（樋口・68頁），また，「応招義務規定は歴史的役割を終えた」（米村・47頁）とも評されている。さらに，医療を取り巻く環境の変化に対応するため，2019（令和元）年12月の厚生労働省通達（医発第1225号）で大幅な要件の見直しが行われたが，しかし，患者や傷病者が医師に診療を求める事例は数多く，医療倫理上はともかく，診療義務は，傷病者の診療を確保するために重要な役割を演じていることは疑いない。「数多い医師の中にひどい医師がおり，患者の苦しみに共感せず見殺しにするようなケースがあ」るからである（樋口・78頁）。

4　診療義務の範囲

　診療義務が課されるのは，「診療に従事する医師」すなわち業として医療行為に従事する医師に限られる。研究のみに従事する医師，休業中の医師は含まれない。また，診療義務は「診察治療の求めがあった場合」に発生するものであり，患者が初診の場合，通院中の場合，入院中の場合のいずれも含まれる。救急患者についても診療義務は認められる（後掲千葉地判昭61・7・25）。診療義務は，新規の患者が診療開始を求めてきた場合に限るとした静岡地判平成30年12月14日医療判例解説80号141頁があるが，法文上「診療治療の求め」としているから，初診に限るとする根拠に乏しい（平沼・128頁）。

　なお，入院中の患者が，入院の継続を希望している場合に退院させること
ができるかについて，「医師は正当な理由なく診療を拒むことができないこ
とからすると，入院中の患者を退院させるには，自らの下での実施し得る療
法よりも患者にとって有益な療法が存在するが，その療法は自ら行うことが
できず，他に転院しなければならない状況にあることが必要であり，担当の
医師がその状況を認識するとともに，そのことを患者に説明して理解を得る
ことが必要である」（東京地判平成 18 年 12 月 8 日判タ 1255 号 276 頁）とした判例
がある。退院の医学的根拠・理由がないのに退院を強制するのは診療拒否に
該当するから，この判旨は妥当である。また，診療中の患者が診療の継続を
求めたときにこれを拒否することが診療義務違反になるかが問題となってい
る。診療継続中の患者について，診療を拒否したというためには，それまで
の治療内容や患者の症状の改善状況等を踏まえて，さらに何らかの医療措置
を講ずべきであったのにそれをしなかったことを示す必要があるわけだが，
そのような判断を示すことは困難であり，そのことを理由に「義務内容は初
期診療行為に限定すべきである」とする見解（樋口・78 頁。前掲静岡地判平成
30・12・14）もある。しかし，例えば，入院中の患者の病状が急変したので，
付き添いの者が医師に診療を求めたのに，正当な事由がないのに医師はこれ
を無視して診療に応じなかったような場合も含め，退院させるのに医学的合
理的理由がなく，患者が退院を拒んでいるのに無理に退院させるのは，診療
義務に違反すると解すべきである。なお，診療を求める方法は，医師に患者
の診療の意思が伝わればばよいから，電話や他人に伝言を頼んだ場合でも問
題はない（反対，平沼・129 頁）。

5　正当な事由

　医師は，「正当な事由」があれば診療を拒んでもよい。ここで，いかなる
事由が正当な事由に当たるかが問題となるが，この点について法は何も定め
ていない。ただし，行政上の解釈として，厚生省医務局長通知があり（昭和
24 年 9 月 10 日医発第 752 号），①診療報酬の不払いがあっても，直ちにこれを
理由として診療を拒否してはならない，②診療時間を制限している場合で

あっても，そのことを理由に診療を拒否してはならない，③特定の人を相手に診療する医師であっても，他に診療に従事する医師がいないときは診療を拒否してはならない，④天候不良など，事実上往診不可能な場合を除いて，診療を拒否してはならない，⑤医師が自己の標榜する診療科目以外の疾病について診療を求められた場合でも，応急措置その他できる範囲のことをしなければならないとしている。

　今日の医療機関の機能分化や地域医療の提供体制にかんがみて，総ての医療機関に診療義務を課すのには疑問があるとする見解もあるが，正当な事由とは，医師側，患者側双方の事情を考慮して，診療を拒むことが社会通念上やむを得ないと考えられる事由をいうと解すべきである。行政解釈によれば，「医師の不在又は病気等により，事実上診療が不可能である場合」（昭和30年8月12日医収755号）をいうものとされている。

　具体的には，医師の軽度の疲労，酩酊，休診日や診療時間外であること，過去の診療報酬の不払いや天候不順などによる診療拒否は正当な事由に当たらないが，患者の暴言・暴力，医師と患者の信頼関係の喪失，病気，専門外，入院病床の満床，治療処置中であることなどによる診療拒否は，正当な事由に当たるとされてきた（穴田秀男・医事法（1974）224頁）。なお，令和元年の厚生労働省通知（令和元年12月25日医政発1225第4号）は，「応招義務をはじめとした治療の求めに対する適切な対応の在り方」として，①医療提供体制の変化，②勤務医の過重労働を踏まえて，診療時間・勤務時間外であることを理由に診療を拒むことは正当化され，また，患者と医師の信頼関係が喪失している場合は，新たな診療を拒むことも正当化されるとして，先の昭和30年通知を変更している。

診療拒否と正当な事由　　千葉地判昭和61年7月25日判時1220号118頁は，重度の気管支炎の疑いのある幼児の救急患者の入院診療を拒否した病院について，ベッドの満床を理由とする診療拒否には正当事由がないとして不法行為責任を認めたものである。判決理由によると，診療を求められた病院の人的・物的能力，代替施設の有無等の具体的事情によっては，ベッドの満床は正当な事由になりうるとしたうえで，①入院依頼がなされた時間帯には，当該病院には小児科担当医が3名おり，いずれも外来患者の受け入れ中であったこと，②病院の近隣の市町村において小児科専門医がいることを認識し

ていたこと，④同病院の小児科のベッド数は現在 6 床であるが，以前は同じ病室に 12, 13 床入れて使用していたこともあり，さらに救急外来のベッドがすべて満床であったとしても，とりあえずは救急室か外来のベッドで診察及び点滴の治療を行い，その間にベッドが空くのを待つといった対応を採ることも 300 床を超える入院設備を有する同病院にとっては可能であったこと，これらの事情の下では，病院のベッド満床を理由とする診療拒否には医師法 19 条の正当な事由がないと判示し，不法行為責任を認めたものである。なお，本件において，裁判所は，医師法 19 条 1 項（改正前の規定）は，「診療に従事する医師は，診察治療の要求があった場合には，正当な事由がなければ，これを拒んではならない」と規定している。この医師の応招義務は，直接には公法上の義務であって，医師が診療を拒否すれば，それがすべて民事上医師の過失になるとは考えられないが，医師法 19 条 1 項が患者の保護のために定められた規定であることに鑑み，医師が診療拒否によって患者に損害を与えた場合には，医師に過失があるとの一応の推定がなされ，診療拒否に正当の事由がある等の反証がないかぎり医師の民事責任が認められると解すべきである」と論じた（同旨の判例として神戸地判平成 4 年 6 月 30 日判タ 802 号 196 頁がある）。なお，「休日夜間診療所，休日夜間当番医制などの方法により地域における急患診療が確保され，かつ，地域住民に十分周知徹底されているような休日夜間診療体制が敷かれている場合において，医師が来院した患者に対し休日夜間当番院などで診療を受けるよう指示することは，医師法 19 条第 1 項の規定に違反しないものと解される。ただし，症状が重篤である等直ちに必要な応急措置を施さねば患者の生命，身体に重大な影響が及ぶおそれがある場合においては，診察に応ずる義務がある」（厚生省通知昭和 49 年 4 月 16 日医発 412 号）。ちなみに，正当事由が認められた判例として名古屋地判昭和 58 年 8 月 19 日判時 1104 号 107 頁がある。なお，厚生労働省医政局長は，令和元年 12 月 25 日，それまでの通知を整理して，大要以下のような正当事由に関する通知をした（医政局 1225 第 4 号）。①緊急対応が必要な場合，医師の診療能力等を総合的に勘案して，事実上診療が不可能といえる場合にのみ正当化される。②診療・勤務時間内・勤務時間内の場合，診察能力とを総合的に判断し，事実上診療が不能な場合，診療しないことが正当化される。③緊急対応が不要な場合，診療時間内・勤務時間内である場合，原則として患者の診療の求めに応じて診療を提供する必要がある。ただし，患者と医療機関等の信頼関係等を考慮し緩やかに解釈される。④個別事例ごとの対応として，患者の迷惑行為，支払い能力がある者の医療費不払い，医学的に入院の不要な者に対する退院は，原則として正当化される。⑤患者の年齢，性別，人種，国籍等を理由に診療を拒否することは，原則として正当化されない。

6　診療義務違反の法律効果

診療義務違反自体についての罰則はないが，診療義務は患者の保護のため

のものであるから，医師の診療拒否によって患者に損害を与えた場合には，法的責任が成立する。法的責任としては，①行政（医師法）上の責任，②民事上の責任，③刑事上の責任が問題となる。

⑴　行政（医師法）上の責任

　旧医師法においては，診療義務違反について「25円以下の罰金」が科されることになっていたが，現行法上は処罰されない。そこで，診療義務違反の法律効果が問題となるが，診療義務規定を単なる行政上の訓示規定と解するのであればともかく，患者ないし傷病者を保護するための規定でもあると解する以上，当然義務違反の法律効果を認めなければならない。かくして，医師法上の法律効果が問題となるが，正当な事由がないのに診療を拒否することをしばしば繰り返した場合には，相対的免許取消し事由の一つである医師法7条にいう「医師としての品位を損する行為」として，免許取消し・医業停止等の行政処分の事由になりうるとされている（昭和30年8月12日医収755号。なお，穴田・224頁）。

⑵　民事上の責任

　診療義務は公法上の義務と解すべきであり，診療義務違反自体については行政上の問題として処理すべきであるが，義務違反が傷病者に障害を与えた場合はどうか。かつての通説・判例は，診療義務は「免許と引き換えに国に対して負う公法上義務」であり，医師が診療義務に違反した結果，傷病者の病状が悪化した場合にも，民事上，刑事上の責任を論ずべきではないとしてきた（野田・117頁。東京地判昭和56年10月27日判タ460号142頁，同控訴審判決東京高裁判昭和58年10月27日判時1093号83頁）。しかし，診療義務は単に医師に診療の給付を義務付けるだけでなく，健康の回復及び病気の悪化を防止をも目指すという傷病者を保護するための規定であるから，診療を担当する医師が診療拒否によって患者に損害を与えた場合には，その損害を補填する法的措置を講じなければならない。

　1983（昭和58）年の名古屋地裁判決は，心臓発作の患者に対して，かかりつけの医師が入院先として申し込んだ救急病院において，当直医の外科医1名で内科医が不在であったこと，さらに外科医も交通事故の重傷者の診療に

追われていたことを理由に受け入れを拒否した事案につき，「診療義務は公法上の義務と解すべきであり，右義務違反が直ちに民法上の不法行為を構成するものと断ずるには疑問がある」としながら，仮にそうだとしても，本件事案の下では「やむを得ざる入院診療拒否」であるとして訴えを退けた（前掲名古屋地判昭和58年8月19日）。この判決は，当時の通説・判例に一定の距離を置く態度を示したものと解された。

　これに対し，従来の通説・判例を修正したのが，先に紹介した千葉地裁判決である。「医師の応招義務は，直接には公法上の義務であって，医師が診療を拒否すれば，それがすべて民事上医師の過失になるとは考えられないが，医師法19条1項が患者保護のために定められた規定であることに鑑み，医師が診療拒否に正当事由がある等の反証がない限り医師の民事責任が認められると解すべきである」としたのである（前掲千葉地判昭和61年9月25日）。さらに神戸地裁判決は，「右法条項の文言内容からすれば，右応招義務は患者保護の側面をも有すると解されるから，医師が診療を拒否して患者に損害を与えた場合には，当該医師に過失があるという一応の推定がなされ，同医師において同診療拒否を正当ならしめる事由の存在，すなわち，この正当事由に該当する具体的事実を主張・立証しない限り，同医師は患者の被った損害を賠償すべき責任を負うと解するのが相当である」（前掲神戸地判平成4年6月30日）と判示したのである。

　医師法19条を患者保護の規定とする解釈については，なお，批判する見解も有力であるが（樋口・75頁，米村・49頁。なお，平沼・129頁），「医師が診療拒否によって患者に損害を与えた場合は，診療拒否に正当な事由があるなどの反証がない限り，民法709条の不法行為として民事上（損害賠償）の責任が認められる」とする解釈は，裁判実務上ほぼ定着したとする見解もあり（山下・525頁。なお，山田卓夫・医事法・生命倫理（2010）270頁），今後，診療義務をめぐる訴訟の帰趨は，「正当事由」の有無についての判断が左右することになるであろう。

正当な事由と救急医療　2006年8月7日，患者女性は分娩のため奈良県にある町立大淀病院に入院。翌8日午前10時過ぎに頭痛を訴え意識を失った。午前1時37分頃に

容態が急変し，医師は子癇発作（原因不明の妊娠中の発作）と考えて，高次医療機関への搬送が必要と判断し，奈良県立医科大学病院に受け入れを打診したが満床を理由に断られ，その後18の病院に受入れ・転院を断られた後，午前4時49分，大阪府の国立循環器病センター病院に搬送を開始し，午前5時47分に1時間かけて同センターに到着。直ちに脳内出血と診断され，その後緊急開頭手術と帝王切開が実施され，男児を出産したが，妊婦は1週間後に死亡した。奈良県警は，大淀病院の産婦人科医を逮捕し，業務上過失致死容疑で立件する方針であったが，取調べの結果，刑事責任は問えないと判断して立件を見送った。その後，亡くなった産婦の夫と生まれた子を原告とし，大淀町と産婦人科医を被告とし，2007年に大阪地方裁判所に損害賠償を請求する民事訴訟を提起したが，2010年に請求は棄却された（大阪地判平成22年3月1日判夕1323号212頁）。その判決理由の中で，「裁判所の付言」として，「現在，救急患者の増加にもかかわらず，救急医療を提供する体制は，病院の廃院，診療科目の閉鎖，勤務医の不足や過重労働などにより極めて不十分な状況にあるといわれている。医療側にあっては，救急医療は医療訴訟のリスクが高く，病院経営上の医療収益面から見てもメリットはない等の状況がこれに拍車をかけているようであり，救急医療は崩壊の危機にあると評されている。社会の最も基本的なセーフティネットである救急医療の整備・確保は，国や地方自治体のもっとも基本的な責務であると信じる。重症患者をいつまでも受け入れ期間が決まらずに放置するのではなく，とにかくどこかの医療機関が引き受けるような体制作りがぜひ必要である。救急医療や周産期医療の再生を強く期待したい」と述べている（なお，大谷・42頁）。その後の救急医療体制の整備については，国民衛生の動向68巻9号（2022）192頁において，詳しく紹介されている。

(3)　刑事上の責任

(ア)　**意　義**　　正当事由がないのに診療を拒否し，その結果，傷病者又は患者の病気が悪化し，又は死亡してしまった場合，不法行為として民事上の責任が発生するのであるが，このことは，国民の生命・身体を保護法益とする刑法上の問題でもあるところから，診療拒否と刑事責任との関係が刑法上の課題として論議されてきた（中森・前掲論文4頁）。問題は，診療拒否が原因となって患者の病気が悪化したり，死を招いたりした場合に，生命・身体を保護法益とする殺人罪，傷害罪，保護責任者遺棄罪，業務上過失致死傷罪が成立するか否かである。なお，この問題を論ずるに当たっては，医療契約又は引き受け以前の場合と，入院等により患者を引き受けた場合を区別すべきかどうかも問題となりうる。

診療義務違反に罰則が置かれていた旧医師法時代においては，診療拒否の結果，傷病者又は患者の症状が悪化し，あるいは死亡してしまった場合，診療義務を根拠に不作為による殺人等の成立を主張する学説は有力であった（宮本英脩・刑法学粋〔1931〕208 頁，木村亀二・刑法解釈の諸問題第 1 巻〔1939〕263 頁）。しかし，診療義務違反の罰則がなくなってからは，診療義務は公共的義務に過ぎないから，個々の傷病者の生命・身体を保護する義務はないといった理由から，診療義務違反に関連した刑事責任は問わないとする否定説が通説となっている。

その間にあって，植松正博士は，「法令による結果防止義務の例を挙げれば，診療に従事する医師が患者の病状悪化を予見しながら私怨を含んで診療義務（医師法 19 条 1 項）に違反して診療治療の要求に応じないで，手遅れによって患者の病状を悪化させたような場合に求められる。この場合には，その医師は医師法違反のほか，病状悪化の結果につき傷害（204 条）の罪責を負わなければならない」（全訂・刑法概論 1 総論〔1966〕115 頁）と主張されていた。

診療義務は，公共的義務として医師の国に対する義務であるが，義務の内容は人の生命・健康を保護であるから，診療義務に違反しただけであればともかく，診療を求めている傷病者を保護しないのは法の趣旨に反すると解する。診療義務は，まさしく「患者保護の側面を有する」のである（前掲千葉地判昭和 61 年 7 月 25 日，神戸地判平成 4 年 6 月 30 日）。したがって，正当な事由がないのに診療拒否によって患者の病状を悪化させ，あるいは死なせてしまった場合は，民事責任と併せて刑事責任を認めるべきである。しかし問題は，診療義務違反又は診療拒否という不作為が，殺人罪や傷害罪の成立要件に当てはまるといえるか，言い換えると殺人罪・傷害罪の構成要件に該当しうるかである。

（イ）**作為犯と不作為犯**　刑法上の犯罪は，法が保護している利益（保護法益）を積極的な動作によって侵害した場合を作為犯という。これに対し，法律上義務付けられていること（作為義務）をなさずに法益侵害の結果を招く場合を不作為犯という。不作為犯には，刑罰法規の内容として不作為が予定されている犯罪，例えば，公務員から解散の命令を 3 回以上受けたにもか

かわらず，なお解散しない場合に成立する不解散罪（刑法107条），あるいは退去を要求されているのに退去しない場合に成立する不退去罪（刑法30条）を真正不作為犯という。刑罰法規の内容としては原則として作為が予定されているが，一定の義務（作為義務）を守らないことによって作為と同程度の確実性をもって結果を実現できる態様の不作為を作為の場合と同様に処罰する犯罪とがある。これを不真正不作為犯という。

　㋒　**不真正不作為犯としての殺人罪と傷害罪**　　不真正不作為犯としての殺人罪ないし傷害罪の成否を考えてみよう。例えば，無医村地域の診療所に急患が搬送されて救急隊員が医師に診療を求めたところ，四囲の具体的状況から見て他に助ける方法もないから，自分が診療を拒否すれば患者が死亡してしまうと思いながら，私怨を晴らすために敢えて診療を拒否したために，患者はまもなく手遅れとなって死んでしまった場合はどうか。

　これまで診療義務違反による殺人罪又は傷害罪の成立を認めた判例はなく，また，学説上も成立に反対する立場が通説である。問題の要点は，①医師に死の結果を防止する作為義務があるか，②医師の診療拒否は，例えば母親が乳児に授乳しないで死なせるのと同様，確実に患者を死なせる程度の危険な不作為と言えるかに集約される。

　通説は，診療義務は公共的義務に過ぎないから結果を防止する義務は認められないとするが，しかし，既述の診療義務の立法趣旨から考えて，医師に対して傷病者が具体的に診療を求めてきている場合，その医師は傷病者の生命・身体を保護する立場にあることは否定できない。当該の者の病状を悪化させ，死なせてしまう結果を防止する義務は，その医師はあると考えるのである。

　しかし，その結果防止義務に違反して診療を拒否しても，直ちに殺人罪又は傷害罪が成立するわけではない。植松博士は，診療義務違反を根拠に不作為の殺人を認めるが，不真正不作為犯が成立するためには，例えば，毒殺し，あるいは絞殺するといった作為の場合と同じように，確実に殺害や傷害の結果を生じさせる性質のものであることを必要とする。そこで，診療拒否による殺人罪や傷害罪の成立を認めるためには，入院させるといったよう

に，患者を引き受けた場合に限られるとする有力な学説があるが（中森・前掲論文3頁）。その学説は，傷病者を患者として引き受けた場合でないと，診療拒否によって人を殺すことは不可能であるという認識に基づいている。「応診の依頼を断るいわゆる不応招の場合と，患者がすでに医師の下にある場合」とを区別すべきであるというのである。確かに，先に例示した救急車で搬送されてきた急患の場合，別の病院に転送することなど，私怨があって診療を拒否しても，それによってその傷病者を死に至らしめることは通常はあり得ない。しかし，他にその傷病者を引き受ける医療施設がないなど，死を防止できるのは診療を求められているその医師だけであるという場合もあり得るから，「不応需と不応招」を区別して論ずるのは適切でないと考える。

このようにして，診療を求められた医師が，直ちに処置を講じなければ，傷病者の生命・身体に危険が生じる場合，正当な事由がないのに診療を拒否するという不作為は，殺人罪又は傷害罪を構成すると考える（飯田英男「医療過誤と刑事責任」法律にひろば29巻1号16頁）。これに対して，故意に基づく診療拒否による病変の悪化について，殺人罪や傷害罪の適用を認めないのが一般の見解である（金沢文雄「医師の応招義務と刑事責任」法律時報47巻10号40頁，藤木英雄・行政刑法（1976）264頁）。たとえ急患であっても，診療拒否によって作為によるときのように人身への危険が直ちに生ずるわけではないとする理由からであろう。確かに，診療拒否による殺人や傷害は，滅多に発生するものではないが，診療を求められている医師以外に急患を助ける者がいない場合，あるいは患者を引き受けて診療を継続していながら診療を拒否し，結果の発生を予期して診療の機会を失わせるような事例については，殺人罪や傷害罪の成立を問題とすべきであろう。

(ｴ) **保護責任者遺棄罪との関連**　　診療を拒否されたために病気が悪化した場合，診療義務違反を根拠に不作為による保護責任者遺棄罪ないし保護責任者遺棄致死罪を適用すべきであるとする有力な見解がある（藤木・前掲書264頁）。刑法218条は，「老年者，幼年者，身体障害者又は病者を保護する責任のある者がこれらの者を遺棄し，又はその生存に必要な保護をしなかったときは，3月以上5年以下の懲役に処する」とし，同219条は，これに

よって死の結果が生じたときは同致死罪として 20 年以下の懲役に処すると
している。保護責任者遺棄罪は，生命に対する危険犯であり，具体的に死の
危険が発生したかどうかは問わず，遺棄行為が行われれば直ちに遺棄罪は成
立する。

　保護責任者遺棄罪を診療義務違反に適用してみると，遺棄の対象となる
「病者」は，広く肉体的・精神的に疾病のあるものを意味し，その原因の如
何，治療の可能性の有無，疾病期間の長短を問わないが，少なくとも「扶助
を必要とする」状態に達していることが要件となる。ここで「扶助を必要と
する状態」とは，他人の助けがなければ自ら日常生活を営むべき動作をとる
ことができない場合をいう（大谷實・刑法講義各論（第 5 版　2011）76 頁）。保護
責任の発生原因は，通常，法令，契約，事務管理，条理を根拠としている。
医師については，医師法 19 条の診療義務規定が根拠となるから，「法令」に
該当する。つまり，医師は診療義務を一つの根拠として保護義務者となるの
である。

　ちなみに，公法上の保護義務として典型的なものは，警察官職務執行法 3
条の警察官の保護義務であるが，この保護義務違反が直ちに保護責任者遺棄
罪を構成するものでないことは定説となっている。具体的な状況の下で法令
上の義務者が，対象者の生命・身体の危険を自ら支配できる立場にあったか
どうかが判断の基準となる。したがって，医師の場合，法令上の作為（診
察・治療）義務を前提としつつ，具体的な状況から判断して，他に救助を求
めることが患者にとって現実に不可能であり，しかも急を要する場合には保
護責任があり，患者が保護を要すべき状態にあることを認識しながら診療を
拒否した場合には，保護責任者遺棄罪が成立すると考える。もっとも，診療
義務を公法上の義務と解する通説は，単なる診療拒否について保護責任者遺
棄罪を認めるわけではなく，また，実務上も同様である。今後もその流れに
変化はないものと予測されるが（金沢・前掲論文 40 頁，野田・117 頁），診療義務
を単なる公法上の義務と解する通説に疑問を抱く立場から，敢えて同罪の成
立可能性を検討した次第である（大谷・50 頁）。

㈡ **業務上過失致死傷罪との関連**　医師の診療義務違反との関連で，殺人罪，傷害罪及び保護責任者遺棄罪の成立について考察したが，これらの罪は滅多に成立するものではない。これに対し，業務上過失致死傷罪については，その成立を認める見解が多数を占めている。では，診療義務違反の場合，刑法上の業務上過失が認められるためには，どのような要件を必要とするであろうか。

　まず，過失犯に注意義務違反が認められるためには，医師が患者から診療を求められた場合において注意義務の違反がなければならない。ここで注意義務違反とは，医療施設として当該診療所だけしかないといった具体的な状況の下で，医師が診療を拒否すれば患者の健康を悪化させる等の結果が予見可能でなければならない。つまり，過失の注意義務違反を問うためには，医師において診療拒否すれば健康悪化等の有害な結果が生ずるかもしれないという予見可能性がなければならない（大谷實・刑法講義総論〔第5版　2019〕178頁）。患者が診療を求めている場合，診療を断っても病状の悪化という点から見ると軽微なものから重大結果を招く虞がある場合など極めて多様であり，診療を拒否しても患者が他の病院等で診療を求めることが可能である場合などでは，拒否の結果，患者の健康が悪化しても，診療義務違反はともかく業務上過失致死傷の問題は生じない。

　しかし，診療を拒否すれば，患者の症状や四囲の状況から判断し，診療を求める依頼者の病状が悪化し，場合によっては重篤な状態になることを予見できたのに，うかつに自分の都合で診療を拒否した結果，患者が死亡してしまったような場合，医師の客観的注意義務違反は否定できず，医師としての業務上過失致死傷罪が成立すると考える。なお，診療義務違反について業務上過失致死罪を問うためには，「求めに応じないで診療しなかった」という不作為による過失犯の成否が問題となる。過失犯の本質は，注意義務違反であるが，通常の過失では，当該の行為に出れば結果が発生することを予見できるのに，不注意のために予見できずに結果を発生させたときに注意義務違反があるとされる。したがって，注意義務の範囲は予見可能性である。しかし，不作為による過失にあっては，単なる結果の予見可能性に加えて，結果

を回避しうる立場・地位にあることが必要とされる。

　そこで，診療を求められた医師は公法上の診療義務という作為義務が課されるから，診療を求められた医師は病気の悪化や死の結果を防止する立場・地位にあるところから，診療義務により不作為の過失の前提となる注意義務を基礎づけることができる。したがって，具体的な状況に照らし，診療拒否による生命・身体に対する危険の発生が一般的に予見可能な程度に達していれば，診療義務違反は業務上過失致死傷罪を構成することになる（野田・117頁，金沢・前掲論文40頁，山下・526頁）。

　このようにして，応招段階においても診療拒否は業務上過失致死傷罪となりうるが，引受け後は予見可能性がより一層大きくなり，診療拒否と病状悪化の間の因果関係が認められる以上，業務上過失致死傷罪が成立しうる。「麻酔剤を施用した開業医として，帰宅後に患者の異常を訴えられながら……何等の処置も取らなかった態度は，それだけで医師としての重大な業務上の過失である」とした判例がある（東京高判昭和47年11月30日），飯田・前掲論文17頁参照）。

　以上の検討から，診療義務違反を民刑事責任に直結させることは不当であるが，間接的には民刑事責任を構成しうる場合があることを証明できたと考える。

Ⅲ　診断書等の交付義務

　医師法19条2項は，「診察若しくは検案をし，又は出産に立ち会った医師は，診断書若しくは検案書又は出生証書若しくは死産証書の交付の求めがあった場合には，正当の事由がなければ，これを拒んではならない」として，診断書，検案書，出生証明書，死産証書についての医師の交付義務を定めている。ただし，違反者に対する罰則は規定されていない。

　本条に規定されている診断書等の証明文書は，社会生活上多種多様な役割を果たしている。例えば，①出生届に添付する医師の出生証明書（戸籍法49条3項），②死亡届に添付すべき医師の死亡診断書や死体検案書（戸籍法86条

2項）など，それがなければ官公署の許可・認可を受けられない場合は非常に多い。医師による証明文書の社会的重要性を背景として，診断書等の交付を義務付けているのである。

1　交付の主体

交付義務が課されるのは，「診察若しくは検案をし，又は出産に立ち会った医師」である。診察とは，問診，聴診など患者の病状を診断する行為をいい，「検案」とは，医師が自ら診療していなかった者について，死因，死期など死亡の事実を医学的に確認することをいう。

2　交付すべき文書

交付の対象となる文書は，診断書・検案書・出生証明書・死産証書である。

(1)　診断書・死亡診断書

医師が人の健康状態を証明するために診察の結果について作成する文書を診断書という（大判大6年3月14日刑録23輯179頁）。診断書には通常の診断書と死亡診断書の2種類がある。通常の診断書の場合は，様式，記載事項等についての特別の定めはなく，医師が診断の結果知りえた病名，創傷の部位および程度，治療に必要な日数等を記載することになっている。ただし，裁判所に提出する診断書については，記載項目が明示されていることに注意を要する（刑事訴訟法規則183条）。死亡診断書とは，診療中の患者が死亡した場合，その医師が死亡した事実を確認して作成する文書である。死亡診断書については，その様式及び記載内容が法定されている（医師法施行規則20条）。なお，死亡診断書と後述の死体検案書とは異なることに注意を要する。

(2)　検案書（死体検案書・死胎検案書）

自ら診療に当たっていない者の死亡の事実について，死因・死期などの死亡の事実を医学的に確認した文書を検案書という。検案書には，死体検案書と死胎検案書とがある。死体検案書とは，自ら診療に当たってない者（診療中でない者）が死亡した場合に，その者の死因，死期などを医学的に判断し

て証明する文書をいう。死胎検案書とは，自らが診療当たっていない妊婦が死産した場合の死産児に対する検案書である。その様式及び記載内容は，死亡診断書と同じである。

> **死亡診断書と死体検案書の区別**　　医師法 20 条但し書きは「診療中の患者が受診後 24 時間以内に死亡した場合に交付する死亡診断書については，この限りではない」と定めて，最終診察後 24 時間以内であれば，文書発行の前提となる「診察」を省略してよいとしている。その結果，最終診療後 24 時間以内に患者が死亡した場合は「死亡診断書」を発行できるが，最終診療後 24 時間を超えて死亡した場合は，死体検案を行って「死体検案書」を発行する必要があると解されてきた。この解釈によると，自宅など病院外で死亡した患者は，最終診療から 24 時間以上経過している場合が多いところから，死亡診断書ではなく死体検案書を発行することになる。ところが，東京や大阪などの大都市部では死体解剖保存法に基づく監察医制度が存在し，死体検案は監察医の業務となるので，自宅等で死亡した場合には，医師法 21 条の「異状死体」として警察に届け出て，監察医に死体検案書を書いてもらうという実務慣行が存在していた。そこで，自宅での死の直後に異状死体の扱いを受けることは遺族として耐え難いという指摘がなされていた。厚生労働省は，こうした不満を解消するため，2012（平成 24）年の通知によって，最終診療から死亡時点までの経過時間とかかわりなく，「生前に診療していた傷病に関連する死亡であると判定できる場合」には，死亡診断書を発行できるとする解釈を示したのである（平成 24 年 8 月 31 日医政医発 0831 第 1 号。米村・52 頁参照）。

(3)　出生証明書

医師（助産師又はその他の出産の立合者）が出生の事実を証明する文書を出生証明書という。戸籍法により出生届に添付すべき文書で，その記載事項及び様式は戸籍法施行規則等で定められている。

(4)　死産証書

医師（又は助産師）が，自ら診療を担当している妊婦が死産した場合に，死産の事実，その原因・理由を証明する文書を死産証書という。前述の死体検案書とは異なることに注意を要する。死産とは，妊娠 4 か月以降における死児の出産をいう。死児とは，出産後において呼吸・脈拍の認められないものをいう。

出生証明書

子 の 氏 名		男女 の 別	1　男　　2　女
生まれたとき	令和　　年　月　日	午前 午後	時　　分

出 生 し た と こ ろ 及 び そ の 種 別	出生したと ころの種別	1　病院　　2　診療所　　3　助産所 4　自宅　　5　その他	
	出 生 し た と こ ろ	番地 番　　号	
	(出生したところ) (の種別1～3) 施設の名称		

体重及び身長	体重 　　　　　　　グラム	身長 　　　　　　　センチメートル

単胎・多胎の別	1　単胎　　2　多胎（　　子中第　　子）		

母 の 氏 名		妊娠 週数	満　　週　　日

この母の出産 した子の数	出生子　（この出生子及び出生後） 　　　　（死亡した子を含む　　　）　　　　　人	
	死産児（妊娠満22週以後）　　　　　　　　　　胎	

1　医　師 2　助産師 3　その他	上記のとおり証明する。 　　　　　　　　　　　　　　令和　年　月　日 （住所） 　　　　　　　　　　　　　　　　番地 　　　　　　　　　　　　　　　　番　　号 （氏名）

死産証書（死胎検案書）

この死産証書（死胎検案書）は、我が国の死産統計作成の資料としても用いられます。かい書で、できるだけ詳しく書いてください。

死産児の男女別	1 男 2 女 3 不詳	母の氏名	
		妊娠週数	満　　　　週　　　　日

死産があったとき	令和　　年　　月　　日　　午前・午後　　時　　分

死産児の体重及び身長	体　重　　　　　　　グラム	身　長　　　　　　　センチメートル

胎児死亡の時期 （妊娠満22週以後の 自然死産に限る）	1 分娩前　　　　　2 分娩中　　　　　3 不　明

死産があったところ及びその種別	死産があったところの種別	1 病　院　2 診療所　3 助産所　4 自　宅　5 その他				
	死産があったところ				番　地 番　　号	
	（死産があったところ の種別1〜3） 施設の名称					

単胎・多胎の別	1 単　胎　　2 多胎（　　子中第　　子）　　3 不　詳

死産の自然人工別 ◆胎児を出生させることを目的として人工的処置を加えたにもかかわらず死産した場合は「自然死産」とします	1 自然死産
	2 母体保護法による人工死産
	3 母体保護法によらない人工死産
	4 不　明

自然死産の原因若しくは理由又は人工死産の理由 ◆Ⅰの（ア）欄には直接原因又は理由を胎児の側か母の側のいずれかに分けて書き、さらにそれと因果関係のある原因又は理由があれば（イ）欄（ウ）欄と続けて、それぞれ胎児又は母の側に分けて書いてください 　ただし、胎児又は母の側いずれか決めかねる場合は、母の側に書いてください ◆自然死産か人工死産か不明の場合は、自然死産の欄に書いてください		自然死産の場合		人工死産の場合	
		胎児の側	母の側	母体保護法による場合	1 母体側の疾患による	疾患名
	Ⅰ	ア 直接原因又は理由			
		イ （ア）の原因			
		ウ （イ）の原因		2 その他	理由
		エ （ウ）の原因		母体保護法によらない場合	1 母体側の疾患による	疾患名
	Ⅱ	直接には死産に関係しないが、Ⅰ欄の経過に影響を及ぼした傷病名等		2 その他	理由

胎児手術の有無	1 無　　2 有	部位及び主要所見

死胎解剖の有無	1 無　　2 有	主要所見

1 医　師 2 助産師	上記のとおり証明（検案）する　　　証明（検案）年月日　令和　　年　　月　　日 　　　　　　　　　　　　　　　　本証明書（検案書）発行年月日　令和　　年　　月　　日 （病院、診療所若しくは助産所の名称及び 　所在地又は医師若しくは助産師の住所）　　　　　　　番　地 　　　　　　　　　　　　　　　　　　　　　　　　　番　　号 （氏　名）　　　　　　　　　　　　　　　　　　　　　　印

3　交付の意義

　上記の書類は，いずれも証明文書として社会的に重要なものであるから，交付を求められたときは，医師は正当の事由がない限り交付する義務がある。交付とは医師が診断書等を求める相手方に渡すことをいう。交付を求める者は，患者やその監護義務者，代理人等である。問題は，患者の勤務する会社の従業員等の第三者が請求してきた場合である。患者本人の同意があれば問題はないが，同意なしに請求してきた場合には，医師の守秘義務に違反し，刑法上の秘密漏示罪（134 条 1 項）の成立が問題となる。秘密漏示罪は，医師などが業務上知りえた他人の秘密を他に漏らすことであり，診断書に患者の病名，病状，治療方法などが記載されており，これらの事項は患者の秘密に属するのが通常だからである。したがって，第三者が本人の同意なしに診断書の交付を求めてきた場合は，正当な請求とならないから，医師が交付を拒否しても本条の違反とはならない（東京地判昭和 48・8・17 判時 740 号 79 頁参照）。

4　正当な事由

　いかなる場合に正当な事由があるとして交付を拒むことができるかであるが，①診断書等が詐欺や恐喝など不正な目的に利用される疑いがある場合，②病状や病名の診断が困難な場合，③患者に病名・病状を知らせることが治療上重大な支障となる場合などが考えられる。具体的事案に即し，社会通念に従って判断するほかにないであろう。正当な事由がないのに交付を拒否した場合は，「医師としての品位を損する行為」（7 条 1 項 3 号）として，医師免許の取消し等の行政処分の対象となりうる。

> **本条の趣旨と判例**　「医師法第 19〔現 19 条 2 項〕は，診察をした医師は診断書の交付の求めがあった場合には，正当な事由がなければ，これを拒んではならないと規定している。医療法人との間の契約の中には，右医師法の規定の趣旨が当然に含意されていると解すべきである。ところで，正当な事由の有無は，患者の病態，症状，性格等に即し医療及び保護の見地から患者に対し診断内容を告知することが相当かどうかによって決せられるべく，患者が精神障害者であってすでに精神病院から退院しており，その精神障害も消散ないし寛解しているような場合には，診断内容を告知しても必ずしも不相

当とは言えないし，また，診断書の内容を，客観性を維持しつつ，医療及び保護から工夫することも医師に委ねられた裁量の範囲に属するものと思われる。ところが，被告は原告の現時の病態，症状，性格等に即し医師の診断書を交付することが何としても不適当であり，原告本人に不利益が生ずるとの点についての具体的な主張もしないし，何等の証拠も提出しないので，正当な事由があることを肯認することはできない」（東京地判昭和48年8月17日判時740号79頁）。

5　「拒んではならない」の趣旨

　診断書等の文書を求めている相手方に渡すことを拒んではならないとする趣旨である。法的義務として定めたものであるが，義務に違反した者に対する罰則はない。正当な理由なく診断書等の交付を拒んだ場合は，「医師としての品位を損する行為」（7条1項）として，医師免許の取消し又は3年以内の医業停止といった行政処分の対象となりうる（小松・67頁）。

> **診断書交付拒否事例**　Xは，医師Yに対し，「暴行されたので警察に提出するため，暴行により受傷した旨を記載した診断書が欲しい」と申し出た。Xは「左手親指，左足股等に痛みがある」ので，「昨日殴られた左手親指，左足股，首に痛みがある」として，「左母指及び大腿部打撲，頚椎捻挫」と明記した診断書の交付を求めた。医師Yは，診察したところ特に異常が認められなかったので，Xが自分の立場を有利にするために診断書の交付を求めていると推測し，「特に異常は認められず自覚症状のみである」旨記載した診断書を交付しても納得しないだろうと考え，診断書の交付を拒否した。これに対しXは，医師Yが診断書を交付しなかったことで精神的苦痛を受けたとして損害賠償の請求をしたという事案である。裁判所は，「Xに対して不法行為に基づく慰謝料の支払いをもって償わなければならないほどの精神的苦痛を生じさせる違法性があるとまでは認められない」として請求を棄却した（東京簡易裁判所平成16年2月16日裁判所ウェブサイト。大磯・40頁参照）。この場合，Xの求めに応じて診断書を作成すれば，Yは虚偽診断書作成罪として3年以下の懲役又は30万円以下の罰金に処せられる（刑法160条）。

Ⅳ　無診察治療等の禁止

　医師法20条は，「医師は，自ら診察しないで治療をし，若しくは診断書若しくは処方せんを交付し，自ら出産に立ち会わないで出生証明書若しくは死

産証書を交付し，又は自ら検案をしないで検案書を交付してはならない。但し，診療中の患者が受診後 24 時間以内に死亡した場合に交付する死亡診断書については，この限りではない」と規定し，これに違反した場合は「50万円以下の罰金」に処することにしている（33条の3）。

1 禁止の趣旨

本条の趣旨については，①自ら診察しないで治療をし，若しくは処方せんを交付する行為，②自ら診察しないで診断書を交付し，自ら出産に立ち会わないで検案書を交付する行為に分け，①は，病状についての的確な判断なしに治療をし，又は処方せんを交付することは，現実に診察がなされないことによって患者の病名・病状に対する判断が正確性を欠き，適切な治療がなされなくなることを防止しようという理由，②は，記載内容の正確さを担保するためという理由（小松・68頁，野田・146頁，山下・527頁）とするのが通説である。

確かに，①は患者の医療上の利益を保護するためのものであり，②は文書の真正を担保するためのものと考えられる。同一条文で趣旨の異なる行為を禁止して違反者を同じように処罰するのは適当でないこと，また，情報通信器による診断など遠隔医療が開発され，診療システムが変化していることから，規定の仕方を大幅に改める必要があろう。

2 無診察治療の禁止

本条前段の「診察」とは，医師が患者の病状を判断するために身体の状況を調べることをいい，触診，聴診，指診，打診，検査など，現代の医学からみて病状を診断できる行為であれば足りる（大判大正3年4月7日刑録20輯485頁）。また，「治療」とは，患者の傷病の回復，健康の増進のために医師が行う行為をいう。そして，診察をしないで治療する行為が無診察治療である。

診断と治療は，近代医学における医師の基本的行為であり，両者を併せて診療という。診療は，通常自ら診察して治療をするが，自ら診察しないで治療することを無診察治療という。「自ら」とは，「自分自身で」という意味であるから，対面して診察することが必要であるという趣旨である。したがっ

て，診療は原則として「対面診療」でなければならないとされてきた。しかし，診察の目的は，患者の病状を的確に判断することにあり，必ずしも対面して診察する必要はないと思われる。初診か再診かによって，あるいは前回の診療からの時間的経過，病状の重さ，緊急時等の具体的事情によって，「自ら」の中身は異なってくる。特にオンラインなどの情報機器を用いた遠隔診療は，対面診療の原則を貫くとすれば違法ということになり，処罰をまぬかれないことになる。

　この点につき厚生省は，診察は医師と患者が直接対面して行われることを原則とするが，遠隔診療においても医師が直接診察するのと同等のレベルの直接性を保ちうるならば，医師法 20 条違反にはならないとしたのである（平成 9 年健政発第 1075 号）。遠隔診療を完全に直接診療に代替させることはできないと思われるが，「的確な診断」の確保が無診察診療を禁止する趣旨であるから，その趣旨に反しない限り，情報機器を活用した診療は許されるであろう（山下登「医師の民事責任をめぐる新たな局面─遠隔治療をめぐるドイツの状況を手がかりとして」岡山大学法学雑誌 57 巻 4 号 743 頁）。したがって，一度も診察したことのない患者への治療や投薬でも事情によっては許されるし，また，医師が過去に診察した患者を診察なしに治療する場合においても，事情によっては許されることになる（野田・147 頁。なお，山下・529 頁）。

遠隔診療に関する国の見解　　平成 15（2003）年医政発第 033102 号は，遠隔診療に関する留意事項として，①初診及び急性期の疾患や対面診療が可能な場合には，原則として直接の対面診療によること，②直接の対面診療が困難な患者及び直近まで相当期間にわたって診療を継続してきた慢性疾患の患者など病状が安定している患者に対しては，患者側の要請に基づき，患者の利点を十分に勘案したうえで，直接対面診療と組合せて行われるときは，遠隔診療によっても差し支えないこと，③遠隔診療の実施に当たっては，患者及びその家族等に対して情報通信機器の使用方法，特性等について十分な説明を行い，理解を得ること，④患者のテレビ画像を転送する場合においては，患者側のプライバシー保護に慎重な配慮を行うこと，⑤遠隔診療を実施する場合にも直接の対面診療と同様，診療の実施について当然に医師が責任を負うが，患者又はその家族も，医師から相応の指示や注意がなされたにかかわらず，その指示や注意に従わないために被害が生じた場合にはその責任を負うべきであることについて，事前に十分な説明が医師によってなされること，以上の 5 点を掲げている。これを要するに，医師法 20 条におけ

る「診察」は対面診察が原則であり，遠隔診察は，あくまで直接の対面診察を補完するものとして行われるべきであるということである。それゆえ，直接の対面診察によるのと同等ではないにしても，これに代替しうる程度の患者の心身の状況に関する有用な情報が得られる場合には，遠隔診療は，直ちに医師法20条に抵触するものではないということである。その後厚生労働省は，平成30年に「オンライン診療の適切な実施に関する指針」を公表している。なお，新型コロナウイルス感染症の対応として，特別に認められたパソコンやスマホなどの画面を通じて自宅などで診察や薬の処方を受ける仕組みである「オンライン診療」を恒久化する動きがあるが，受信歴のない患者については，対面でなければ全身の状態を把握することが困難であり，重症化の兆候を見逃すこともあるところから，厚生労働省や日本医師会には消極的意見があり，今後の動向が注目される（朝日新聞2020年10月23日朝刊）。なお，日本医師会は，「かかりつけ医を基軸として」オンライン初診を解禁する考え方を公表している（同朝刊4頁）。

　診察をしないで治療を行うことが「無診察治療」である。例えば，幼児に投薬するために医師が自ら処方した調剤をその父に交付する場合がこれに当たる（大判大正7年6月6日刑録24輯745頁）。また，数か月にわたって治療を中断していた患者に，改めて診察することなく初診の際と同じ薬剤を交付することは，無診察治療に当たる（金川・45頁）。ただし，健康状態に関す判断の正確性を保証できる場合には，その都度診察しないで治療しても無診察治療には当たらない（小松・71頁）。

無診察治療の例　　無診察治療の案件を紹介する。Xは昭和52年ごろから，自宅に盗聴器や隠しカメラが取り付けられ，自分の行動が監視されていると確信し，昭和56年頃には，グリコ・森永事件の犯人たちと同一のグループで夫もその一味であると考え，再三にわたって警察署に盗聴器を取り除いてくれるよう要請するようになった。精神科医Yは，昭和58年12月14日頃，同人が経営するクリニックにおいて，Xの叔母Aの訴えを聞き，Xが精神分裂病（現在の統合失調症）妄想型であると診断して，その要請に基づき水薬を処方することを考えたが，Aの訴えだけでこれを行うのは不適当と考え，Aに指示して，Xの夫Bを呼んで，同人に水薬を渡した。なお，Xは，結局この水薬は服用しなかった。Xは上記の事実関係の下，本人を診察しないで行われた診断及び水薬の処方は医師法20条に違反し，これにより人格権を侵害されたとして，Yに対し，民法709条により1000万円の損害賠償を請求したのである。これに対し，千葉地判平成12年6月30日（判時1741号113頁）は，「医師法20条は医師が自ら診察をしないで治療をし，あるいは診断書は処方せんを交付することを禁止しているのであっ

て，患者の家族が病識のない患者を受診させることができないために，やむなく家族だけで精神科医を訪れて助言を求めることの多い精神科医療の実態に鑑みるならば，精神科医が，患者Ｘの家族等の相談に乗ってその訴えを聴き，その内容から判断した予想される病名を相談者に対して告知することまでをも禁止しているものではない」から，「Ｙの前記の診断（Ｘの叔母や夫に対する予想される病名の告知）は同法に違反しない」と判示した。これによると，非告知投薬，ことに患者本人の診察を経ないそれは，できる限り避けることが望ましいといえるが，①病識のない精神病患者が治療を拒んでいる場合に，②患者を通院させることができるようになるまでの間の一時的な措置として，③相当の臨床経験のある精神科医が家族等の訴えを十分に聞いて慎重に判断し，④保護者的立場にあって信用のおける家族に副作用等について十分説明した上で行われる場合に限って，特段の事情のない限り，医師法20条の禁止する行為の範囲には含まれず，不法行為上の違法性を欠くものと解するのが相当であると思われる」（野々村和喜・百選2版218頁参照）。

Ⅴ　各種の違法文書の交付禁止

　医師法20条は，医師の作成すべき文書は社会的に重要であるところから，その内容の真正を担保するため，①自ら診察しないで作成した診断書及び処方せん，②自ら出産に立ち会わないで作成した出生証明書若しくは死産証書，③自ら検案をしないで作成した検案書，以上3種の文書の交付を禁止し，これに違反したときは50万円以下の罰金に処するとしている（33条の3第1号）。ただし，診療中の患者が受診後24時間以内に死亡した場合に交付する死亡診断書については，この限りではないとしている。

1　無診察診断書交付の禁止
　医師の作成する診断書の内容の真正を期するため，診断の基礎となる診察を欠く診断書の交付は禁止されている。なお，診断書の一種である死亡診断書については，診療中の患者の死亡時が最後の診察後24時間以内であるときは，改めて診察することなく診断書を作成することが認められている。正確性が損なわれる虞は少ないからである。これに対し，受診後24時間経過した場合，あるいは24時関前であっても疾病と別の原因，例えば交通事故

で死亡した場合には，改めて診察し作成した死亡診断書を交付する必要があ
る。診断書交付の当日に診察した事実がなくても，判断の正確性が保証でき
るときは，無診察診断書交付には当たらない（広島高判昭和 27 年 5 月 17 日高刑
集 5 巻 8 号 1199 頁）。なお，最終診察から死亡時点までの経過時間にかかわら
ず，「生前に診察していた傷病に関連する死亡であると判定できる場合」に
は，「死亡診断書」を発行することができる（平成 24 年 8 月 31 日日政医発
0831 第 1 号）。したがって，在宅死の場合には，医師は，死体検案書ではなく
死亡診断書を作成して交付すればよいのである。

> **死亡診断書と死亡経過時間**　厚生労働省は，最終診察から死亡時点までの経過時間に
> かかわらず「生前に診療していた傷病に関連する死亡であると判定できる場合には，死
> 亡診断書を発行できる」とする行政解釈を示している（平成 24 年 8 月 31 日医発 0831
> 第 1 号）。したがって，予想される経過での在宅死であれば最終の診察から 24 時間経過
> しても，主治医は死亡診断書を発行することができる。ちなみに，死亡診断書は，診療
> 中の患者が死亡した場合，死亡の事実に関して医学的に確認して作成される書類であ
> り，それ以外の場合には死亡診断書を作成することはできず，医師は死体を検案し，死
> 体検案書を作成しなければならないのである。ここで死体検案とは，死体について，死
> 亡の事実を医学的に確認することをいう。前者は，医師が自ら診療中の患者について作
> 成する死亡に関する書類であるのに対し，後者は，それ以外の者の死体についての死亡
> の事実を医学的に確認して作成する書類である。

2　無診察処方せん交付の禁止

処方せんとは，医師が作成すべき薬剤による治療方法の指示書をいう。こ
れを医師が患者を診察しないで作成するときは，薬剤が患者の症状に適合し
ない場合があるところから，患者の医療的利益を保護するために無診察処方
せんの交付を禁止し，これに違反するときは，50 万円以下の罰金に処せら
れる（33 条の 3 第 1 号）。

3　不立合い出生証明書等交付の禁止

出生証明書及び死産証明書は，関係者の権利の得喪等に係る重要な書類で
あるから，その内容の真正を担保する趣旨から，出生，死産に立ち会わない
者が作成した文書を他の者に交付することを禁止するのである。禁止に違反

して交付したときは，50万円以下の罰金に処せられる（33条の3第1号）。

4　無検案検案書交付の禁止

　検案とは，医師が人の死体についての死因，死期等を確認するために死体の外表を医学的に確認することをいう。検案の意義については激しい論争があったが，上記のように最終診察から24時間経過している死体であれば，診療中であると否とにかかわらず，医師がその死体についての死因等の外表を確認することを死体検案と解すべきである（米村・57頁。反対，平沼・160頁）。検案によって発行した文書が死体検案書である。検案書を自ら検案しないで作成するときは真正を確保できないところから，自ら検案していない検案書の交付を禁止し，これに違反したときは，50万円以下の罰金に処せられるのである（33条の3第1号）。

　なお，検案書には前述のように死体検案書と死胎検案書がある。診療中の妊婦が死産した場合の取扱について，母体を通じて胎児の疾患を診療中に死産した場合は検案しないで死産証明書を作成できるが，妊婦の診療中に胎児が死産した場合には，検案して死胎検案書を作成する必要があり，検案しないで死産証書を交付することはできないとした判例がある（大判大正3年10月22日刑録20輯2219頁）。しかし，今日の医学においては，母体を通じて胎児のみの診療を行うことができるのであり，その場合は検案しないで死産証書を作成することができ，それ以外の妊婦自体の診療中に死産した場合には，死体検案書を作成すべきであろう。なお，乳児死亡について死亡診断書を作成する場合，母体を診察しないでその死因を判断できる場合は母体の診察を要しないが，乳児の診察のみでは，その死因の確定が困難なときは，母体の診察後に確定するべきであろう(昭和25年4月4日医収第202号. 小松・74頁)。

Ⅵ　異状死体等の届出義務

　医師法21条は，「医師は，死体又は妊娠4月以上の死産児を検案して異状があると認めたときは，24時間以内に所轄警察署に届け出なければならな

い」と規定し，これに違反したときは50万円以下の罰金に処するとしている（33条の3第1号）。

1　本条の趣旨

　本条は，死体又は死産児には，殺人，死体遺棄等の犯罪あるいは新型感染症等の痕跡を残している場合があるところから，警察官が犯罪捜査の端緒を得ることを容易にし，場合によっては警察官が緊急被害の拡大を防止すなど社会防衛を図ることを可能にする役割を担った行政手続き上の義務を定めるものであり，医師に対して異状死体を所轄の警察に届け出る義務を定めたのである。刑事司法及び被害拡大防止措置等による社会防衛のための警察活動への協力義務を定めたものといってもよいであろう（穴田＝中村・238頁，小松・75頁，平沼162頁，米村・53頁）。

2　死体又は死産児の「異状」

　検案とは，医師が死体について，犯罪性の有無にかかわらず，外傷性なのか，病死なのかといった死因を臨床的に判断するために検査することをいう。死体について死亡の事実を医学的に確認することといってもよい。「死体の表面（外表）を検査することをいう」（後掲最判平成16年4月13日）とするのが判例の定義であるが，必ずしも死体の外表に限られないと解すべきである。また，当該死体が診療中の患者のものであると否とを問わない（最判平成16年4月13日刑集58巻4号247頁，小島崇宏・百選3版6頁）。これに対し，死体が診療中の患者の場合は異状が認められても届け出る必要はないとする有力な見解があるが（平沼・162頁），しかし，検案の趣旨を限定するものとして，妥当でない。ここで「異状」とは，普通と違った状態を意味するから，病理学的な異状ばかりでなく犯罪に関連する法医学的な異状を含む。例えば，他殺体であるといったように犯罪の疑いがある場合に限らず，死体の状況，死体の発見場所などを考慮して，病死等の通常の死ではないと認められる場合も含まれる（大判大正7年9月8日刑録24輯236頁。なお，東京地判八王子支判昭和44年3月27日刑月1巻3号313）。したがって，外表に異状がなくても，

普通とは違った状態での死であることが明らかである場合は，医師は警察に
届出義務がある。厚生労働省は，「医師が死体を検案するに当たっては，死
体外表面に異常の所見を認めない場合であっても，死体が発見されるに至っ
たいきさつ，死体発見場所，状況等諸般の事情考慮し，異状を認める場合に
は，医師法 21 条に基づき，所管警察署に届け出ること」と通知している（平
成 31 年 2 月 8 日医発 0208 第 3 号）。

　「異状」の意義については議論があるところ，日本法医学会は，1994（平
成 6）年に「『異状』ガイドライン」を公表し，「基本的には，病気になり診
療を受けつつ，診断されているその病気で死亡すること」を「普通の死」と
呼び，それ以外はすべて「異状死」と呼ぶこととし，具体的には，①外因に
よる死亡，②外因による傷害の続発性あるいは後遺障害による死亡，③①又
は②の疑いがあるもの，④診療行為に関連した予期しない死亡及びその疑い
があるもの，⑤死因が明らかでない死亡，以上の 5 つの場合を異状死として
いる。妥当な見解であると思われる。

3　届出義務の合憲性

　異状死体届出義務をめぐっては，医療過誤に関与した医師に届出義務を課
すことになり，憲法 38 条の「何人も自己に不利益な供述を強要されない」
権利，つまり自己負罪特権ないし黙秘権の侵害に当たるとする有力な見解が
ある（佐伯仁志「異常死体の届出義務と黙秘権」ジュリスト 249 号 78 頁，川出敏裕「医
師法 21 条の届義務と憲法 38 条 1 項」法学教室 290 号 5 頁，高山佳奈子「異常死体の届義
務」百選 9 頁。なお，平沼・171 頁）。しかし，最高裁判所は，①届出義務は犯罪
捜査の端緒のほか，②警察による被害拡大の防止を担った行政手続上の義務
として公益上の必要性が高いこと，③犯罪行為を構成する事項の供述まで強
制したものではないこと，④医師が一定の不利益を負う可能性があっても，
それは医師免許に付随する合理的根拠のある負担として許容されること，こ
れらを理由として憲法に違反するものではないとしている（前掲最判平成 16
年 4 月 13 日）。この判決以降，医師法 21 条に基づく医療機関から捜査機関へ
の届出が急増したといわれる（大磯・48 頁）。

確かに，異状死体届出義務は，業務上過失致死罪の罪責を問われるおそれのある事案については「自己に不利益な供述を強要されない」とする憲法38条第1項に違反する疑いがある。しかし，仮に違憲とされた場合，不適切な医療行為が介在する多くの事故死や犯罪死の事例が届出義務免除ということになり，「死因究明をめぐる実務上の観点」からは，合憲とする結論を支持しなければならないであろう（武村尚子「異状死体の届義務」百選2版6頁）。

Ⅶ 処方せん交付義務

医師法22条は，「医師は，患者に対し治療上薬剤を調剤して投与する必要があると認めた場合には，患者又は現にその看護に当たっている者に対して処方せんを交付しなければならない。ただし，患者又は現にその看護に当たっている者が処方せんの交付を必要としない旨を申し出た場合及び次の各号の一に該当する場合においては，この限りでない。1. 暗示的効果を期待する場合において，処方せんを交付することがその目的の達成を妨げるおそれがある場合，2. 処方せんを交付することが診察又は疾病の予後について患者に不安を与え，その疾病の治療を困難にするおそれがある場合，3. 病状の短時間ごとの変化に即応して薬剤を投与する場合，4. 診断又は治療方法の決定していない場合，5. 治療上必要な応急の措置として薬剤を投与する場合，6. 安静を要する患者以外に薬剤の交付を受けることができる者がいない場合，7. 覚せい剤を投与する場合，8. 薬剤師が乗り組んでいない船舶内において薬剤を投与する場合」と規定する。

これに違反するときは，50万円以下の罰金に処せられる（33条の3第1号）。

1 趣 旨

本条は，明言はしていないが，医薬分業を定めた規定である。医師は診療を行い，その結果処方が必要な場合は，処方せんを作成して患者又は看護に当たる者に交付する。交付された患者等は処方せんを薬剤師に渡し，薬剤師は処方せんに基づいて薬を処方するという流れを明らかにしたものである。

医師が処方せんを交付しなければならないのは，治療上薬剤の投与が必要な場合であるから，バリウムを患者に飲ませるといったような，単に診断の目的で投与する場合又は処置として薬剤を塗布するような場合及び入院患者の申出がない場合には交付義務はない（昭和31年3月13日薬発第94号）。

2　処方せん

医師が患者の病気の治療に必要な薬の種類，量や服用方法等を記載して作成した文書を処方せんという。「調剤」とは，医師が発行した処方せんに基づき，薬剤師が医薬品を調合することをいう。なお，薬剤師は，処方箋の内容が適正であることを確認して調剤することとされている。そして，薬剤師法19条は，「薬剤師でない者は，販売又は授与の目的で調剤してはならない」と定めており，わが国も欧米と並んで，処方せんは医師，調剤は薬剤師という医薬分業の制度を採用しているのである。

3　例外規定

医師法22条但書きは，①暗示的効果を期待する場合において，処方せんを交付することがその目的の達成を妨げるおそれがある場合，②処方せんを交付することが診療又は疾病の予後について患者に不安を与え，その疾病の治療を困難にするおそれがある場合，③病状の短時間ごとの変化に即応して薬剤を投与する場合，④診断又は治療方法の決定していない場合，⑤治療上必要な応急措置として薬剤を投与する場合，⑥安静を要する患者以外に薬剤の交付を受けることができる者がいない場合，⑦覚せい剤を投与する場合，⑧薬剤師が乗り組んでいない船舶内において薬剤を投与する場合，以上の8項目については，処方せんの交付は必要ないとしている。

医薬分業制　　診療及び処方は医師が行い，医師の処方せんに基づいて調剤し，また薬歴の管理，服薬指導は経営的に独立した薬剤師がこれを行う制度，これを医薬分業制という。それぞれの専門性を発揮して医療の向上を図り，患者の安全性を確保しようとする制度である。すなわち，医師と薬剤師の役割を分けて，不適切な投薬を排除し，過剰投与の抑制を図ろうとするのが医薬分業の趣旨である。欧米では，早くからこのシステ

ムが導入されており，わが国でも 1889（明治 22）年の薬品営業並薬品取扱規則で制度化され，また，1950 年代には，「薬漬け医療」「薬の過剰投与」が問題となり，いわゆる医薬分業化が図られたが，医療機関が薬で利益を得る従来の既得権を保持しようとしたため，医薬分業制度は有名無実となった（大谷・35 頁）。しかし，厚生労働省は，1990 年代から病院，診療所で薬を調剤するよりも，院外処方せんを発行する価格を高くするなどの利益誘導により，医薬分業の促進を図った。その結果，調剤業者が増加し，ようやく不十分ながら医薬分業制が実現することとなったのである。

4 罰 則

患者又はその看護に当たっている者に対し，処方せんを交付していない場合，医師は，50 万円以下の罰金に処せられる（33 条の 3 第 1 号）。なお，医師が自ら販売又は授与の目的で調剤した場合は，薬剤師法 19 条に違反し，50 万円以下の罰金に処せられる（薬剤師法 32 条 4 号）。ただし，これには例外規定があり，「①患者又は現にその看護に当たっている者が特にその医師又は歯科医師から薬剤の調剤の交付を受けることを希望する旨を申し出た場合」は，医師は，販売又は授与の目的で調剤することが認められている（薬剤師法 19 条但書）。

Ⅷ 療養指導義務

医師法 23 条は，「医師は，診療をしたときは，本人又はその保護者に対し，療養の方法その他保健の向上に必要な事項の指導をしなければならない」と規定している。本条の違反に罰則はない。

1 趣 旨

医師が診療したときは，併せて療養の指導を行わなければならないことを規定したものである。患者の疾病・創傷の克服は，医師の診療だけで可能になるものではなく，医師の適切な診療と指導および患者側の治療目的に沿った態度が一体となって協力し合うことが大切である。かつては，療養指導義務は説明義務の一環と位置付けられてきたが（金川琢雄・「医療における説明と承

諾の問題状況」医事法学叢書 3 巻 225 頁），むしろ療養指導は治療行為の一環とし
て位置づけられるべきであろう。もっとも，医師は患者に対して単に診療を
行えば足りるというわけではなく，治療の目的を達成するためには患者や保
護者に対して，療養その他の必要な指導を行うべきことは医療契約上当然の
ことであり，その重要性を強調するために療養指導を訓示的に義務化したと
解すべきであろう（野田・160 頁，小松・83 頁，山下・538 頁。）。なお，「保護者」
とは，親権を行う者，配偶者など患者を守る立場にある者をいい，現に看護
に当っている者より広い概念である。

2　内容・程度

　医師の指導すべき事項としては，①治療目的を促進するために患者が採る
べき態度，②治療目的に反するために禁止すべき行為，これら 2 種類が含ま
れる。①については，安静の保持，適度な運動，容態の変化に伴う受診，投
薬の指示などを挙げることができよう。②については，外出や入浴の禁止，
禁食，禁酒，禁煙の指示などがありうる。診療時の症状から判断し，個々に
必要な指示をすれば足りる。

3　義務違反

　療養義務に違反してもそれだけで処罰されることはない。ただし，療養指
導義務は，診療の本質的要素であり医療契約上の当然の義務であるから，療
養指導を怠って，その患者に損害を与えた場合には，民事上又は刑事上の責
任はありうる。例えば，患者の下痢症状を発見したのに，食事について単に
塩分を取りすぎないように注意したにとどまる場合は，療養指導義務に違反
するとして不法行為責任を認めた判例がある（横浜地判昭和 39 年 2 月 25 日下民
集 15 巻 2 号 360 頁）。また，子宮外妊娠の可能性を考慮し，卵管が破裂した場
合の具体的指示をすべき義務を怠ったとして，医師の指導義務違反による不
法行為責任を認めた判例がある（高知地判昭和 51 年 31 月 3 日判時 832 号 92 頁）。

退院時における療養指導　最高裁判所平成 7 年 5 月 30 日判決（判時 1553 号 78 頁）
は，「新生児の疾患である核黄疸は，これに罹患すると死に至る危険が大きく，救命され

ても治癒不能の脳性麻痺等の後遺症を残すものであり，生後間もない新生児にとって最も注意を要する疾患の一つということができる」。「黄疸か，あるいは核黄疸の原因となりうるものかを見極めるために注意深く全身状態とその経過を観察し，必要に応じて母子間の血液型の検査，血清ビリルビン値などの測定などを実施し，生理的黄疸とはいえない疑いがあるときは，監察をより一層慎重かつ頻繁にし，核黄疸についてのプラハの第一期症状が認められたら時機を逸することなく交換輸血実施の措置を執る必要があり，未熟児の場合には成熟児に比較して特に慎重な対応が必要であるが，このような核黄疸についての予防，治療方法は，（その新生児）Xが出生した当時すでに臨床医学の実践における医療水準となっていたのである。」「本件においてXを同月30日の時点で退院させることが相当でなかったとは直ちに言い難いとしても，産婦人科の専門医であるYとしては，退院させることによって自らはXの黄疸を観察することができなくなるのであるから，Xを退院させるに当たってこれを看護する者に対し，黄疸が増強することがあり得ること，及び黄疸が増強して哺乳力の減退などの症状が現れたときは重篤な疾患に至る危険があることを説明し，黄疸症状を含む全身状態の観察に注意を払い，黄疸の増強や哺乳力の減退などの症状が現れたときは速やかに医師の診察を受けるよう指導すべき注意義務を負っていたというべきところ，医師YはXの黄疸について特段の言及をしないまま，何か変わったことがあれば医師の診察を受けるようにとの一般的な注意を与えたのみで退院させているのであって，かかるYの措置は，不適切なものであったというほかはない」（事実関係は省略）と判示した（平塚志保・百選第2版12頁参照）。

Ⅸ 診療録作成保存義務

医師法24条は，「①医師は，診療をしたときは，遅滞なく診療に関する事項を診療録に記載しなければならない。②前項の診療録であって，病院又は診療所に勤務する医師のした診療に関するものは，その病院又は診療所の管理者において，その他の診療に関するものは，その医師において，5年間これを保存しなければならない」と規定している。この義務に違反したときは，50万円以下の罰金に処せられる（医師法33条の3第1号）。

1 趣 旨

診療録とは，医師が特定の患者について診療の経過等の事項を記載した文書，いわゆるカルテのことである。電子カルテも含む。診療録を作成し保存

する趣旨は，①医師に適正な診療を行わせるため，医師自身にその適正さを証明させるための書類を作成させ，行政的な取締まりを可能にすること，②診療を受ける患者自身の権利義務の確定ないし確認のために必要な各種証明書を作成する際の資料，証拠書類を確保するためである（小松・67頁）。

2　作成保存義務

　医師法施行規則23条は，記載事項について，診療を受けた者の住所，氏名，年齢，性別，病名，主要症状，処方及び処置，診療の年月日としている。カルテの記載は，診療時に「遅滞なく」行わなければならない。記載が不正確になることを防止するためである（24条1項）。これに対し，保険診療の場合は，以上の事項に加えて，既往症，原因・経過などや被保険者の記号・番号，有効期限，被保険者の氏名，取得年月日，保険者の名称及び所在地，診療の点数その他社会保険診療に必要な事項の記載が要求されている。記載は，日本語によらず外国語であってもよい。また，医師は代筆を頼んでもよいが，もしその者が義務に違反したときは，その責任は医師が負わなければならない（大判大正5年5月3日刑録22輯477頁）。診療録の保存期間は最終診療時から5年間であるが，保存義務を負う者は，①病院又は診療所に勤務する医師が作成したカルテについては，それぞれの管理者であり，②開業医の場合はその医師である（同条2項）。

> **カルテの開示問題**　医療過誤について裁判で争うとする場合，訴えを提起しようとするとき，医師のカルテを証拠として提出することが不可欠であるところから，医師はカルテを患者側に積極的に開示すべきではないかが問題となってきた。カルテは，上記のように医師の各種証明書を作成するための証拠資料となるものであるから，患者の所有物ではない。したがって，医師は患者の開示請求を拒否できるわけであるが，カルテは患者についての情報であるから，患者が自由に閲覧できるようにすべきだとして1990年代に「カルテ開示論争」が展開され，実務上は積極・消極が相半ばする状況にあった（福岡高決昭和52年7月13日判時869号22頁〔積極〕，東京高決昭和59年9月17日民集37巻3号164頁〔消極〕）。しかし，平成15年に施行された個人情報保護に関する法律25条1項の裁判に関連して，東京地判平成19年6月27日判タ1275号323頁は，本人の開示請求権を否定した。結局，法律上カルテの開示を求めるためには，証拠保全手続又は裁判所の文書提出命令によることとなっているが，平成11年に日本医師会が

「医師及び診療施設の管理者は，患者が自己の診療録その他の診療記録等の閲覧・謄写を求めた場合は，原則としてこれに応ずるものとする」として，自主的にカルテを開示することにしたことから，ほとんどの病院等の医療施設では，自主的に各自の診療情報提供指針を作成して，カルテの開示を行っており，カルテ開示論争は解決をみている（大磯・56頁参照）。

X 厚生労働大臣の指示

医師法24条の2は，「①　厚生労働大臣は，公衆衛生上重大な危害を生ずる虞がある場合において，その危害を防止するため特に必要があると認めるときは，医師に対して，医療又は保健指導に関し必要な指示をすることができる。②　厚生労働大臣は，前項の規定による指示をするに当たっては，あらかじめ，医道審議会の意見を聴かなければならない」と規定している。

本条は，感染症など公衆衛生上重大な危害を生ずる虞がある場合，その危害の発生を防止するために必要があるときは，厚生労働大臣は，個々の医師に対して，医療又は保険指導に関し，必要な指示ができるとしたものである。本書の冒頭で指摘したように（→4頁），現行の医師法は，一方で医師にできるだけ高水準の資質を求め，他方で医師の業務については法的規制を最小限にとどめ，医師にできるだけ自由に技能を発揮させようとする点に特色があり，安易に厚生労働大臣が医師の診療について指示すべきではないという考え方に基づいている。しかし，放置しておくと公衆衛生上と重大な危害が生じてしまう緊急の場合があることに配慮し，厚生労働大臣は，医道審議会の意見を聴いたうえで，診療等の業務内容自体を直接指示・監督ができるとしたものである。もっとも，現在，そのような指示・監督は存在しない。

XI 刑法上の義務

1　守秘義務

刑法134条は，「医師，薬剤師，医薬品販売業者，助産師，……又はこれらの職にあった者が，正当な理由がないのに，その業務上取り扱ったことに

ついて知り得た人の秘密を漏らしたときは，6月以下の懲役又は10万円以下の罰金に処する」と規定して，医師の秘密保持義務違反を処罰することにしている。この立法趣旨は，患者の医師に対する信頼を保護し，適正な医療を受けられるようにするためである（野田・193頁，山下・539頁，大谷・53頁）。ここで「秘密」とは，特定の小範囲の者にだけ知られている事実であって，本人が他の者には知られたくないという意思を持っており，また，他人に知られることが社会通念上不利益になるものをいう。そして，その事実は，診療上知りえたものでなければならず，偶然酒場で見聞したような事柄は，秘密ではない。「漏らす」とは，秘密を知らない者に知らせること，告知することである。正当な事由があれば，もちろん義務違反にはならない。例えば，感染予防法12条に基づき医師が患者を保健所長・都道府県知事に届け出るのは正当な事由に当たる。また，医師が事情を知らない第三者に告げることを患者が同意している場合も正当な事由に当たる。なお，臨床実習制度の導入に関連して，2021（令和3）年に医師法が改正され（令和3年法律49号），臨床実習生の医業が認められることになったところから（→39頁），臨床実習生の秘密保持義務が法制化され，17条の3が追加された。

2　真正な診断書等の作成義務

　刑法160条は，「医師が公務所に提出すべき診断書，検案書又は死亡証書に虚偽の記載をしたときは，3年以下の懲役又は30万円以下の罰金に処する」と規定し，診断書等の文書に虚偽の記載をすることを禁止し，真正の文書の記載を義務付けている。ここで「診断書」とは，医師が自ら行った診察結果に関する判断を行い，人の健康上の状態を証明するために作成する文書をいう。「検案書とは，医師が死体について死因，死期，死所などに関する文書をいう。死亡証書とは，当該の者を生前から診療していた医師がその患者について死亡の事実を医学的に確認した結果を記載した文書であり，いわゆる死亡診断書のことである（医師法20条）。「虚偽の記載」とは，自らの医学的判断に反する事項を記載することをいう。いずれも，市役所とか町役場等の公的場所に提出すべき文書であることを要する。

Chapter 10

医師法上の罰則

□ 医師法違反の罪

1　総　説

医師法は，同法の目的を達成するため，法律に違反する行為のうち，特に重要な行為を犯罪とし，刑罰をもって臨んでいる。①医業独占に違反する罪等，②医業停止に違反する罪等，③試験問題漏洩等の罪，④無診察治療の罪等，⑤診療録の記載・保存に関する罪，⑥両罰規定などがある。以下，医師法違反の罪について，順次検討する。

> **懲役から拘禁刑へ**　刑法においては，刑罰は，死刑，懲役，禁錮，罰金，科料が規定されていた。この規定に基づいて医師法上の罰則として懲役と罰金が定められていたが，2022（令和4）年の刑法一部改正によって，懲役及び禁錮が廃止され，これに代わるものとして「拘禁刑」が創設された。懲役は，刑事施設（刑務所）において作業を強制する刑であるが，拘禁刑は，受刑者の「改善更生を図るため，必要な作業行わせ，又は必要な指導を行うことができる」こととされた。したがって，医師法においても，懲役に代わるものとして拘禁刑が科されることになるが，刑法の一部改正の施行は，令和7年となっており，それまでは医師法においても懲役が用いられる。

2　医業独占に違反する罪

医師法31条は，「①　次の各号のいずれかに該当する者は，3年以下の懲役若しくは100万円以下の罰金に処し，又はこれを併科する。　1. 第17条の規定に違反した者，2. 虚偽又は不正の事実に基づいて医師免許を受けた者。②　前項第1号の罪を犯した者が，医師又はこれに類似した名称を用い

た者であるときは，3 年以下の懲役若しくは 200 万円以下の罰金に処し，又はこれを併科する」と規定している。

(1)　無免許医業罪

　医師法 17 条は，「医師でなければ，医業をなしてはならない」と規定しており，無免許医業罪は，これに違反した者を処罰するものである。本罪の趣旨は，医師でない者が医療行為（医行為）を業として行うことを未然に防止することにある。なお，本罪を「無資格医業罪」とする説もあるが，本書では無免許医業罪として統一する。

　(ア)　**趣　旨**　　無免許医業罪にいう「医業」についてはすでに明らかにしているので重複を避けるが（➡ 31 頁），医療行為は，医師の専門的知識及び技術をもって行うのでなければ保健衛生上危害を生ずるおそれのある危険な行為であるから，法は，このような危険な医療行為を専門家としての医師にのみ認めるとともに，厳格な要件のもとに医師の資格を認める免許制度によって，これを行う者の資質を公認し，国民の保健衛生上の安全を図っている。

> **医師氏名の公表等**　　医師法 30 条の 2 は，「厚生労働大臣は，医療を受ける者その他国民による医師の資格の確認及び医療に関する適切な選択に資するよう，医師の氏名その他の政令で定める事項を公表するものとする」と規定している。偽医師の医療提供を防止し，国民の生命・健康を保護する観点から，医師の氏名・性別，医籍の登録年月日，行政処分に関する事項等をホームページ等で公表することとしたものである。

　(イ)　**主　体**　　無免許医業で犯罪とされる者は，医師の資格を有しない者つまり無免許の者である。免許取得後に免許取消処分を受けた者（7 条 1 項 3 号）が医業を行った場合でも，無免許医業罪は成立する。また，外国の医師免許を有する者も日本の免許を受けない限り無免許である（昭和 32 年 2 月 22 日医発 126 号）。なお，大学において医学を専攻する学生が臨床実習として行う医業（17 条の 2）及び外国で免許を取得した者が厚生労働大臣の許可を得て，一定の条件のもとに臨床修練として行う医業は，特例法により 17 条に違反しないものとされている（医師法 17 条の特例等に関する法律 3 条 2 項など）。

　問題となるのは，保健師，助産師，看護師が医師の医療行為を補助する場合である。保健師・助産師・看護師は，「療養上の世話又は診療の補助」を

業とする者（保健師助産師看護師法5条）であるが,「主治の医師」の指示があった場合に限り医療行為を行うことができるとされている（同37条）。しかし,医師の指示があれば,あらゆる医療行為が可能になると解すべきでなく,医師の指示と看護師の能力から判断して,看護師が行っても危害発生のおそれがない行為に限られる（小松・89頁）。

　具体的に問題となっているものとして,看護師の静脈注射がある。旧厚生省の見解では,「静脈注射は本来医師又は歯科医師が自ら行うべき業務であって……看護婦の業務の範囲外であり,したがって看護婦が静脈注射を業として行った場合は,医師法17条に抵触する」とされてきたが,2002（平成14）年の厚生労働省医局長通知「看護師等による静脈注射の実施について」は,それまでの見解を改めて現在に至っている。

静脈注射についての通知　「医師又は歯科医師の指示の下に保健師,助産師,看護師及び准看護師が行う静脈注射は,保健師助産婦看護師及び准看護師法第5条に規定する診察の補助行為の範疇として取り扱うものとする。②ただし,薬剤の血管注入による身体への影響が大きいことに変わりがないため,医師又は歯科医師の指示に基づいて,看護師等が静脈注射を安全に実施できるよう,医療機関及び看護師等学校養成所に対して,次のような対応について周知をお願いしたい。医療機関においては,看護師等を対象にした研修を実施するとともに,静脈注射の実施等に関して,施設内基準や看護手順の作成・見直しを行い,また個々の看護師等の能力を踏まえた適切な業務分担を行うこと。看護師等学校養成所においては,薬理作用,静脈注射に関する知識・技術,感染・安全対策などの教育を見直し,必要に応じて強化すること。」

　(ウ)　**禁止行為**　本罪の行為は,医療行為を業として行うことである（→34頁）。医療行為を行う際に,相手方に対し,医師免許を有する者であることを誤認させることは必要ない（大判昭和6年12月22日刑集10巻825頁）。医師甲が,無免許の者乙を雇い,自己の経営する診療所で共同して診療に当たっていた場合につき,共同正犯として甲と乙両者とも無免許医業罪として処罰されるとした判例（東京地判昭和47年4月15日判時692号112頁,東京高判昭和47年1月25日判タ277号357頁）がある。医師甲は免許を有する者であるから,無免許医業罪を犯したとして処罰されるのは不当であり,甲は無免許医業罪の教唆犯（刑法61条）又は幇助犯（刑法62条）とすべきであるとする見解があ

るが（福田平・行政刑法〔1998〕133頁，小松・100頁），医師と非医師が共同して無免許医業罪を犯したのであるから，判例を支持すべきである（大谷・25頁）。一方，無資格者が医業を行っている場所で医師が自らの出張所である旨の看板を掲げさせたうえ，月2回出張して無資格者の医業を容易にした場合は，無免許医業罪の教唆犯が成立する（大判明治43年10月31日刑録12輯1792頁）

　　(エ)　**処　罰**　3年以下の懲役又は100万円以下の罰金に処し，又は併科する。併科するとは，懲役と罰金を同時に科する趣旨である。なお，無免許医業罪は，行為の性質上，同じ行為を反復・継続して行うものであるから，何回繰り返しても，それぞれの行為を包括し，1罪として処罰される（名古屋高判昭和26年1月29日高特判特27号13頁）。また，医師でない者が医業をなし，他の医師の名義で保険医の登録をし，国民健康保険団体連合会に対して医療報酬の請求をし，これを受領したときは，無免許医業罪のほかに詐欺罪が成立し，両罪は併合罪となる（名古屋高判昭和49年10月7日判時770号11頁）。さらに，無資格者であるXが医師であると称してY病院に勤務し，医師として給料などの支払いを受けた場合には，無免許医業罪のほかに詐欺罪が成立する（東京高判昭和59年10月29日判時115号160頁。なお，小松・101頁参照）。

> **医業に当たるとされた事例**　「第1審判決によれば，被告人は他の部分は『アウトン』のほかに「ポフトニン」の皮下注射もして居るし，診断，薬物の塗布等もして居る。而もその期間は長期，回数も多く，患者の数も多いのであるから，たとえば右「アウトバン」が有効無害であり，また被告人が営利を目的とせず特殊な希望者だけを対象として行ったとしても国民医療法8条1項にいわゆる医業をしたことにあたるとみるべきである。従ってこの点に関する原判決は正当であって法令違反は存しない」（最判昭和29年8月20日刑集8巻8号1287頁。平沼・214頁参照。旧国民医療法8条1項は，「医師にアラザレバ医業ヲ，歯科医師ニアラザレバ医業ヲナスコトヲ得ず」と規定していた。）

(2)　不正免許取得罪

　本罪は，虚偽又は不正の事実に基づいて医師免許を受けた者を3年以下の懲役若しくは100万円以下の罰金に処し，又は併科するものである（31条1項2号）。既述のように，医師の業務は，国民の生命・健康に直接係るものであるから，虚偽又は不正の事実に基づいて医師免許を取得することは，医師

免許制度を否定し，現在の医療体制を根底から覆すことになり，これを処罰することとしたものである。

　本罪の主体は，医師免許を受けた者である。また，その者が虚偽の事実又は不正の事実に基づいて医師免許を取得したことが本罪の行為である。「虚偽又は不正の事実」とは，例えば，医師免許申請書の「罰金以上の刑に処せられたことの有無」の欄に，6 月の懲役の受刑歴があるのに「無」と記載した場合，あるいは，申請書に添付する医師の診断書に偽造した戸籍謄本を診断書に添付して申請した場合などがある。なお，この罪は，虚偽又は不正の事実に「基づいて」免許を取得した場合に成立するから，そのような事実が存在しなければ免許が与えられなかったという程度のものであることを必要とする。また，本罪は「医師免許を受けた者」を処罰するものであるから，虚偽の事実を記載したが，結局免許を受けられなかった場合は，公正証書原本不実記載罪の未遂罪が適用されることになる（刑法 157 条）。

(3)　医師類似名称使用罪

　無免許医業罪を犯した者が，医師又はこれに類似した名称を用いたものであるときは，3 年以下の懲役となり，無免許医業罪の刑と同じであるが，罰金は 200 万円以下であり刑が重くなっている。その意味で，本罪は無免許医業罪の加重犯である。医師又は医師と類似の名称を用いることによって相手方を信用させ，不正な医療行為を容易にする行為の悪質性に刑を重くする根拠があると解すべきである。「医師の社会的信用を傷つける」（小松・102 頁）とか，「医師の社会的信用が増し，したがって，それだけ害も大きく悪質性が高い」（平沼・213 頁）とする見解もあるが，適切ではないと思われる。医師法 18 条は，「医師又はこれに紛らわしい名称を用いてはならない」としており，「医師又はこれに類似した名称」との異同が問題となる。語義としては前者の方が広い概念と考えるが，後者の方が広い概念であるとする見解もある。「00 医院副院長殿」とした名称は「類似した名称」に当たるとした判例がある（大阪高判昭和 28 年 5 月 21 日高刑集 9 巻 7 号 1101 頁）。

3　医業停止命令違反罪

　医師法32条は，同法7条1項の規定により医業の停止を命ぜられた者で，当該停止期間を命ぜられた期間中に医業を行った者を処罰することにしている。本罪は，①相対的欠格事由に該当し，又は，②医師としての品位を損する行為があったために一定期間医業を停止させられた者が，その期間中に医業を行った場合に処罰される。①は，心身の障害により医師の業務を適正に行うことができない者，麻薬，大麻又はアヘンの中毒者，罰金以上の刑に処せられた者であり，②は，瀕死の重傷者に対して不当に高額の治療費を請求する，患者に忌まわしいふるまいをする，診療義務に違反するなどの行為をいう（昭和30年8月12日医収755）。医業の停止命令期間中に医業を行った場合に犯罪となり，1年以下の懲役又は50万円以下の罰金に処し，又は併科することとしている（32条）。

4　医師国家試験問題漏泄・不正採点罪

　医師法33条は，同30条の規定に違反して，①故意又は重大な過失により事前に試験問題を漏らし，又は，②故意に不正の採点をする行為を犯罪とし，処罰するものである。

　医師国家試験又は予備試験は，医師の業務の性質上，専門的知識及び技能を判定する必要があり，その実施に当たっては，厳格かつ公正を確保し不正の行為を排除する必要がある。ちなみに，医師法は，医師国家試験・予備試験に関して不正が行われた場合の対処法として，3つの規定を設けている（小松・105頁）。その1は，受験者が不正行為をした場合の措置であり，不正行為が試験の実施中に判明した場合は，その受験を停止させ，又は，その試験を無効とすることができる（15条）。その2は，免許取得後に試験に関する不正行為のあったことが判明した場合であり，この場合は，不正免許取得罪で処罰する。その3は，試験の実施に係る者が不正を行う場合であり，本条はこの場合について規定するものである。

　本罪の主体は，「医師試験委員その他医師国家試験又は医師国家試験予備試験に関する事務をつかさどる者」である。処罰される行為は，①故意若し

くは重大な過失により事前に試験問題を漏らすこと（医師国家試験漏泄罪），②
故意に不正の採点をすることである（医師国家試験不正採点罪）。①で「事前に」
とは，試験の実施前にという意味であり，また「故意」とは，試験問題を漏
らすことを知りつつという意味であり，「重大な過失」とは，少し注意すれ
ば結果を避けることができたという意味であるから，①は，医師国家試験又
は医師国家試験予備試験が実施される前に，試験問題を漏らすことを知りつ
つ，又は，少し注意すれば避けることができたのに不注意で試験問題を漏ら
したときは，医師国家試験漏泄罪に当たるということである。②は，不正な
採点であることを知りつつ，誤った採点をするということである。本罪の刑
罰は，1年以下の懲役または50万円以下の罰金である（33条）。

　なお，受験生の父親Yが，国立大学医学部教授である試験委員Xに不正
な採点を依頼し，謝礼として1000万円を贈り，Xが不正な採点をした場合
は，刑法197条1項の受託収賄罪が成立し，本罪とは観念的競合となり，7
年以下の懲役で処罰される。ちなみに，試験実施関係者は通常国家公務員で
あるから，それ他の者が故意に試験問題を漏泄した場合は，国家公務員法上
の守秘義務違反の罪が成立し（法109条1項12号），本罪との関係が問題とな
る。国家公務員法上の守秘義務違反の罪と本罪とは一般法と特別法の関係に
あるから，本罪が適用される。ちなみに，どちらも刑は1年以下の懲役，又
は50万円以下の罰金である。

5　臨床実習生秘密漏示罪

　刑法134条は，医師，薬剤師，医薬品販売業者，弁護士等を主体とする秘
密漏示罪を規定しているが，2021（令和3）年の医師法改正（令和3年法律49
号）により，大学医学部学生による臨床実習制度が発足することになり，医
師法17条の3が新設されて，臨床実習生に対する秘密保持義務が導入され
た。それに伴い，医師法33条の2は，臨床実習生に対する秘密の漏示を処
罰することとし，刑法134条の秘密漏示罪と同じように，臨床実習生が秘密
保持義務に違反して「業務上知り得た人の秘密を漏らした者は，6月以下の
懲役又は50万円以下の罰金に処する」としたのである。ただし，告訴がな

ければ公訴を提起することができないとして，いわゆる親告罪とした。

6　届出義務違反等の罪

医師法33条の3は，この法律で医師に課されている諸義務違反のうち，31条〜32条の2に規定されている罰則以外の義務違反の罪について定めたものである。

(1)　氏名等不届出罪

医師法6条3項は，衛生行政の適正を期する趣旨から，医師の分布及び業態を正確に把握するため，所定の事項について，2年ごとの年の12月31日現在における氏名住所等につき都道府県知事を経由して厚生労働大臣に届出ることを義務付けている。参考までに医届出事項を記載すると，当該医師の住所，氏名，生年月日，本籍，医籍登録番号，免許取得資格，業務の種類，従事先の名称，所在地，従事する診療科名である。上記の事項の届出義務に違反したときは，50万円以下の罰金に処せられる（33条の3第1号）。

(2)　医師名称使用禁止罪

医師法18条は，「医師でなければ，医師又はこれに紛らわい名称を用いてはならない」と定めており，50万円以下の罰金に処せられる。その意義についてはすでに述べているので重複を避けるが，医師又はこれに紛らわしい名称を用いて医業を行っている場合は，「紛らわしい名称」は「類似した名称」（31条2項）に含まれると解されるから，本罪は31条2項の罪に吸収され1個の罪として処罰される。また，「接骨医」といった「紛らわしい」名称を使って非医師が詐欺罪を犯した場合は，本罪を手段として詐欺罪を犯したのであるから，牽連犯としてその重いほうの罪の刑，すなわち詐欺罪として10年以下の懲役となる（33条の3第1号）。

7　無診察治療等罪

医師法20条は，文言上は明確ではないが，以下の行為を定めている。①医師は，治療するに当たり自ら診察しなければならない。また，診断書・処方せんを作成・交付するに当たり自ら診察しなければならない。②医師は，

出生証明書，死産証明書を交付するに当たり，自ら出産に立ち会っていなければならない。③医師は，検案書を交付するに当たり，自ら検案していなければならない。これに違反する行為を犯罪とし，50万円以下の罰金に処するのである（33条の3第1号）。但し，診療中の患者が受診後24時間以内に死亡した場合に交付する死亡診断書については，自ら検案しなくても処罰されない。

　同じ患者に診察しないで数回治療したときは，全体を包括して1個の犯罪として処罰すべきである。また，市役所に提出するために，診察しないで内容虚偽の診断書を作成交付した場合は，刑法160条の虚偽診断書作成罪が成立し，本罪との観念的競合となり，3年以下の懲役または30万円以下の罰金に処せられる（大判大正5年1月27日刑録21輯71頁）。

8　処方せん不交付罪

　医師法22条は，医師は，患者に対し，治療上薬剤を調剤する必要があると認めた場合は，患者又はその看護に当たっている者に対して処方せんを交付すべき義務があるとしており，本罪は，その不交付を処罰するもので50万円以下の罰金に処せられる（33条の3第1号）。

　この義務制度は，実質的に医薬分業を定めるものであるということは前述したが（→193頁），患者側がその必要がない旨申し出た場合及び診療上の理由から交付しなくてもよいとされる場合があり（22条1〜8号），その範囲が相当広いところから，本罪で処罰できる場合はほとんどなく，この規定によっては，医薬分業制は実現しなかったのである。

9　診療録不記載・保存罪

　医師法24条は，「医師は，診療をしたときは，遅滞なく医療に関する事項を診療録に記載し」（1項），その診療録を5年間保存しなければなければならない（2項）と規定して，診療録記載・保存義務を課している。診療録は，患者の診療の経過にとって貴重な資料であり，また，適切な診療を行うための資料となるところから，診療録の記載・保存義務を定めている。これに違

反したときは 50 万円以下の罰金に処せられる（33 条の 3 第 1 号）。1 項で「遅滞なく」とは,「事情の許す限り」という趣旨であるから, 緊急の用事など合理的理由があれば, 多少遅れても許される。

10　再教育研修命令違反罪

医師法 7 条の 2 は, 医師免許の取消処分を受けた者に対して,「医師としての倫理の保持又は医師として具有すべき知識及び技能に関する研修として」再教育研修を受けるよう命ずることができるとされた。この命令に違反した場合は, 命令違反の罪に問われ, 50 万円以下の罰金に処せられる（33 条の 3 第 2 号）。

11　行政処分調査妨害罪

医師法 7 条の 3 第 1 項は, 厚生労働大臣は, 免許の取り消し等の行政処分について,「処分すべきかどうかを調査する必要があると認めるときは」, 当該事案に関係する者若しくは参考人から意見若しくは報告を徴し, 診療録その他の物件の所有者に対し, 当該物件の提出を命じ, 又は当該職員をして当該事案に関係のある病院その他の場所に立ち入り, 診療録その他の物件を検査させることができる」として, 調査のための権限を定めている。そして,「この規定による陳述をせず, 報告をせず, 若しくは虚偽の陳述若しくは報告をし, 物件を提出せず, 又は検査を拒み, 妨げ, 若しくは回避した者」は, 50 万円以下の罰金に処するとしている（33 条 3 第 3 号）。

Ⅱ　刑法上の犯罪

1　秘密漏示罪

医師等の医療従事者は, 業務上知りえた他人の秘密を第三者に漏らさない義務すなわち守秘義務を負う（→39 頁）。刑法 134 条は,「医師, 薬剤師, 医薬品販売業者, 助産師, 弁護士, 弁護人, 公証人又はこれらの職にあった者が, 正当な理由がないのに, その業務上取り扱ったことについて知り得た人

の秘密を漏らしたときは，6月以下の懲役又は10万円以下の罰金に処する」
と規定している。なお，保健師助産師看護師法44条の4，診療放射線技師
法35条，臨床検査技師等に関する法律にも同様の規定がある。

鑑定医による秘密漏示　精神科医であるXが，奈良県で発生した現住建造物放火・殺
人等の少年保護事件について，家庭裁判所から少年の精神鑑定を命じられ，そのための
資料として少年からの供述調書等の写しを借り入れていたところ，同鑑定資料や鑑定結
果を記載した書面を，同事件を取材していたフリージャーナリストに対し，自由に閲
覧・謄写させた。弁護人は，本件の鑑定は，「鑑定人の業務」であって「医師の業務」
でない以上，その過程で知りえた秘密を漏洩しても秘密漏示罪には該当しないし，ま
た，当該業務の委託者でない少年及びその実父は告訴権者に当たらないと主張したが，
第1審，第2審とも，正当な理由がないのに業務上の秘密を漏らしたとして秘密漏示罪
（刑法134条）の成立を認め，被告人Xを懲役4月，執行猶予3年に処した。被告人側
が上告したのに対し，最高裁平成24年2月13日判決（刑集66巻4号405頁）は，「本
件のように，医師が，医師としての知識，経験に基づく，診断を含む医学的判断を内容
とする鑑定を命じられた場合には，その鑑定の実施は，医師がその業務として行う者と
いえるから，医師が当該鑑定を行う過程で知り得た人の秘密を正当な理由がないのに漏
らす行為は，医師がその業務上取り扱ったことについて知り得た人の秘密を漏示するも
のとして刑法134条1項の秘密漏示罪に該当する」。「このような場合，『人の秘密』に
は，鑑定対象者本人の秘密のほか，同鑑定を行う過程で知り得た鑑定対象者本人以外の
者の秘密も含まれる」以上，「これらの秘密を漏示された者は，刑訴法230条にいう
『犯罪により害を被った者』に当たり，告訴権を有する」と判示して，上告を棄却した
（澁谷洋平・百選3版49頁参照）。

2　虚偽診断書作成罪

医師は，公務所に提出すべき診断書，検案書・死亡証書に内容虚偽の記載
をしたときは，3年以下の懲役又は30万円以下の罰金に処せられる（刑法
160条）。「虚偽の記載」とは，自らの医学的判断に反し，又は真実に反する
事項を記載することをいう（福岡高判裁宮崎支判平成元年3月14日高刑速報平成1
年243頁）。

Ⅲ　両罰規定

　医師法 33 条の 4 は，「法人の代表者又は法人若しくは人の代理人，使用人その他の従業者が，その法人又は人の業務に関して前条第 3 号の違反行為をしたときは，行為者を罰するほか，その法人又は人に対しても同条の罰金刑を科する」と規定している。

　本条は，上記の行政処分調査妨害罪（33 条の 3 第 3 号）について，両罰規定を定めたものである。両罰規定とは，法人に所属する役員や従業員が法人の業務に関して違反行為した場合，その行為者個人を罰するだけでなく法人をも併せて処罰する規定をいう。例えば，上記行政処分調査妨害罪につき，甲病院の理事長 X が厚生労働省職員の調査の際，病院の業務に関し虚偽の陳述をした場合，X に罰金刑を科し，併せて甲病院にも罰金刑を科すことをいう。医師法においては，33 条の 3 第 3 号の違反行為についてのみ両罰規定を適用することにしている。

資　　料

医　師　法

（昭和二十三年法律第二百一号）

第一章　総　則

第一条 ［医師の職分］ 医師は，医療及び保健指導を掌ることによつて公衆衛生の向上及び増進に寄与し，もつて国民の健康な生活を確保するものとする。

第一条の二 ［関係者相互の連携及び協力］ 国，都道府県，病院又は診療所の管理者，学校教育法（昭和二十二年法律第二十六号）に基づく大学（以下単に「大学」という。），医学術術に関する学術団体，診療に関する学識経験者の団体その他の関係者は，公衆衛生の向上及び増進を図り，国民の健康な生活を確保するため，医師がその資質の向上を図ることができるよう，適切な役割分担を行うとともに，相互に連携を図りながら協力するよう努めなければならない。

第二章　免　許

第二条 ［医師の免許］ 医師になろうとする者は，医師国家試験に合格し，厚生労働大臣の免許を受けなければならない。

第三条 ［絶対的欠格事由］ 未成年者には，免許を与えない。

第四条 ［相対的欠格事由］ 次の各号のいずれかに該当する者には，免許を与えないことがある。

　一　心身の障害により医師の業務を適正に行うことができない者として厚生労働省令で定めるもの

　二　麻薬，大麻又はあへんの中毒者

　三　罰金以上の刑に処せられた者

　四　前号に該当する者を除くほか，医事に関し犯罪又は不正の行為のあつた者

第五条 ［医籍］ 厚生労働省に医籍を備え，登録年月日，第七条第一項の規定による処分に関する事項その他の医師免許に関する事項を登録する。

第六条 ［免許の賦与，医師免許証，医師の届出義務］ 免許は，医師国家試験に合格した者の申請により，医籍に登録することによつて行う。

2　厚生労働大臣は，免許を与えたときは，医師免許証を交付する。

3　医師は，厚生労働省令で定める二年ごとの年の十二月三十一日現在における氏名，住所（医業に従事する者については，更にその場所）その他厚生労働省令で定める事項を，当該年の翌年一月十五日までに，その住所地の都道府県知事を経由して厚生労働大臣に届け出なければならない。

第六条の二 ［意見の聴取］ 厚生労働大臣は，医師免許を申請した者について，第四条第一号に掲げる者に該当すると認め，同条の規定により免許を与えないこととするときは，あらかじめ，当該申請者にその旨を通知し，その求めがあつたときは，厚生労働大臣

の指定する職員にその意見を聴取させなければならない。

第七条［免許取消し等，再免許］　医師が第四条各号のいずれかに該当し，又は医師としての品位を損するような行為のあつたときは，厚生労働大臣は，次に掲げる処分をすることができる。

　一　戒告
　二　三年以内の医業の停止
　三　免許の取消し

2　前項の規定による取消処分を受けた者（第四条第三号若しくは第四号に該当し，又は医師としての品位を損するような行為のあつた者として同項の規定による取消処分を受けた者にあつては，その処分の日から起算して五年を経過しない者を除く。）であつても，その者がその取消しの理由となつた事項に該当しなくなつたときその他その後の事情により再び免許を与えるのが適当であると認められるに至つたときは，再免許を与えることができる。この場合においては，第六条第一項及び第二項の規定を準用する。

3　厚生労働大臣は，前二項に規定する処分をするに当たつては，あらかじめ，医道審議会の意見を聴かなければならない。

4　厚生労働大臣は，第一項の規定による免許の取消処分をしようとするときは，都道府県知事に対し，当該処分に係る者に対する意見の聴取を行うことを求め，当該意見の聴取をもつて，厚生労働大臣による聴聞に代えることができる。

5　行政手続法（平成五年法律第八十八号）第三章第二節（第二十五条，第二十六条及び第二十八条を除く。）の規定は，都道府県知事が前項の規定により意見の聴取を行う場合について準用する。この場合において，同節中「聴聞」とあるのは「意見の聴取」と，同法第十五条第一項中「行政庁」とあるのは「都道府県知事」と，同条第三項（同法第二十二条第三項において準用する場合を含む。）中「行政庁は」とあるのは「都道府県知事は」と，「当該行政庁が」とあるのは「当該都道府県知事が」と，「当該行政庁の」とあるのは「当該都道府県の」と，同法第十六条第四項並びに第十八条第一項及び第三項中「行政庁」とあるのは「都道府県知事」と，同法第十九条第一項中「行政庁が指名する職員その他政令で定める者」とあるのは「都道府県知事が指名する職員」と，同法第二十条第一項，第二項及び第四項中「行政庁」とあるのは「都道府県」と，同条第六項及び同法第二十四条第三項中「行政庁」とあるのは「都道府県知事」と読み替えるものとする。

6　厚生労働大臣は，都道府県知事から当該処分の原因となる事実を証する書類その他意見の聴取を行う上で必要となる書類を求められた場合には，速やかにそれらを当該都道府県知事あて送付しなければならない。

7　都道府県知事は，第四項の規定により意見の聴取を行う場合において，第五項において読み替えて準用する行政手続法第二十四条第三項の規定により

同条第一項の調書及び同条第三項の報告書の提出を受けたときは，これらを保存するとともに，当該調書及び報告書の写しを厚生労働大臣に提出しなければならない。この場合において，当該処分の決定についての意見があるときは，当該写しのほか当該意見を記載した意見書を提出しなければならない。

8　厚生労働大臣は，意見の聴取の終結後に生じた事情に鑑み必要があると認めるときは，都道府県知事に対し，前項前段の規定により提出された調書及び報告書の写し並びに同項後段の規定により提出された意見書を返還して主宰者に意見の聴取の再開を命ずるよう求めることができる。行政手続法第二十二条第二項本文及び第三項の規定は，この場合について準用する。

9　厚生労働大臣は，当該処分の決定をするときは，第七項の規定により提出された意見書並びに調書及び報告書の写しの内容を十分参酌してこれをしなければならない。

10　厚生労働大臣は，第一項の規定による医業の停止の命令をしようとするときは，都道府県知事に対し，当該処分に係る者に対する弁明の聴取を行うことを求め，当該弁明の聴取をもって，厚生労働大臣による弁明の機会の付与に代えることができる。

11　前項の規定により弁明の聴取を行う場合において，都道府県知事は，弁明の聴取を行うべき日時までに相当な期間をおいて，当該処分に係る者に対し，次に掲げる事項を書面により通知

しなければならない。

一　第一項の規定を根拠として当該処分をしようとする旨及びその内容
二　当該処分の原因となる事実
三　弁明の聴取の日時及び場所

12　厚生労働大臣は，第十項に規定する場合のほか，厚生労働大臣による弁明の機会の付与に代えて，医道審議会の委員に，当該処分に係る者に対する弁明の聴取を行わせることができる。この場合においては，前項中「前項」とあるのは「次項」と，「都道府県知事」とあるのは「厚生労働大臣」と読み替えて，同項の規定を適用する。

13　第十一項（前項後段の規定により読み替えて適用する場合を含む。）の通知を受けた者は，代理人を出頭させ，かつ，証拠書類又は証拠物を提出することができる。

14　都道府県知事又は医道審議会の委員は，第十項又は第十二項前段の規定により弁明の聴取を行つたときは，聴取書を作り，これを保存するとともに，報告書を作成し，厚生労働大臣に提出しなければならない。この場合において，当該処分の決定についての意見があるときは，当該意見を報告書に記載しなければならない。

15　厚生労働大臣は，第四項又は第十項の規定により都道府県知事が意見の聴取又は弁明の聴取を行う場合においては，都道府県知事に対し，あらかじめ，次に掲げる事項を通知しなければならない。

一　当該処分に係る者の氏名及び住所
二　当該処分の内容及び根拠となる条

項

三 当該処分の原因となる事実

16 第四項の規定により意見の聴取を行う場合における第五項において読み替えて準用する行政手続法第十五条第一項の通知又は第十項の規定により弁明の聴取を行う場合における第十一項の通知は，それぞれ，前項の規定により通知された内容に基づいたものでなければならない。

17 第四項若しくは第十項の規定により都道府県知事が意見の聴取若しくは弁明の聴取を行う場合又は第十二項前段の規定により医道審議会の委員が弁明の聴取を行う場合における当該処分については，行政手続法第三章（第十二条及び第十四条を除く。）の規定は，適用しない。

第七条の二［再教育研修］ 厚生労働大臣は，前条第一項第一号若しくは第二号に掲げる処分を受けた医師又は同条第二項の規定により再免許を受けようとする者に対し，医師としての倫理の保持又は医師として具有すべき知識及び技能に関する研修として厚生労働省令で定めるもの（以下「再教育研修」という。）を受けるよう命ずることができる。

2 厚生労働大臣は，前項の規定による再教育研修を修了した者について，その申請により，再教育研修を修了した旨を医籍に登録する。

3 厚生労働大臣は，前項の登録をしたときは，再教育研修修了登録証を交付する。

4 第二項の登録を受けようとする者及び再教育研修修了登録証の書換交付又は再交付を受けようとする者は，実費を勘案して政令で定める額の手数料を納めなければならない。

5 前条第十項から第十七項まで（第十二項を除く。）の規定は，第一項の規定による命令をしようとする場合について準用する。この場合において，必要な技術的読替えは，政令で定める。

第七条の三［調査のための権限］ 厚生労働大臣は，医師について第七条第一項の規定による処分をすべきか否かを調査する必要があると認めるときは，当該事案に関係する者若しくは参考人から意見若しくは報告を徴し，診療録その他の物件の所有者に対し，当該物件の提出を命じ，又は当該職員をして当該事案に関係のある病院その他の場所に立ち入り，診療録その他の物件を検査させることができる。

2 前項の規定により立入検査をしようとする職員は，その身分を示す証明書を携帯し，関係人の請求があつたときは，これを提示しなければならない。

3 第一項の規定による立入検査の権限は，犯罪捜査のために認められたものと解してはならない。

第八条［政省令への委任］ この章に規定するもののほか，免許の申請，医籍の登録，訂正及び抹消，免許証の交付，書換交付，再交付，返納及び提出並びに住所の届出に関して必要な事項は政令で，第七条第一項の処分，第七条の二第一項の再教育研修の実施，同条第二項の医籍の登録並びに同条第三

項の再教育研修修了登録証の交付，書換交付及び再交付に関して必要な事項は厚生労働省令で定める。

第三章　試　験

第九条［医師国家試験の内容］ 医師国家試験は，臨床上必要な医学及び公衆衛生に関して，医師として具有すべき知識及び技能について，これを行う。

第十条［試験の施行］ 医師国家試験及び医師国家試験予備試験は，毎年少くとも一回，厚生労働大臣が，これを行う。

2　厚生労働大臣は，医師国家試験又は医師国家試験予備試験の科目又は実施若しくは合格者の決定の方法を定めようとするときは，あらかじめ，医道審議会の意見を聴かなければならない。

第十一条［受験資格］ 医師国家試験は，次の各号のいずれかに該当する者でなければ，これを受けることができない。

　一　大学において，医学の正規の課程を修めて卒業した者（大学において医学を専攻する学生が臨床実習を開始する前に修得すべき知識及び技能を具有しているかどうかを評価するために大学が共用する試験として厚生労働省令で定めるもの（第十七条の二において「共用試験」という。）に合格した者に限る。）

　二　医師国家試験予備試験に合格した者で，合格した後一年以上の診療及び公衆衛生に関する実地修練を経たもの

　三　外国の医学校を卒業し，又は外国で医師免許を得た者で，厚生労働大臣が前二号に掲げる者と同等以上の学力及び技能を有し，かつ，適当と認定したもの

2　厚生労働大臣は，前項第一号の厚生労働省令の制定又は改正の立案をしようとするときは，医道審議会の意見を聴かなければならない。

第十二条［同前　予備試験］ 医師国家試験予備試験は，外国の医学校を卒業し，又は外国で医師免許を得た者のうち，前条第一項第三号に該当しない者であつて，厚生労働大臣が適当と認定したものでなければ，これを受けることができない。

第十三条　削除

第十四条　削除

第十五条［不正行為関係者に対する処分］ 医師国家試験又は医師国家試験予備試験に関して不正の行為があつた場合には，当該不正行為に関係のある者について，その受験を停止させ，又はその試験を無効とすることができる。この場合においては，なお，その者について，期間を定めて試験を受けることを許さないことができる。

第十六条［省令への委託］ この章に規定するものの外，試験の科目，受験手続その他試験に関して必要な事項及び実地修練に関して必要な事項は，厚生労働省令でこれを定める。

第四章　研　修

第一節　臨床研修

第十六条の二［期間，研修施設］ 診療に従事しようとする医師は，二年以

上，都道府県知事の指定する病院又は
外国の病院で厚生労働大臣の指定する
ものにおいて，臨床研修を受けなけれ
ばならない。

2　前項の規定による指定は，臨床研修
を行おうとする病院の開設者の申請に
より行う。

3　厚生労働大臣又は都道府県知事は，
前項の申請に係る病院が，次に掲げる
基準を満たすと認めるときでなけれ
ば，第一項の規定による指定をしては
ならない。

　一　臨床研修を行うために必要な診療
　　科を置いていること。

　二　臨床研修の実施に関し必要な施設
　　及び設備を有していること。

　三　臨床研修の内容が，適切な診療科
　　での研修の実施により，基本的な診
　　療能力を身に付けることのできるも
　　のであること。

　四　前三号に掲げるもののほか，臨床
　　研修の実施に関する厚生労働省令で
　　定める基準に適合するものであるこ
　　と。

4　厚生労働大臣又は都道府県知事は，
第一項の規定により指定した病院が臨
床研修を行うについて不適当であると
認めるに至つたときは，その指定を取
り消すことができる。

5　厚生労働大臣は，第一項の規定によ
る指定をし，若しくは前項の規定によ
る指定の取消しをしようとするとき，
又は第三項第四号の厚生労働省令の制
定若しくは改廃の立案をしようとする
ときは，あらかじめ，医道審議会の意
見を聴かなければならない。

6　都道府県知事は，第一項の規定によ
る指定をし，又は第四項の規定による
指定の取消しをしようとするときは，
あらかじめ，医療法（昭和二十三年法
律第二百五号）第三十条の二十三第一
項に規定する地域医療対策協議会（以
下「地域医療対策協議会」という。）
の意見を聴かなければならない。

7　都道府県知事は，前項の規定により
地域医療対策協議会の意見を聴いたと
きは，第一項の規定による指定又は第
四項の規定による指定の取消しに当た
り，当該意見を反映させるよう努めな
ければならない。

第十六条の三　［研修医の定員］　厚生労
働大臣は，毎年度，都道府県ごとの研
修医（臨床研修病院（前条第一項に規
定する都道府県知事の指定する病院を
いう。第三項及び次条第一項において
同じ。）において臨床研修を受ける医
師をいう。以下この条及び第十六条の
八において同じ。）の定員を定めるも
のとする。

2　厚生労働大臣は，前項の規定により
研修医の定員を定めようとするとき
は，あらかじめ，医道審議会の意見を
聴かなければならない。

3　都道府県知事は，第一項の規定によ
り厚生労働大臣が定める都道府県ごと
の研修医の定員の範囲内で，毎年度，
当該都道府県の区域内に所在する臨床
研修病院ごとの研修医の定員を定める
ものとする。

4　都道府県知事は，前項の規定により
研修医の定員を定めようとするとき
は，医療法第五条の二第一項に規定す

る医師の確保を特に図るべき区域における医師の数の状況に配慮しなければならない。

5　都道府県知事は、第三項の規定により研修医の定員を定めようとするときは、あらかじめ、その内容について厚生労働大臣に通知しなければならない。

6　都道府県知事は、前項の規定による通知をしようとするときは、あらかじめ、地域医療対策協議会の意見を聴かなければならない。

7　都道府県知事は、前項の規定により地域医療対策協議会の意見を聴いたときは、第三項の規定により研修医の定員を定めるに当たり、当該意見を反映させるよう努めなければならない。

第十六条の四［報告の請求等］　都道府県知事は、臨床研修の業務の適正な実施を確保するため必要があると認めるときは、臨床研修病院の管理者又は開設者に対し、その業務に関し報告を求め、又は必要な指示をすることができる。

2　厚生労働大臣は、臨床研修の業務の適正な実施を確保するため必要があると認めるときは、第十六条の二第一項に規定する厚生労働大臣の指定する病院の管理者又は開設者に対し、その業務に関し報告を求め、又は必要な措置をとるべきことを請求することができる。

第十六条の五［医師の責務］　臨床研修を受けている医師は、臨床研修に専念し、その資質の向上を図るように努めなければならない。

第十六条の六［修了者の医籍への登録］　厚生労働大臣は、第十六条の二第一項の規定による臨床研修を修了した者について、その申請により、臨床研修を修了した旨を医籍に登録する。

2　厚生労働大臣は、前項の登録をしたときは、臨床研修修了登録証を交付する。

第十六条の七［登録等の手数料］　前条第一項の登録を受けようとする者及び臨床研修修了登録証の書換交付又は再交付を受けようとする者は、実費を勘案して政令で定める額の手数料を納めなければならない。

第十六条の八［省令への委託］　この節に規定するもののほか、第十六条の二第一項の指定、第十六条の三第一項及び第三項の研修医の定員の定め、第十六条の六第一項の医籍の登録並びに同条第二項の臨床研修修了登録証の交付、書換交付及び再交付に関して必要な事項は、厚生労働省令で定める。

第二節　その他の研修

第十六条の九［関係者相互の連携及び協力］　国、都道府県、病院又は診療所の管理者、大学、医学医術に関する学術団体、診療に関する学識経験者の団体その他の関係者は、医療提供体制（医療法第三十条の三第一項に規定する医療提供体制をいう。次条第一項において同じ。）の確保に与える影響に配慮して医師の研修が行われるよう、適切な役割分担を行うとともに、相互に連携を図りながら協力するよう努めなければならない。

第十六条の十［計画の策定］ 医学医術に関する学術団体その他の厚生労働省令で定める団体は，医師の研修に関する計画を定め，又は変更しようとするとき（当該計画に基づき研修を実施することにより，医療提供体制の確保に重大な影響を与える場合として厚生労働省令で定める場合に限る。）は，あらかじめ，厚生労働大臣の意見を聴かなければならない。

2　厚生労働大臣は，前項の団体を定める厚生労働省令の制定又は改廃の立案をしようとするときは，医道審議会の意見を聴かなければならない。

3　厚生労働大臣は，第一項の規定により意見を述べるときは，あらかじめ，関係都道府県知事の意見を聴かなければならない。

4　都道府県知事は，前項の規定により意見を述べるときは，あらかじめ，地域医療対策協議会の意見を聴かなければならない。

5　第一項の厚生労働省令で定める団体は，同項の規定により厚生労働大臣の意見を聴いたときは，同項に規定する医師の研修に関する計画の内容に当該意見を反映させるよう努めなければならない。

第十六条の十一［実施の要請］ 厚生労働大臣は，医師が，長時間にわたる労働により健康を損うことなく，医療に関する最新の知見及び技能に関する研修を受ける機会を確保できるようにするため特に必要があると認めるときは，当該研修を行い，又は行おうとする医学医術に関する学術団体その他の厚生労働省令で定める団体に対し，当該研修の実施に関し，必要な措置の実施を要請することができる。

2　厚生労働大臣は，前項の厚生労働省令の制定又は改廃の立案をしようとするときは，医道審議会の意見を聴かなければならない。

3　第一項の厚生労働省令で定める団体は，同項の規定により，厚生労働大臣から研修の実施に関し，必要な措置の実施を要請されたときは，当該要請に応じるよう努めなければならない。

第五章　業　務

第十七条［非医師の医業禁止］ 医師でなければ，医業をなしてはならない。

第十七条の二［臨床実習］ 大学において医学を専攻する学生であって，共用試験に合格したものは，前条の規定にかかわらず，当該大学が行う臨床実習において，医師の指導監督の下に，医師として具有すべき知識及び技能の修得のために医業（政令で定めるものを除く。次条において同じ。）をすることができる。

第十七条の三［秘密保持義務］ 前条の規定により医業をする者は，正当な理由がある場合を除き，その業務上知り得た人の秘密を他に漏らしてはならない。同条の規定により医業をする者でなくなつた後においても，同様とする。

第十八条［非医師の医師名称使用禁止］ 医師でなければ，医師又はこれに紛らわしい名称を用いてはならない。

第十九条［診療義務等］ 診療に従事す

る医師は，診察治療の求があつた場合には，正当な事由がなければ，これを拒んではならない。

2　診察若しくは検案をし，又は出産に立ち会つた医師は，診断書若しくは検案書又は出生証明書若しくは死産証書の交付の求があつた場合には，正当の事由がなければ，これを拒んではならない。

第二十条［無診察治療等の禁止］　医師は，自ら診察しないで治療をし，若しくは診断書若しくは処方せんを交付し，自ら出産に立ち会わないで出生証明書若しくは死産証書を交付し，又は自ら検案をしないで検案書を交付してはならない。但し，診療中の患者が受診後二十四時間以内に死亡した場合に交付する死亡診断書については，この限りでない。

第二十一条［異常死体等の届出義務］　医師は，死体又は妊娠四月以上の死産児を検案して異状があると認めたときは，二十四時間以内に所轄警察署に届け出なければならない。

第二十二条［処方せんの交付］　医師は，患者に対し治療上薬剤を調剤して投与する必要があると認めた場合には，患者又は現にその看護に当つている者に対して処方せんを交付しなければならない。ただし，患者又は現にその看護に当つている者が処方せんの交付を必要としない旨を申し出た場合及び次の各号の一に該当する場合においては，この限りでない。

一　暗示的効果を期待する場合において，処方せんを交付することがその目的の達成を妨げるおそれがある場合

二　処方せんを交付することが診療又は疾病の予後について患者に不安を与え，その疾病の治療を困難にするおそれがある場合

三　病状の短時間ごとの変化に即応して薬剤を投与する場合

四　診断又は治療方法の決定していない場合

五　治療上必要な応急の措置として薬剤を投与する場合

六　安静を要する患者以外に薬剤の交付を受けることができる者がいない場合

七　覚せい剤を投与する場合

八　薬剤師が乗り組んでいない船舶内において薬剤を投与する場合

第二十三条［療養方法等の指導義務］　医師は，診療をしたときは，本人又はその保護者に対し，療養の方法その他保健の向上に必要な事項の指導をしなければならない。

第二十四条［診療録］　医師は，診療をしたときは，遅滞なく診療に関する事項を診療録に記載しなければならない。

2　前項の診療録であつて，病院又は診療所に勤務する医師のした診療に関するものは，その病院又は診療所の管理者において，その他の診療に関するものは，その医師において，五年間これを保存しなければならない。

第二十四条の二［医師に対する医療等に関する指示］　厚生労働大臣は，公衆衛生上重大な危害を生ずる虞がある場

合において，その危害を防止するため特に必要があると認めるときは，医師に対して，医療又は保健指導に関し必要な指示をすることができる。

2 厚生労働大臣は，前項の規定による指示をするに当つては，あらかじめ，医道審議会の意見を聴かなければならない。

第六章 医師試験委員

第二十五条 削除

第二十六条 削除

第二十七条 ［医師試験委員］ 医師国家試験及び医師国家試験予備試験に関する事務をつかさどらせるため，厚生労働省に医師試験委員を置く。

2 医師試験委員に関し必要な事項は，政令で定める。

第二十八条 削除

第二十九条 削除

第三十条 ［不正行為の禁止］ 医師試験委員その他医師国家試験又は医師国家試験予備試験に関する事務をつかさどる者は，その事務の施行に当たつて厳正を保持し，不正の行為のないようにしなければならない。

第七章 雑 則

第三十条の二 ［医師の氏名等の公表］ 厚生労働大臣は，医療を受ける者その他国民による医師の資格の確認及び医療に関する適切な選択に資するよう，医師の氏名その他の政令で定める事項を公表するものとする。

第三十条の三 ［事務の区分］ 第六条第三項，第七条第四項及び第八項前段，同条第十項及び第十一項（これらの規定を第七条の二第五項において準用する場合を含む。），第七条第五項において準用する行政手続法第十五条第一項及び第三項（同法第二十二条第三項において準用する場合を含む。），第十六条第四項，第十八条第一項及び第三項，第十九条第一項，第二十条第六項並びに第二十四条第三項並びに第七条第八項後段において準用する同法第二十二条第三項において準用する同法第十五条第三項の規定により都道府県が処理することとされている事務は，地方自治法（昭和二十二年法律第六十七号）第二条第九項第一号に規定する第一号法定受託事務とする。

第八章 罰 則

第三十一条 ［罰則］ 次の各号のいずれかに該当する者は，三年以下の懲役若しくは百万円以下の罰金に処し，又はこれを併科する。

一 第十七条の規定に違反した者

二 虚偽又は不正の事実に基づいて医師免許を受けた者

2 前項第一号の罪を犯した者が，医師又はこれに類似した名称を用いたものであるときは，三年以下の懲役若しくは二百万円以下の罰金に処し，又はこれを併科する。

第三十二条 ［同前］ 第七条第一項の規定により医業の停止を命ぜられた者で，当該停止を命ぜられた期間中に，医業を行つたものは，一年以下の懲役若しくは五十万円以下の罰金に処し，又はこれを併科する。

第三十三条［同前］　第三十条の規定に違反して故意若しくは重大な過失により事前に試験問題を漏らし，又は故意に不正の採点をした者は，一年以下の懲役又は五十万円以下の罰金に処する。

第三十三条の二［同前］　第十七条の三の規定に違反して，業務上知り得た人の秘密を漏らした者は，六月以下の懲役又は十万円以下の罰金に処する。

2　前項の罪は，告訴がなければ公訴を提起することができない。

第三十三条の三［同前］　次の各号のいずれかに該当する者は，五十万円以下の罰金に処する。

一　第六条第三項，第十八条，第二十条から第二十二条まで又は第二十四条の規定に違反した者

二　第七条の二第一項の規定による命令に違反して再教育研修を受けなかつた者

三　第七条の三第一項の規定による陳述をせず，報告をせず，若しくは虚偽の陳述若しくは報告をし，物件を提出せず，又は検査を拒み，妨げ，若しくは忌避した者

第三十三条の四［両罰規定］　法人の代表者又は法人若しくは人の代理人，使用人その他の従業者が，その法人又は人の業務に関して前条第三号の違反行為をしたときは，行為者を罰するほか，その法人又は人に対しても同条の罰金刑を科する。

附　則（抄）

第三十四条　この法律施行の期日は，公布の日から起算して九十日を超えない期間内において，政令でこれを定める。

第三十五条　国民医療法（昭和十七年法律第七十号，以下旧法という。）は，これを廃止する。

世界医師会

ヘルシンキ宣言
人間を対象とする医学研究の倫理的原則

（日本医師会訳）

序　文

1.　世界医師会（WMA）は，特定できる人間由来の試料およびデータの研究を含む，人間を対象とする医学研究の倫理的原則の文書としてヘルシンキ宣言を改訂してきた。

本宣言は全体として解釈されることを意図したものであり，各項目は他のすべての関連項目を考慮に入れて適用されるべきである。

2.　WMA の使命の一環として，本宣言は主に医師に対して表明されたものである。WMA は人間を対象とする医学研究に関与する医師以外の人々に対してもこれらの諸原則の採用を推奨する。

一般原則

3.　WMA ジュネーブ宣言は，「私の患者の健康を私の第一の関心事とする」ことを医 師に義務づけ，また医の国際倫理綱領は，「医師は，医療の提供に際して，患者の最善の利益のために行動すべきである」と宣言している。

4.　医学研究の対象とされる人々を含め，患者の健康，福利，権利を向上させ守ることは医師の責務である。医師の知識と良心はこの責務達成のために捧げられる。

5.　医学の進歩は人間を対象とする諸試験を要する研究に根本的に基づくものである。

6.　人間を対象とする医学研究の第一の目的は，疾病の原因，発症および影響を理解し，予防，診断ならびに治療（手法，手順，処置）を改善することである。最善と証明された治療であっても，安全性，有効性，効率性，利用可能性および質に関する研究を通じて継続的に評価されなければならない。

7.　医学研究はすべての被験者に対する配慮を推進かつ保証し，その健康と権利を擁護するための倫理基準に従わなければならない。

8.　医学研究の主な目的は新しい知識を得ることであるが，この目標は個々の

被験者の権利および利益に優先することがあってはならない。

9．被験者の生命，健康，尊厳，全体性，自己決定権，プライバシーおよび個人情報の秘密を守ることは医学研究に関与する医師の責務である。被験者の保護責任は常に医師またはその他の医療専門職にあり，被験者が同意を与えた場合でも，決してその被験者に移ることはない。

10．医師は，適用される国際的規範および基準はもとより人間を対象とする研究に関する自国の倫理，法律，規制上の規範ならびに基準を考慮しなければならない。国内的または国際的倫理，法律，規制上の要請がこの宣言に示されている被験者の保護を減じあるいは排除してはならない。

11．医学研究は，環境に害を及ばす可能性を最小限にするよう実施されなければならない。

12．人間を対象とする医学研究は，適切な倫理的および科学的な教育と訓練を受けた有資格者によってのみ行われなければならない。患者あるいは健康なボランティアを対象とする研究は，能力と十分な資格を有する医師またはその他の医療専門職の監督を必要とする。

13．医学研究から除外されたグループには研究参加への機会が適切に提供されるべきである。

14．臨床研究を行う医師は，研究が予防，診断または治療する価値があるとして正当化できる範囲内にあり，かつその研究への参加が被験者としての患者の健康に悪影響を及ぼさないことを確信する十分な理由がある場合に限り，その患者を研究に参加させるべきである。

15．研究参加の結果として損害を受けた被験者に対する適切な補償と治療が保証されなければならない。

リスク，負担，利益

16．医療および医学研究においてはほとんどの治療にリスクと負担が伴う。人間を対象とする医学研究は，その目的の重要性が被験者のリスクおよび負担を上まわる場合に限り行うことができる。

17．人間を対象とするすべての医学研究は，研究の対象となる個人とグループに対する予想し得るリスクおよび負担と被験者およびその研究によって影響を受けるその他の個人またはグループに対する予見可能な利益とを比較して，慎重な評価を先行させなければならない。

リスクを最小化させるための措置が講じられなければならない。リスクは研究者によって継続的に監視，評価，文書化されるべきである。

　18．　リスクが適切に評価されかつそのリスクを十分に管理できるとの確信を持てない限り，医師は人間を対象とする研究に関与してはならない。

　潜在的な利益よりもリスクが高いと判断される場合または明確な成果の確証が得られた場合，医師は研究を継続，変更あるいは直ちに中止すべきかを判断しなければならない。

社会的弱者グループおよび個人

　19．　あるグループおよび個人は特に社会的な弱者であり不適切な扱いを受けたり副次的な被害を受けやすい。

　すべての社会的弱者グループおよび個人は個別の状況を考慮したうえで保護を受けるべきである。

　20．　研究がそのグループの健康上の必要性または優先事項に応えるものであり，かつその研究が社会的弱者でないグループを対象として実施できない場合に限り，社会的弱者グループを対象とする医学研究は正当化される。さらに，そのグループは研究から得られた知識，実践または治療からの恩恵を受けるべきである。

科学的要件と研究計画書

　21．　人間を対象とする医学研究は，科学的文献の十分な知識，その他関連する情報源および適切な研究室での実験ならびに必要に応じた動物実験に基づき，一般に認知された科学的諸原則に従わなければならない。研究に使用される動物の福祉は尊重されなければならない。

　22．　人間を対象とする各研究の計画と実施内容は，研究計画書に明示され正当化されていなければならない。

　研究計画書には関連する倫理的配慮について明記され，また本宣言の原則がどのように取り入れられてきたかを示すべきである。計画書は，資金提供，スポンサー，研究組織との関わり，起こり得る利益相反，被験者に対する報奨ならびに研究参加の結果として損害を受けた被験者の治療および／または補償の条項に関する情報を含むべきである。

　臨床試験の場合，この計画書には研究終了後条項についての必要な取り決めも記載されなければならない。

研究倫理委員会

　23．　研究計画書は，検討，意見，指導および承認を得るため研究開始前に関連する研究倫理委員会に提出されなければならない。この委員会は，その機能において透明性がなければならず，研究者，スポンサーおよびその他いかなる不適切な影響も受けず適切に運営されなければならない。委員会は，適用される国際的規範および基準はもとより，研究が実施される国または複数の国の法律と規制も考慮しなければならない。しかし，そのために本宣言が示す被験者に対する保護を減じあるいは排除することを許してはならない。

　研究倫理委員会は，進行中の研究をモニターする権利を持たなければならない。研究者は，委員会に対してモニタリング情報とくに重篤な有害事象に関する情報を提供しなければならない。委員会の審議と承認を得ずに計画書を修正してはならない。研究終了後，研究者は研究知見と結論の要約を含む最終報告書を委員会に提出しなければならない。

プライバシーと秘密保持

　24．　被験者のプライバシーおよび個人情報の秘密保持を厳守するためあらゆる予防策を 講じなければならない。

インフォームド・コンセント

　25．　医学研究の被験者としてインフォームド・コンセントを与える能力がある個人の参加は自発的でなければならない。家族または地域社会のリーダーに助言を求めることが適切な場合もあるが，インフォームド・コンセントを与える能力がある個人を本人の自主的な承諾なしに研究に参加させてはならない。

　26．　インフォームド・コンセントを与える能力がある人間を対象とする医学研究において，それぞれの被験者候補は，目的，方法，資金源，起こり得る利益相反，研究者の施設内での所属，研究から期待される利益と予測されるリスクならびに起こり得る不快感，研究終了後条項，その他研究に関するすべての面について十分に説明されなければならない。被験者候補は，いつでも不利益を受けることなしに研究参加を拒否する権利または参加の同意を撤回する権利があることを知らされなければならない。個々の被験者候補の具体的情報の必要性のみならずその情報の伝達方法についても特別な配慮をしなければならない。

　被験者候補がその情報を理解したことを確認したうえで，医師またはその他ふさ

わしい有資格者は被験者候補の自主的なインフォームド・コンセントをできれば書面で求めなければならない。同意が書面で表明されない場合，その書面によらない同意は立会人のもとで正式に文書化されなければならない。

　医学研究のすべての被験者は，研究の全体的成果について報告を受ける権利を与えられるべきである。

　27．　研究参加へのインフォームド・コンセントを求める場合，医師は，被験者候補が医師に依存した関係にあるかまたは同意を強要されているおそれがあるかについて特別な注意を払わなければならない。そのような状況下では，インフォームド・コンセントはこうした関係とは完全に独立したふさわしい有資格者によって求められなければならない。

　28．　インフォームド・コンセントを与える能力がない被験者候補のために，医師は，法的代理人からインフォームド・コンセントを求めなければならない。これらの人々は，被験者候補に代表されるグループの健康増進を試みるための研究，インフォームド・コンセントを与える能力がある人々では代替して行うことができない研究，そして最小限のリスクと負担のみ伴う研究以外には，被験者候補の利益になる可能性のないような研究対象に含まれてはならない。

　29．　インフォームド・コンセントを与える能力がないと思われる被験者候補が研究参加についての決定に賛意を表することができる場合，医師は法的代理人からの同意に加えて本人の賛意を求めなければならない。被験者候補の不賛意は，尊重されるべきである。

　30．　例えば，意識不明の患者のように，肉体的，精神的にインフォームド・コンセントを与える能力がない被験者を対象とした研究は，インフォームド・コンセントを与えることを妨げる肉体的・精神的状態がその研究対象グループに固有の症状となっている場合に限って行うことができる。このような状況では，医師は法的代理人からインフォームド・コンセントを求めなければならない。そのような代理人が得られず研究延期もできない場合，この研究はインフォームド・コンセントを与えられない状態にある被験者を対象とする特別な理由が研究計画書で述べられ，研究倫理委員会で承認されていることを条件として，インフォームド・コンセントなしに開始することができる。研究に引き続き留まる同意はできるかぎり早く被験者または法的代理人から取得しなければならない。

　31．　医師は，治療のどの部分が研究に関連しているかを患者に十分に説明しなければならない。患者の研究への参加拒否または研究離脱の決定が患者・医師関

係に決して 悪影響を及ぼしてはならない。

32．　バイオバンクまたは類似の貯蔵場所に保管されている試料やデータに関する研究など，個人の特定が可能な人間由来の試料またはデータを使用する医学研究のためには，医師は収集・保存および／または再利用に対するインフォームド・コンセントを求めなければならない。このような研究に関しては，同意を得ることが不可能か実行できない例外的な場合があり得る。このような状況では研究倫理委員会の審議と承認を得た後に限り研究が行われ得る。

プラセボの使用

33．　新しい治療の利益，リスク，負担および有効性は，以下の場合を除き，最善と証明されている治療と比較考量されなければならない。

証明された治療が存在しない場合，プラセボの使用または無治療が認められる。

あるいは，説得力があり科学的に健全な方法論的理由に基づき，最善と証明されたものより効果が劣る治療，プラセボの使用または無治療が，その治療の有効性あるいは安全性 を決定するために必要な場合，そして，最善と証明されたものより効果が劣る治療，プラセボの使用または無治療の患者が，最善と証明された治療を受けなかった結果として重篤または回復不能な損害の付加的リスクを被ることがないと予想される場合。

この選択肢の乱用を避けるため徹底した配慮がなされなければならない。

研究終了後条項

34．　臨床試験の前に，スポンサー，研究者および主催国政府は，試験の中で有益であると証明された治療を未だ必要とするあらゆる研究参加者のために試験終了後のアクセスに関する条項を策定すべきである。また，この情報はインフォームド・コンセントの手続きの間に研究参加者に開示されなければならない。

研究登録と結果の刊行および普及

35．　人間を対象とするすべての研究は，最初の被験者を募集する前に一般的にアクセス可能なデータベースに登録されなければならない。

36．　すべての研究者，著者，スポンサー，編集者および発行者は，研究結果の刊行と普及に倫理的責務を負っている。研究者は，人間を対象とする研究の結果を一般的に公表する義務を有し報告書の完全性と正確性に説明責任を負う。すべ

ての当事者は，倫理的報告に関する容認されたガイドラインを遵守すべきである。否定的結果および結論に達しない結果も肯定的結果と同様に，刊行または他の方法で公表されなければならない。資金源，組織との関わりおよび利益相反が，刊行物の中には明示されなければならない。この宣言の原則に反する研究報告は，刊行のために受理されるべきではない。

臨床における未実証の治療

37.　個々の患者の処置において証明された治療が存在しないかまたはその他の既知治療が有効でなかった場合，患者または法的代理人からのインフォームド・コンセントがあり，専門家の助言を求めたうえ，医師の判断において，その治療で生命を救う，健康を回復するまたは苦痛を緩和する望みがあるのであれば，証明されていない治療を実施することができる。この治療は，引き続き安全性と有効性を評価するために計画された研究の対象とされるべきである。すべての事例において新しい情報は記録され，適切な場合には公表されなければならない。

事項索引

著者略歴

大谷　實（おおや　みのる）

1934年　茨城県に生まれる
1957年　同志社大学法学部法律学科卒業
現　在　同志社大学名誉教授．法学博士
　　　　（公財）世界人権問題研究センター名誉理事長
　　　　司法試験考査委員（1982～1995）
　　　　日本学術会議会員（1991～2000）
　　　　法制審議会委員（2001～2005）
　　　　学校法人同志社総長（2001～2017）

主要著書

刑事責任の基礎（1968　成文堂）
人格責任論の研究（1972　慶応通信）
刑法改正とイギリス刑事法（1975　成文堂）
犯罪被害者と補償（1975　日経新書）
被害者の補償（1977　学陽書房）
刑事規制の限界（1978　有斐閣）
刑法総論の重要問題（1986　新版・1990　立花書房）
刑法各論の重要問題（1987　新版・1990　立花書房）
刑法講義各論（1983　新版・2000　新版第5版・2019　成文堂）
刑事責任論の展望（1983　成文堂）
刑法解釈論集Ⅰ（1984　成文堂）
刑法講義総論（1986　新版・2000　新版第5版・2019　成文堂）
刑事政策講義（1987　新版・2009　弘文堂）
刑法解釈論集Ⅱ（1990　成文堂）
刑事法入門（1994　第8版・2017　有斐閣）
刑法総論（1996　第5版・2018　成文堂）
刑事司法の展望（1998　成文堂）
刑法各論（2001　第5版・2018　成文堂）
精神保健福祉法講義（2010　第3版・2017　成文堂）

医師法講義

2023年3月20日　初版第1刷発行

著　者　　大　谷　　　實
発行者　　阿　部　成　一

〒162-0041　東京都新宿区早稲田鶴巻町514
発行所　　株式会社　　成　文　堂
電話 03(3203)9201(代)　Fax 03(3203)9206
http://www.seibundoh.co.jp

製版・印刷・製本　藤原印刷　　　　　　　　検印省略
©2023　大谷　實　ISBN978-4-7923-3426-0 C3032

定価（本体3200円＋税）